U0918652

总主编：郑筱筠

马克思主义宗教学研究文选

MAKESI ZHUYI ZONGJIAOXUE YANJIU WENXUAN

中国社会科学院世界宗教研究所 / 编

图书在版编目（CIP）数据

马克思主义宗教学研究文选 / 中国社会科学院世界宗教研究所编；
郑筱筠总主编 .
-- 北京 : 宗教文化出版社 ,2025.3
ISBN 978-7-5188-1578-4
Ⅰ . ①马… Ⅱ . ①中… ②郑… Ⅲ . ①马克思主义—宗教学—文集
Ⅳ . ① A811.63-53
中国国家版本馆 CIP 数据核字（2024）第 025018 号

马克思主义宗教学研究文选

中国社会科学院世界宗教研究所 编

郑筱筠　总主编

出版发行：宗教文化出版社
地　　址：北京市西城区后海北沿 44 号（100009）
电　　话：64095215（发行部）　64095234（编辑部）
责任编辑：卫　菲
版式设计：张尹君
印　　刷：河北信瑞彩印刷有限公司

版本记录：787 毫米 ×1092 毫米　16 开本　19 印张　250 千字
2025 年 3 月第 1 版　2025 年 3 月第 1 次印刷
书　　号：ISBN 978-7-5188-1578-4
定　　价：128.00 元

丛书序言

习近平总书记在“5·17”哲学社会科学工作座谈会上发表的重要讲话强调，以马克思主义为指导，是当代中国哲学社会科学区别于其他哲学社会科学的根本标志，必须旗帜鲜明加以坚持。讲话同时指出“要加快完善对哲学社会科学具有支撑作用的学科，如哲学、历史学、经济学、政治学、法学、社会学、民族学、新闻学、人口学、宗教学、心理学等，打造具有中国特色和普遍意义的学科体系”①。2021 年 12 月，习近平总书记在全国宗教工作会议的重要讲话中再次强调：“要培养一支思想政治坚定、坚持马克思主义宗教观、学风优良、善于创新的宗教学研究队伍，加强马克思主义宗教学学科建设。”② 习近平总书记的上述讲话内容凸显了宗教学在我国哲学社会科学体系中的重要地位，明确了宗教学在我国宗教工作全局中的重要作用，同时也表达了党和国家对我国宗教学学科发展的要求和期待。传承和发展马克思主义指导下的宗教学研究，加强马克思主义宗教学学科建设无疑是中国宗教研究始终一贯的方向与任务。中国社会科学院世界宗教研究所编的“马克思主义宗教学研究丛书”便是在新时代传承与发

---

① 习近平：《在哲学社会科学工作座谈会上的讲话》（2016 年 5 月 17 日），http://www.xinhuanet.com/politics/2016-05/18/c_1118891128_4.htm。

②《习近平出席全国宗教工作会议并发表重要讲话》（新华社：北京 12 月 4 日电），https://www.gov.cn/xinwen/2021-12/04/content_5655877.htm。

展马克思主义宗教学，探索马克思主义宗教学学科体系、学术体系、话语体系的重要举措，该丛书主要包括以下五方面内容：

一、学习研究中国特色社会主义宗教理论的优秀成果

近年来，习近平总书记在2015年中央统战工作会议、2016年全国宗教工作会议、2019年全国民族团结进步表彰大会、2020年中央第七次西藏工作座谈会、2020年第三次中央新疆工作座谈会、2021年全国宗教工作会议等重要会议上和多次地方考察调研时，对宗教工作作出一系列重要论述，这些论述提出诸多关于宗教工作的新理念新举措，回答了新时代怎样认识宗教、怎样处理宗教问题、怎样做好党的宗教工作等重大理论和实践问题。本丛书将收录围绕这些重要论述和新时代党的宗教工作理论做出的优秀成果。

二、探讨马克思主义宗教学学科体系、学术体系、话语体系的创新成果

当代中国宗教学的根本特点在于坚持马克思主义的指导，坚持马克思主义的宗教观与中国宗教的具体实际相结合。对于马克思主义宗教学学科建设工作，我们没有现成的学科体系可以借鉴，但我们有一代代宗教学研究者坚持马克思主义的指导，对宗教历史、教派、思想、经典研究所积累的丰硕成果，有党政部门基于宗教实际所开展的宗教工作取得的丰富经验，这些都为马克思主义宗教学的发展、完善提供了丰富的内涵与外延。鉴于此，本丛书将收录对马克思主义宗教学的学科历史、体系、方法进行梳理、探讨的创新性成果。

三、以马克思主义宗教观为研究对象的专著、论文集

马克思主义宗教观为人们提供了认识宗教现象、处理宗教问题、开展宗教工作的根本原则和方法。从这些原则和立场出发，马克思主义经典作家强调从历史及现实社会中所拥有的物质基础、所表现的社会关系来科学理性地理解宗教的产生、发展、消亡。丛书将收录马克思主义经典作家有关宗教问题的立场观点方法、马克思主义宗教观的中国化历程、马克思主义宗教观在新时代的运用及发展等方面的研究成果。

四、以马克思主义为指导，围绕宗教领域重大理论和现实问题取得的应用对策性成果

以马克思主义为指导，围绕宗教领域重大理论和现实问题进行深入研究和阐释是马克思主义宗教学的重要组成部分，也是奠定马克思主义宗教学学科地位并发挥其社会作用的重要纽带。这些应用对策性研究是更好地保障和改善民生、促进社会文明进步的需要，是推进国家治理体系和治理能力现代化的需要，是增强我国文化软实力、提高我国国际话语权的需要，同时也是维护宗教和谐、民族和睦、祖国安全统一的需要。马克思主义宗教学研究必须服务于党和国家重大发展战略和决策需求，只有如此，学科才能在研以致用的过程中提升自身的学术影响力、社会影响力、决策影响力、国际影响力。

五、引导我国宗教坚持中国化方向的优秀成果

2015 年 5 月召开的中央统战工作会议上，习近平总书记强调“积极引导宗教与社会主义社会相适应，必须坚持中国化方向，必须提高宗教工作法治化水平，必须辩证看待宗教的社会作用，必须重视发挥宗教界人士作用，引导宗教努力为促进经济发展、社会和谐、文化繁荣、民族团结、祖国统一服务”①。自此，引导各宗教团体和信众坚持我国宗教中国化方向成为党和国家宗教工作的重要内容。2021 年全国宗教工作会议上习近平总书记再次强调，“要深入推进我国宗教中国化，引导和支持我国宗教以

① 习近平：《巩固发展最广泛的爱国统一战线，为实现中国梦提供广泛力量支持》（新华社：北京 5 月 20 日电），https://www.gov.cn/xinwen/2015-05/20/content_2865448.htm。

社会主义核心价值观为引领，增进宗教界人士和信教群众对伟大祖国、中华民族、中华文化、中国共产党、中国特色社会主义的认同”[①]。如何深入推进我国宗教中国化，无疑是我国宗教研究者需要深入探讨的重要内容。鉴于此，丛书将收录宗教中国化的历史经验、理论内涵、路径方法、现实实践等方面的重要成果。

“马克思主义宗教学研究丛书”将通过专著、论文集、重要论述摘编、经典成果再版、译著等多种成果形式展示改革开放以来，尤其是党的十八大以来世界宗教研究所和我国宗教学界在马克思主义宗教学和中国特色社会主义宗教理论研究领域进行的积极探索。丛书力图做好马克思主义宗教学传承、发展的同时，还将有力阐明中国宗教学研究始终如一的立场和方向，同时为我国宗教工作的“三支队伍”建设提供理论支撑。丛书作者以世界宗教研究所科研人员为主，还将吸纳其他科研机构专家学者有关马克思主义宗教学研究的优秀成果，在丰富丛书内容、扩大作者队伍的同时，达到相互沟通学习的目的，在此过程中对马克思主义宗教学人才队伍建设起到一定助益。

“马克思主义宗教学研究丛书”的出版得到了世界宗教研究所各位同仁的大力支持，同时得到了宗教文化出版社的精心组织和编辑，这里深表谢意。

编者

2022 年 6 月

①《习近平出席全国宗教工作会议并发表重要讲话》（新华社：北京 12 月 4 日电），https://www.gov.cn/xinwen/2021-12/04/content_5655877.htm。

目　录

三、中国特色社会主义宗教理论

四、坚持我国宗教中国化方向

五、马克思主义宗教观应用研究

一、马克思主义宗教学学科建设专栏

认真学习贯彻全国宗教工作会议精神，加强马克思主义宗教学研究

郑筱筠①

在2021年12月3日至4日召开的全国宗教工作会议上，习近平总书记发表重要讲话，全面总结宗教工作的成绩经验，深刻回答了新时代宗教工作一系列重大理论和实践问题，是党的宗教工作实践的最新总结，是马克思主义宗教观同中国具体实践相结合的最新成果，是中国特色社会主义宗教理论的最新发展。我们要认真学习贯彻新时代党的宗教工作理论和方针政策，深刻理解核心要义、精神实质、丰富内涵和实践要求，结合自身实际抓紧贯彻落实，坚持和发展中国特色社会主义宗教理论，为全面建成社会主义现代化强国、实现中华民族伟大复兴贡献力量。

---

① 郑筱筠，中国社会科学院世界宗教研究所所长、研究员，中国社会科学院大学世界宗教研究系主任，中国宗教学会会长，教育部宗教学教育指导委员会主任委员，中国社会科学院宗教研究智库副理事长，中国社会科学院习近平新时代中国特色社会主义思想研究中心研究员，中国社会科学院邪教问题研究中心研究员。本文原载于《世界宗教文化》，2021年第6期。本文为国家社科基金中国历史研究院重大研究专项子课题（项目批准号为20@WTS005）阶段性成果、中国社会科学院重大科研规划项目“中国与周边国家关系研究”专项（2020—2024）（2020ZDGH016）、中国社科院邪教问题研究中心项目阶段性成果、中国社科院院级国情调研基地“中国—缅甸命运共同体研究”项目成果。

一、深刻认识学习贯彻全国宗教工作会议精神的重大意义，深刻认识新时代宗教工作在党和国家工作全局中的特殊重要性

党的十八大以来，以习近平同志为核心的党中央提出一系列关于宗教工作的新理念新举措，“在 2016 年召开的全国宗教工作会议上，习近平总书记深刻阐明了宗教工作的一系列重大理论和实践问题，并就新形势下加强和改进宗教工作作出了全面部署。这些年来，习近平总书记在全国民族团结进步表彰大会、中央第七次西藏工作座谈会、第三次中央新疆工作座谈会等重要会议上和多次地方考察调研时，对宗教工作作出一系列重要指示。习近平总书记重要讲话、重要指示精神和党中央决策部署，有力推动新时代党的宗教工作理论和实践创新，宗教与社会主义社会相适应迈出新步伐。”[①] 在 2021 年 12 月召开的全国宗教工作会议上，“习近平总书记重要讲话观大局谋大势、指方向明方略，深刻回答了新时代宗教工作一系列重大理论和实践问题，是党的宗教工作实践的最新总结，是马克思主义宗教观同中国具体实际相结合的最新成果，是中国特色社会主义宗教理论的最新发展，是做好新时代宗教工作的总纲要”[②]。习近平总书记关于宗教工作的重要论述，为新时代宗教工作指明了方向，提供了根本遵循。

二、坚持以习近平新时代中国特色社会主义思想为指导，深入学习贯彻全国宗教工作会议精神的核心要义、精神实质和理论内涵

中国共产党百年奋斗重大成就和历史经验表明，中国共产党在统一战线领域一以贯之的理论及其宝贵历史经验是重视宗教工作在统一战线的地位和作用，是始终坚持理论创新和实践创新，始终坚持马克思主义的立场、

---

①人民日报评论员：《全面贯彻新时代党的宗教工作理论》，《人民日报》，2021 年 12 月 5 日。

②《习近平出席全国宗教工作会议并发表重要讲话》（新华社：北京 12 月 4 日电），https://www.gov.cn/xinwen/2021-12/04/content_5655877.htm。

观点和方法，坚持马克思主义基本原理同中国具体实际相结合，同中华优秀传统文化相结合，不断推动理论创新和实践创新，形成广泛的爱国统一战线，实现中华民族伟大复兴。

坚持我国宗教中国化方向是党的宗教工作新理念新思想新战略的重要内容。党的十八大以来，以习近平同志为核心的党中央高度重视宗教工作，总结历史和现实经验，从我国国情和实际出发，运用马克思主义立场、观点、方法认识和对待宗教，就做好宗教工作提出了一系列新思想新战略，将我们党对宗教问题和宗教工作的认识提升到了一个新高度。

坚持我国宗教中国化方向自提出以来，政界、教界和学界分别从政策解读、历史比较、学术范畴等角度对其进行了广泛探讨和经验总结，基本形成了对坚持我国宗教中国化方向的必要性、重要性、基本要求、主要任务等方面的客观认知和共识，特别是宗教学界对坚持我国宗教中国化方向的内涵、目的、理论逻辑、实践主体、实现路径等进行了一系列理论探讨和研究，取得了不少建设性成果。但同时我们也要认识到，在实践层面推进宗教中国化还面临许多具体问题，如何深入推进我国宗教中国化，理论上需要破题，实践上更需要进一步落地，需要我们进行更加深入的国情、教情调查，结合各宗教、各地区的实际，积极探索坚持我国宗教中国化方向的理论路径与方式方法，进一步解决“谁来化”“化什么”以及“怎么化”等一系列理论与实践问题，进而提出更多切实可行的具体操作方案。所以，坚持我国宗教中国化方向是新时代党的宗教工作及信教群众信仰实践的重要指南及方向，是中国宗教学研究的重要课题。

坚持我国宗教中国化方向是积极引导宗教与社会主义社会相适应的必然要求。早在 2015 年中央统战工作会议上，习近平总书记提出“积极引导宗教与社会主义社会相适应，必须坚持中国化方向”；2016 年全国宗教工作会议上，习近平总书记再次强调“积极引导宗教与社会主义社会相适应，一个重要的任务就是支持我国宗教坚持中国化方向”；2017 年党的十九大报告中，习近平总书记重申“坚持我国宗教的中国化方向”，提出关于新时代宗教工作的新理念新思想新战略，明确了坚持我国宗教中国化方向的目标、任务以及积极引导宗教与社会主义社会相适应的实现途径；2021 年 12 月在全国宗教工作会议上，习近平总书记强调“必须坚持我国宗教中国化方向”，提出“深入推进我国宗教中国化”的明确要求。习近平总书记明确指出：“要深入推进我国宗教中国化，引导和支持我国宗教以社会主义核心价值观为引领，增进宗教界人士和信教群众对伟大祖国、中华民族、中华文化、中国共产党、中国特色社会主义的认同。”[①] 科学回答了积极引导宗教与社会主义社会相适应的实现途径，明确提出了我们党新时代宗教工作的重要任务，是中国特色社会主义宗教理论的创新发展。

三、以习近平新时代中国特色社会主义思想为指导，加强马克思主义宗教学学科建设，不断夯实理论研究基石，推动中国特色哲学社会科学高质量发展

全面贯彻习近平总书记重要讲话精神，坚持马克思主义宗教观，加强马克思主义宗教学学科建设，需要我们以习近平新时代中国特色社会主义思想为指导，不断推动新时代党的宗教工作理论创新发展，把握好涉及宗教工作的重大关系，多做打基础、利长远的工作，常抓不懈、久久为功，夯实中国特色社会主义宗教理论体系基石。

第一，加强马克思主义宗教学学科建设，就是要坚持马克思主义立场观点方法，坚持以习近平新时代中国特色社会主义思想为指导，坚持实事求是、理论联系实际的原则，不断推动理论创新。

中国共产党百余年的发展历程，是马克思主义基本原理同中国具体实

① 人民日报评论员：《全面贯彻新时代党的宗教工作理论》，《人民日报》，2021 年 12 月 5 日。

际相结合，艰辛探索，在实践中不断推进马克思主义中国化、时代化的历史。

中国社科院世界宗教研究所第一任所长任继愈先生认为，马克思主义宗教学的理论基础是马克思主义科学的世界观和方法论。在他看来，只有以马克思主义科学的世界观和方法论为基础的宗教学堪称马克思主义宗教学，从而区别于一切非马克思主义宗教学。坚持和发展马克思主义宗教学，就是要坚持马克思主义立场观点方法，加强马克思主义宗教学研究，既要坚持马克思主义的指导地位，又要不断推进马克思主义宗教观中国化时代化。

党的十七届四中全会根据中国社会的世情、国情、党情的新变化和马克思主义发展的新要求，提出了推进马克思主义中国化、时代化、大众化的任务。在宗教研究和宗教工作中贯彻落实这一精神，就必须不断推进马克思主义宗教观的中国化、时代化。党的十八大以来，习近平总书记发表了系列重要讲话，从坚持和发展中国特色社会主义、实现中华民族伟大复兴中国梦的战略高度，部署积极引导宗教与社会主义社会相适应的时代任务，为统领新时代宗教工作提供了根本遵循。

习近平新时代中国特色社会主义思想是加强马克思主义宗教学研究的指导思想。加强马克思主义宗教学学科建设，就要坚持以习近平新时代中国特色社会主义思想为指导，坚持实事求是、理论联系实际，以发展的眼光、实践的眼光、群众路线的眼光建设中国马克思主义宗教学。

第二，坚持马克思主义的立场、观点和方法，以习近平新时代中国特色社会主义思想为指导，要坚定责任担当，不断夯实宗教学研究的理论基础，既要重视发挥宗教学研究的传统优势，又要不断提高解决宗教领域复杂问题的理论水平。

近年来，我国宗教学研究不断进行理论创新，为我国哲学社会科学的发展增添了具有创新性的重要研究内容、理论方法、概念范畴。目前中国宗教学学科体系基本完备，整体实力不断提升；学术体系有所成形，学科方法日臻多元；学术话语体系建设初见端倪，发展空间日益广阔。与此同时，我们也应清醒地认识到，当前我国宗教学研究中还存在很多不足之处。在新时代，宗教学研究应充分发挥基础理论研究的雄厚积累、多学科人才汇聚的资源优势，坚持正确的政治立场、学术导向和价值取向，坚持以人民为中心，勇于担当，主动作为，多做打基础、利长远的工作，常抓不懈、久久为功，丰富中国特色社会主义宗教理论的内涵。

第三，我们要在习近平新时代中国特色社会主义思想指导下，推动宗教学基础理论研究和应用对策研究融合发展，胸怀“国之大者”，不断推动新时代党的宗教工作理论创新发展。

我们在构建新时代中国特色哲学社会科学体系进程中，必须以习近平新时代中国特色社会主义思想为指导，加强马克思主义宗教学学科体系建设，紧紧围绕党和国家关于加快构建中国特色哲学社会科学的整体部署，坚持马克思主义立场、观点和方法，不断增强理论自觉，坚持把学习研究阐释宗教理论作为首要政治任务，努力推动理论创新和理论创造；不断增强行动自觉，提高政治站位，切实将学习成果转化为加快构建中国特色哲学社会科学的强大动力，推动新时代马克思主义宗教学的发展。

四、进一步完善人才队伍建设的体制机制，培养思想政治坚定、坚持马克思主义宗教观、学风优良、善于创新的宗教学研究队伍

在全国宗教工作会议上，习近平总书记强调加强人才队伍建设，明确了加强党政干部队伍、宗教界代表人士队伍和宗教学研究队伍三支队伍建设的指导思想、工作目标要求和实践方向。以人才培养强化宗教中国化之本，这是坚持我国宗教中国化方向的立身之本。

第一，加强马克思主义宗教学学科建设，必须要加强宗教学研究的人才队伍建设。

习近平总书记强调要加强党的宗教工作人才队伍建设，“思想政治坚定、坚持马克思主义宗教观、学风优良、善于创新的宗教学研究队伍，加强马克思主义宗教学学科建设”，是对宗教学研究队伍的要求。

中国社科院世界宗教研究所吴云贵研究员在《以马克思主义为理论基础构建中国宗教学》一文中详细论述了马克思主义基本原理与中国宗教学“三大体系”建设的关系，他指出：“中国社会科学院世界宗教研究所始建于1964年，是遵照毛泽东主席关于加强宗教研究工作的批示精神成立的国家级研究机构。主席批示最重要的词句，是要求创建的这个研究机构要由‘马克思主义者领导’，意即世界宗教研究所从成立之日起，就要坚持以马克思主义理论为建所的指导思想。是否坚持马克思主义在宗教研究工作中的指导地位、引领作用，直接关系到学科建设的政治方向、理论方向和科研方向问题，对此需高度重视。”[①] 对于我国宗教学研究来说，坚持马克思主义宗教观的研究立场必须鲜明，“服务群众，助力国家”的研究目标必须明确，“客观公正、全局定位”的研究视角必须凸显。我们将抓住难得机遇，巩固良好态势，加强马克思主义宗教学研究队伍的人才建设，把构建中国特色哲学社会科学作为中心任务，更好担负起为党和人民述学立论、建言献策的光荣使命。

第二，在新发展阶段，全面贯彻新发展理念，立足国内，面向国际，围绕新形势下我国需要，推动构建宗教工作研究智库，积极建言献策，发挥智库作用。

中国社会科学院在中国特色新型智库建设布局中具有相当重要的地位。多年来，世界宗教研究所在党和国家宗教工作和决策过程中亦发挥着重要作用，在宗教学科话语体系建设以及为我国宗教工作提供理论范式方

---

① 吴云贵：《以马克思主义为理论基础构建中国宗教学》，《世界宗教文化》，2021年第2期。

面也取得过诸多成绩。2021 年 11 月，中国社会科学院以世界宗教研究所为依托，建立了“宗教研究智库”，重点围绕提高国家宗教事务治理能力和经济社会发展中与宗教相关重大现实问题开展研究，提出具有前瞻性、针对性、储备性的对策建议。

为了深入贯彻落实全国宗教工作会议精神，中国社会科学院“宗教研究智库”开展活动，旨在发挥国家级宗教学研究平台的影响力，发挥宗教学基础理论研究的雄厚积累、多学科人才汇聚的资源优势，整合国内科研院所相关研究人员，探索为党和国家的宗教工作提供高效而有力的理论和智力支持的工作机制。在新发展阶段，我们应全面贯彻新发展理念，立足国内，面向国际，进一步积极探索推动构建多部门联动、协作发展的新时代中国特色宗教工作智库，为坚持我国宗教中国化方向，积极引导宗教与社会主义社会相适应，实现中华民族伟大复兴建言献策。

总之，我们要认真学习贯彻落实习近平总书记在全国宗教工作会议的重要讲话精神，以习近平新时代中国特色社会主义思想为指导，以习近平总书记关于宗教工作的重要论述为根本遵循，加强马克思主义宗教学学科建设，真正培养出一支思想政治坚定、坚持马克思主义宗教观、学风优良、善于创新的宗教学研究队伍，增强文化自觉，坚定文化自信，坚持理论创新，丰富中国特色社会主义宗教理论内涵，加快构建中国自主的宗教学知识体系。

加强马克思主义宗教学研究队伍建设，加强马克思主义宗教学学科建设

——基于历史逻辑和理论逻辑视角

郑筱筠[1]

2021年12月，全国宗教工作会议在北京召开，习近平总书记出席会议并发表重要讲话，从党和国家事业发展全局的战略高度，全面总结宗教工作的成绩经验，深入分析宗教工作面临的形势任务，系统阐述了新时代宗教工作的新理念新思想新战略，为做好新时代宗教工作指明了前进方向、提供了根本遵循。

习近平总书记强调："要培养一支思想政治坚定、坚持马克思主义宗教观、学风优良、善于创新的宗教学研究队伍，加强马克思主义宗教学学科建设。"[2]这是全国宗教工作会议首次明确提出加强宗教学研究队伍建设，

① 郑筱筠，中国社会科学院世界宗教研究所所长、研究员，中国社会科学院大学世界宗教研究系主任，中国宗教学会会长，教育部宗教学教育指导委员会主任委员，中国社会科学院宗教研究智库副理事长，中国社会科学院习近平新时代中国特色社会主义思想研究中心研究员，中国社会科学院邪教问题研究中心研究员。本文原载于《中国宗教》，2022年第4期。本文为中国社会科学院重大委托项目、中国社会科学院邪教问题研究中心项目、中国社会科学院国情调研云南基地阶段性成果。

②《习近平出席全国宗教工作会议并发表重要讲话》（新华社：北京12月4日电），https://www.gov.cn/xinwen/2021-12/04/content_5655877.htm。

意义重大，这既是不断开创新时代党的宗教工作新局面的必然要求，也是繁荣和发展新时代中国特色哲学社会科学的必然要求。

我们必须完整、准确、全面贯彻落实习近平总书记重要讲话精神，自觉把思想和行动统一到讲话精神上来，以习近平新时代中国特色社会主义思想为指导，坚持马克思主义宗教观，不断推动理论创新，加强马克思主义宗教学学科体系建设，加快人才队伍建设。为此，本文拟从历史逻辑、理论逻辑视角，聚焦马克思主义宗教学研究队伍建设。

一、加强新时代马克思主义宗教学研究队伍建设的历史逻辑

要深刻理解加强新时代马克思主义宗教学研究队伍建设的历史必然性，就必须深刻认识新时代宗教工作在党和国家工作全局中的特殊重要性，必须深刻认识繁荣和发展新时代马克思主义宗教学学科建设的时代要求。

（一）深刻认识学习贯彻全国宗教工作会议精神的重大意义，深刻认识新时代宗教工作在党和国家工作全局中的特殊重要性

宗教问题始终是我们党治国理政必须要处理好的重大问题，宗教工作在党和国家工作全局中具有特殊重要性。我们需要深刻认识新时代宗教工作在党和国家工作全局中的特殊重要性。

党的十八大以来，以习近平同志为核心的党中央提出一系列关于宗教工作的新理念新举措，宗教工作取得显著成效。“在2016年召开的全国宗教工作会议上，习近平总书记深刻阐明了宗教工作的一系列重大理论和实践问题，并就新形势下加强和改进宗教工作作出了全面部署。这些年来，习近平总书记在全国民族团结进步表彰大会、中央第七次西藏工作座谈会、第三次中央新疆工作座谈会等重要会议上和多次地方考察调研时，对宗教工作作出一系列重要指示。习近平总书记重要讲话、重要指示精神和党中央决策部署，有力推动新时代党的宗教工作理论和实践创新，宗教与社会

主义社会相适应迈出新步伐。”①

在2021年12月召开的全国宗教工作会议上，习近平总书记发表重要讲话。时任全国政协主席汪洋在会议总结讲话中指出：“习近平总书记重要讲话观大局谋大势、指方向明方略，深刻回答了新时代宗教工作一系列重大理论和实践问题，是党的宗教工作实践的最新总结，是马克思主义宗教观同中国具体实际相结合的最新成果，是中国特色社会主义宗教理论的最新发展，是做好新时代宗教工作的总纲要。”②

（二）坚持以习近平新时代中国特色社会主义思想为指导，繁荣和发展新时代中国哲学社会科学，加强马克思主义宗教学学科建设

当代中国哲学社会科学是以马克思主义进入我国为起点的，是在马克思主义指导下逐步发展起来的。加强马克思主义宗教学学科建设是加快构建新时代中国哲学社会科学的一个组成部分。加强马克思主义宗教学研究队伍建设是我国加强人才强国、理论强国建设的题中应有之义。

中国共产党百年奋斗取得的重大成就和历史经验表明，中国共产党重视宗教工作在统一战线中的地位和作用，始终坚持马克思主义的立场、观点和方法，坚持马克思主义基本原理同中国具体实际相结合，同中华优秀传统文化相结合，不断推动理论创新和实践创新。

从历史发展逻辑来看，我们必须站在新时代立足新发展阶段、贯彻新发展理念、构建新发展格局这一新的逻辑起点上看待宗教学研究队伍的建设问题，加强历史自觉，增强文化自信，不断加强理论创新，加强马克思主义宗教学学科建设。世界自宗教产生以来的文明史、中国自夏商周以来

①人民日报评论员：《全面贯彻新时代党的宗教工作理论》，《人民日报》，2021年12月5日。

②《习近平出席全国宗教工作会议并发表重要讲话》（新华社：北京12月4日电），https://www.gov.cn/xinwen/2021-12/04/content_5655877.htm。

的宗教演变史和人文精神的发展史、宗教学诞生以来150多年的学术史、马克思主义产生至今的发展史、中国共产党的百年奋斗史等历史脉络交汇于我们今天所处的新时代，需要当代中国宗教学领域的学者们回应历史的需要与使命，坚持高度的政治自觉、历史自觉，研究和回答我国发展和我们党执政面临的重大理论和实践问题，在新时代中国哲学社会科学的学科体系、学术体系和话语体系建设上有所总结、有所融汇、有所提升、有所创新，推动新时代中国哲学社会科学的三大体系建设。

对于中国哲学社会科学的宗教学学科而言，需要不断深化对新时代哲学社会科学地位作用和职责使命的认知，不断深化对坚持马克思主义在哲学社会科学领域指导地位的认识，加强马克思主义宗教学学科建设；对宗教学研究者而言，需要思想政治坚定，坚持以马克思主义宗教观为指导，自觉把中国特色社会主义理论体系贯穿研究和教学全过程，成为推动建设马克思主义宗教学和中国特色社会主义宗教理论的骨干力量，为做好新时代党的宗教工作提供学理支持。

因此，从历史逻辑的视角看，首次明确提出加强宗教学研究队伍建设、加强马克思主义宗教学学科建设，意义重大，既是不断开创新时代党的宗教工作新局面的必然要求，是繁荣和发展新时代中国哲学社会科学的时代要求，也是当代马克思主义宗教学研究队伍建设的具体要求和根本遵循。

二、加强新时代马克思主义宗教学研究队伍建设的理论逻辑

加强新时代马克思主义宗教学研究队伍建设，加强马克思主义宗教学学科建设，坚持党对宗教工作的全面领导，培养人才是关键，队伍建设是重点。

当前，我国进入了全面建设社会主义现代化国家、向第二个百年奋斗目标进军的新征程，人才是发展的第一要务。习近平总书记多次强调办好中国的事情，关键在党，关键在人，关键在人才。全面坚持党对宗教工作

的领导，培养人才是关键，队伍建设是重点。因此，精准定位马克思主义宗教学研究队伍建设、马克思主义宗教学学科建设在新时代党的宗教工作全局中的地位和作用，具有特殊重要性。

加强马克思主义宗教学研究队伍建设，对于深入贯彻落实全国宗教工作会议精神、准确把握新时代党的宗教工作“九个必须”的根本遵循、准确把握新时代党的宗教工作重点任务，具有重要意义，是加强新时代马克思主义宗教学学科建设的前提和保障。

对此，笔者拟从理论逻辑的视角探讨：为什么要建立马克思主义宗教学研究队伍、新时代应该建设什么样的马克思主义宗教学研究队伍、如何加强新时代马克思主义宗教学研究队伍建设，以期进一步探讨马克思主义宗教学研究队伍在新时代党的宗教工作格局中的地位和作用。

（一）建立马克思主义宗教学研究机构是老一辈无产阶级革命家的政治要求和战略安排

我们党始终重视人才，培养人才，加强人才队伍建设，始终注重加强马克思主义宗教学学科建设。世界宗教研究所就是根据毛泽东主席关于《加强宗教问题的研究》（1963 年 12 月 30 日）[①] 批示精神，在周恩来总理的关心下成立的专业研究机构。

1963 年年底，为加强和扩大对外研究，中央外事小组向中央提出了《关于加强对外研究的请示报告》，提议建立 14 个研究国际问题的研究所。12 月 30 日，毛泽东主席对该请示报告作了重要批语：“这个文件很好。但未提及宗教研究。对世界三大宗教（耶稣教、回教、佛教），至今影响着广大人口，我们却没有知识，国内没有一个由马克思主义者领导的研究机构，没有一本可看的这方面的刊物……其他刊物上，用历史唯物主义的

①《毛泽东文集》第八卷，北京：人民出版社，1999 年，第 353 页。

观点写的文章也很少，例如，任继愈发表的几篇谈佛教的文章，已如凤毛麟角，谈耶稣教、回教的没有见过。不批判神学就不能写好哲学史，也不能写好文学史和世界史。这点请宣传部同志们考虑一下。”随后，中央根据毛泽东主席的指示，在 14 个拟建的国际问题研究所之外，决定建立世界宗教研究所。

同年，周恩来总理根据毛主席的指示批示精神，对宗教研究做了具体指示：要研究世界三大宗教的理论、现状和历史，包括它们的起源、教义、教派、经典等。随后，在任继愈的领导下，筹备小组确定了以马克思主义为指导思想研究宗教的方针。其后，筹备小组为研究所确定的基本任务是：以马克思列宁主义、毛泽东思想为指导，对影响着世界广大人口的三大宗教（基督教、佛教、伊斯兰教）的现状、理论和历史进行系统的研究（包括起源、发展、经典、教派、教义等），批判宗教神学，宣传无神论思想。研究工作必须面向广大群众，与国内外现实的政治斗争紧密结合，为社会主义革命和社会主义建设事业服务。待将来有条件时，再对世界三大宗教以外的其他宗教逐步开展研究。

1964 年，世界宗教研究所正式成立。任继愈先生担任第一任所长。为贯彻落实上述任务，任继愈先生明确提出“积累资料、培养人才”的八字建所方针。这意味着在中国的科学研究体系中，第一次出现了专门研究世界宗教的成建制的专业研究所，这是一个重要的事件。世界宗教研究所走过的道路，堪称当代中国宗教学发展历程的浓缩，又是这个进程的不断提升发展的见证。

从世界宗教研究所的建立过程可以感受到，我国老一辈无产阶级革命家始终重视宗教学研究队伍的人才培养，重视马克思主义宗教学的队伍建设，重视马克思主义宗教学研究。毛泽东主席的批示精神就是马克思主义宗教学队伍建设的政治定位，也是对马克思主义宗教学学科建设的战略定位。多年来，世界宗教研究所和各科研院所、高校研究机构一起，围绕着党和国家的要求，坚持马克思主义立场、观点和方法，共同推动着宗教学研究，成为中国学术界重要的宗教学研究力量。

（二）新时代需要与时俱进，加强马克思主义宗教学研究队伍建设

新时代应该建设什么样的马克思主义宗教学研究队伍、怎样建设新时代马克思主义宗教学研究队伍，这既是我们应对世界百年未有之大变局面临的挑战，是繁荣和发展中国特色宗教学三大体系建设面临的挑战，也是实施人才强国、建设理论强国面临的挑战。

第一，当前世界正经历百年未有之大变局，国际环境的不稳定性、不确定性更加突出，人类面临的全球性挑战更加严峻，日趋复杂，首先需要我们提高战略思维、历史思维、辩证思维、创新思维、法治思维、底线思维能力，以习近平新时代中国特色社会主义思想为指导，坚持马克思主义的立场、观点和方法，以辩证唯物主义和历史唯物主义为指导，善于从纷繁复杂的矛盾中把握规律，坚持总体国家安全观，研究宗教和宗教工作的规律以及宗教领域重大理论与现实问题。

第二，深入实施新时代人才强国战略是应对世界百年未有之大变局的必然选择。新时代的宗教工作必须坚持以习近平新时代中国特色社会主义思想为指导，坚持和发展中国特色社会主义宗教理论，坚持在大统战格局下谋划宗教工作，研究宗教工作规律，研究宗教自身规律，巩固发展新时代大团结大联合局面。

第三，新形势下加强宗教工作“三支队伍”建设的内容各有侧重，但都有内在联系，相辅相成，是新时代宗教工作格局中不可分割的重要组成。在具体实施进程中，既要全面推进，又要重点突破，要建立内在沟通协调机制。习近平总书记明确提出加强人才队伍建设，明确了加强党政干部队伍、宗教界代表人士队伍和宗教学研究队伍的三支队伍建设的指导思想、工作目标要求和具体举措。其中“要培养一支思想政治坚定、坚持马克思主义宗教观、学风优良、善于创新的宗教学研究队伍，加强马克思主义宗教学学科建设”，明确了加强新时代马克思主义宗教学研究队伍的具体标准。

近年来，我国宗教学研究不断进行理论创新，为我国哲学社会科学的发展增添了具有创新性的重要研究内容、理论方法、概念范畴。目前中国宗教学学科体系基本完备，整体实力不断提升；学术体系逐步成形，研究方法日臻多元；学术话语体系建设初见端倪，发展空间日益广阔。与此同时，我们也应清醒地认识到，当前我国宗教学研究中还存在很多不足之处。在新时代，宗教学研究建设应充分发挥基础理论研究的雄厚积累、多学科人才汇聚的资源优势，深入推进中国宗教学三大自主知识体系的建设。

作为宗教学研究队伍的工作者，具体而言，就是要提高政治站位，加强思想政治引领，以习近平新时代中国特色社会主义思想为指导，用马克思主义宗教观、新时代党的宗教工作理论和方针政策指导宗教学研究，自觉把正确的政治方向、学术导向和价值取向统一起来，立足国内，面向国际，加强对国内外宗教形势、宗教政策法规研究，聚焦宗教领域的重大理论和现实问题研究，学风优良，敢于攻坚，不断推动理论创新，以理论创新为实践创新提供智力支持。同时以史为鉴，借鉴古今中外的宗教学研究成果，融会贯通，推动形成具有普遍意义和独立性、体系性的中国特色社会主义宗教理论，加快构建中国宗教学三大体系建设，加快构建中国自主的宗教学知识体系。

综上所述，加强马克思主义宗教学研究队伍建设于全国宗教工作会议首次明确提出，意义重大。从历史逻辑维度而言，其具有历史必然性。这既是不断开创新时代党的宗教工作新局面的必然要求，也是繁荣和发展新时代中国特色哲学社会科学的必然要求，更是人才强国、理论强国的必然要求。就理论逻辑而言，这是立足新发展阶段、贯彻新发展理念、构建新发展格局进程中，新时代马克思主义宗教学研究队伍的标准和必然要求，是发展和加强新时代马克思主义宗教学学科建设的根本保障，它精准地定位了马克思主义宗教学研究队伍在宗教工作格局中的地位和作用。

论马克思主义宗教学建设

卓新平[①]

习近平总书记在2021年12月初全国宗教工作会议上强调加强马克思主义宗教学学科建设。马克思主义宗教学体系是其宗教理论体系最基本的架构，故其学科建设有着重要意义。在宗教学的产生过程中，马克思主义经典作家最早开始从学术价值、学科发展意义上探究宗教问题，因此实质性地参与了宗教学的创立。不过，19世纪的西方学术界对马克思主义理论体系持排拒和反对的态度，故而无视马克思主义经典作家在宗教学创立上的贡献。但在宗教社会学研究领域，西方学者也不得不承认马克思主义在宗教与社会关系上的经典阐述。因此，我们今天需要回到历史的真实，认识到马克思主义宗教学与西方宗教学创立乃基本同步。所以说，我们今天不是全新地“创立”一种马克思主义宗教学，而是要恢复、呈现本来就有的马克思主义宗教学理论体系，加强其学科建设，将其体系性、学科性凸显并弘扬。

① 卓新平，中国社会科学院学部委员，世界宗教研究所研究员，中国宗教学会名誉会长。本文原载于《世界宗教研究》，2022年第1期。本文为国家社科基金研究专项项目“新时代中国特色宗教学基本理论问题研究”（批准号19VXK05）的阶段性成果及中国社会科学院马克思主义研究工程“马克思主义宗教学理论学科体系、学术体系、话语体系”课题成果。

在马克思主义原典中究竟有没有马克思主义宗教学的内容，我国学术界存有不同看法。一种看法认为马克思主义只有其宗教观，而无其宗教学。这曾为西方宗教学界的共识，如美国学者包尔丹（Daniel L.Pals）在其《宗教的七种理论》一书中就曾指出："马克思度过了其人生的一大半时，本书中的其他人物才开始写作。泰勒在1871年出版《原始文化》时，马克思的主要著作早已完成了，而弗雷泽的《金枝》则到马克思去世十二年后才问世。再一个二十年后，弗洛伊德与涂尔干才阐发了他们的主要思想。"[①] 国内有学者据此而认为："说马克思主义宗教学早在1845年《德意志意识形态》和1848年《共产党宣言》中就已诞生，显然是把马克思主义宗教观同马克思主义宗教学混为一谈。当时诞生的只是马克思主义宗教观，而不是马克思主义宗教学。"[②] 不过，包尔丹也承认说："按照严格的时间顺序，我们在本章中所要讨论的思想家应该出现在本书的一开始，而不是这里。卡尔·马克思（Karl Marx，1818—1883）是德国社会哲学家，后来被称为共产主义运动的精神导师。"他为什么在西方宗教学的开端不率先讨论马克思，其理由是尽管马克思"写作于19世纪中期，然而在当时，除了他自己的一小部分激进伙伴的关注以及当局的怀疑外，他的思想几乎没有引起什么注意"[③]。这就暴露了包尔丹的偏见，他把马克思的思想视为只是"一小部分激进伙伴的关注"，宣称当时"几乎没有引起什么注意"，只能说明他本人及当时西方学者的阶级立场有问题。西方宗教学把麦克斯·缪勒（Friedrich Max Müller，1823—1900）1873年出版《宗教学导论》（*An Introduction to the Science of Religion*）作为宗教学诞生的年

①［美］包尔丹：《宗教的七种理论》（*Seven Theories of Religion*，Oxford University Press，1996），陶飞亚等译，上海：上海古籍出版社，2005年，第157页。

②陈荣富：《马克思主义宗教观研究》，成都：四川人民出版社，2008年，第53页。

③［美］包尔丹：《宗教的七种理论》，第157页。

代，认为他率先使用了“宗教学”（Science of Religion）这一术语。其实，缪勒所使用的“宗教学”术语迄今也没有得到世界宗教学界的普遍承认，其《宗教学导论》也不过是由他称为“宗教学”的四次演讲而已，零散却无体系。缪勒的学术时期基本上与马克思、恩格斯同时代，而比马克思更早的施莱尔马赫（Friedrich Schleiermacher，1768—1834）也被西方学术界视为宗教学的先驱。所以，西方宗教学不提马克思乃有一种意识形态偏见在作祟。西方宗教学最初并无成熟的理论和完备的体系，缪勒的宗教研究也没有超过马克思主义经典作家在当时已达到的成就。有学者说：“如果认为马克思、恩格斯已经建立了马克思主义宗教学的理论体系，既不符合历史事实，也不利于我们继续深入地开展宗教学研究。”[①]其意思好像是说，只有在当代中国才能“建立”马克思主义宗教学。这种见解的不妥之处即没有意识到马克思主义宗教学的原创性，觉得要靠后人来“替”他们创立。这其实在逻辑上也不能成立。我们今天要“建立”的是“中国特色的马克思主义宗教学”，而不可能“原创”马克思主义宗教学；“中国特色”在此即对经典马克思主义宗教学的继承和发扬，是其学科的“中国化”发展。如果没有其“原创”及“原端”，谈何继承和发展？尽管缪勒率先使用了“宗教学”这一术语，却没有形成系统的宗教学体系。而马克思主义经典作家虽然没有使用“宗教学”术语，却已对宗教有深刻、全面的研究。所以，至少可以将马克思主义宗教学与缪勒的宗教学相提并论。我们今天坚持马克思主义则完全有必要承认马克思主义宗教学的“原创”性，由此才可“接着说”，“继续深入地开展宗教学研究”。

笔者同意另一种看法，即认为“马克思主义宗教学早已随着历史唯物主义的创立而诞生”，我们的问题是长期以来“没有把马克思主义宗教学

① 陈荣富：《马克思主义宗教观研究》，成都：四川人民出版社，2008年，第54、55页。

作为一门独立的学科，对其产生和发展的历史进行全面系统的研究，揭示其思想体系的内在逻辑和理论构成，突出马克思主义宗教学诞生的科学价值和理论意义”[①]。所以，我们在深化对马克思主义的研究时必须弥补以往视野、观念和做法上的不足，而今天我们的使命及当务之急则是要继承、弘扬马克思主义宗教学，并使之得以“中国化”。回顾宗教学的学科发展史，则能体悟到马克思主义宗教学的本来存在。因此，建设马克思主义宗教学首先就要还原、展示这一学科体系的本来面貌，并在此基础上发扬经典马克思主义宗教学，推动中国特色马克思主义宗教学的建设。这里，我们尝试对经典马克思主义宗教学的学科体系、学术体系和话语体系加以梳理和探究。

一、马克思主义宗教学的学科体系

马克思主义宗教学作为一门学科（discipline），其知识体系包括其分支领域、理论学说、代表人物和主要著作等，可以说马克思主义宗教学基本上已经涵括这些内容。马克思主义宗教学的理论学说就是马克思主义的基本原理及其立场、方法；其代表人物即马克思主义经典作家本人，马克思、恩格斯、列宁就是其典型代表；而其主要著作则包括论及宗教的许多论述，其著作众多，学术成果明显，已经具有完备的宗教学知识系统。而马克思主义宗教学学科体系所包含的分支领域则有马克思主义宗教史学、马克思主义宗教哲学、马克思主义宗教社会学、马克思主义宗教政治学、马克思主义宗教文化学等。

（一）马克思主义宗教史学

马克思主义宗教史学是马克思主义宗教学最基本的构成，乃其基础学科。其特点就是根据历史唯物主义和辩证唯物主义的理论及方法来阐释宗

①陈荣富：《马克思主义宗教观研究》，成都：四川人民出版社，2008年，第53页。

教的起源、发展、演化和消亡，呈现其历史轨迹，突出其历史真实。恩格斯指出：“只有根据宗教借以产生和取得统治地位的历史条件，去说明它的起源和发展，才能解决问题。”[①] 为此，马克思主义宗教史学根据社会历史发展的基本规律来说明宗教从人类原初社会的诞生，在古代社会的成型，以及在近现代社会中的演变。相关论述涉及历史久远的犹太教，世界著名三大宗教即基督教、伊斯兰教和佛教，并触及具有浓厚东方文化色彩的印度教。

马克思主义宗教史学对宗教的探源起步于对灵魂观念的研究。对于灵魂观念的产生，恩格斯说：“宗教是在最原始的时代从人们关于他们自身的自然和周围的外部自然的错误的、最原始的观念中产生的。”[②] 这种最初的灵魂及灵魂不死的观念是最早的宗教元素，而当“不死的灵魂”与“自然力的人格化”相关联之后则出现“自然界的神化”，于是产生了原生性的“自然宗教”，并体现出“拜物教”的特性。马克思认为，拜物教作为“感觉欲望的宗教”会使其信徒产生错觉，移情于其所拜之物这种“没有感觉的东西”。由于对自然界的不解和恐惧，“自然界起初是作为一种完全异己的、有无限威力的和不可制服的力量与人们对立的，人们同自然界的关系完全像动物同自然界的关系一样，人们就像牲畜一样慑服于自然界，因而，这是对自然界的一种纯粹动物式的意识（自然宗教）”[③]。

随着阶级社会的诞生，进入了氏族宗教及部落宗教往民族宗教及古代国家宗教的发展阶段。恩格斯在《家庭、私有制和国家的起源》中曾专门描述了氏族和部落宗教的基本特征，如以动物为氏族命名等图腾崇拜活动，有专门的入族仪式，氏族酋长和酋帅执行宗教祭司的职能，“氏族有着共

①《马克思恩格斯文集》第 3 卷，北京：人民出版社，2009 年，第 592 页。

②《马克思恩格斯文集》第 4 卷，北京：人民出版社，2009 年，第 309 页。

③《马克思恩格斯文集》第 1 卷，北京：人民出版社，2009 年，第 534 页。

同的墓地”[①]，有共同的宗教节日，氏族的祖先被敬为神明等。“他们已经给自己的宗教观念—各种精灵—赋予人的形象，但是他们还处在野蛮时代低级阶段，所以还不知道具体的造像，即所谓偶像。这是一种正向多神教发展的自然崇拜与自然力崇拜。”[②]而随着原始社会的解体，其部落宗教遂演变为民族宗教。恩格斯指出：“古代一切宗教都是自发的部落宗教和后来的民族宗教，它们从各民族的社会条件和政治条件中产生，并和这些条件紧紧连在一起。”[③]古代社会的民族宗教大多具有多神教信仰特点，而多神教的民族宗教随后则向一神教的多民族国家信仰演变，这即反映出其社会国家性质的变化。恩格斯指出：“通过自然力的人格化，产生了最初的神。随着各种宗教的进一步发展，这些神越来越具有了超世界的形象，直到最后，通过智力发展中自然发生的抽象化过程——几乎可以说是蒸馏过程，在人们的头脑中，从或多或少有限的和互相限制的许多神中产生了一神教的唯一的神的观念。”[④]

在对犹太教、基督教、伊斯兰教、佛教和印度教的历史发展之分析中，马克思主义宗教史学指出犹太教最接近世界性宗教发展的是其绝对一神的观念，这“在犹太的独一无二的民族神雅赫维身上得到了体现”[⑤]。而对基督教的发展演变史则有着非常具体、仔细和深入的探究，这是马克思主义宗教史学在世界宗教史研究中最突出、最翔实的部分。其基本特点就是强调基督教历史与其社会发展密切相关：“‘基督教本身’没有任何历史，基督教在不同时代所采取的不同形式，不是‘宗教精神的自我规定’和‘它

①《马克思恩格斯选集》第4卷，北京：人民出版社，1995年，第86页。

②《马克思恩格斯选集》第4卷，北京：人民出版社，1995年，第90页。

③《马克思恩格斯文集》第3卷，北京：人民出版社，2009年，第597页。

④《马克思恩格斯文集》第4卷，北京：人民出版社，2009年，第277—278页。

⑤《马克思恩格斯文集》第9卷，北京：人民出版社，2009年，第333—334页。

的继续发展’，而是受完全经验的原因、丝毫不受宗教精神影响的原因所制约的。”[①] 其研究基督教史的基本思路来自其唯物史观，所以恩格斯深刻指出：“对于一种征服罗马世界帝国，统治文明人类的绝大多数达 1800 年之久的宗教，简单地说它是骗子凑集而成的无稽之谈，是不能解决问题的。只有根据宗教借以产生和取得统治地位的历史条件，去说明它的起源和发展，才能解决问题。对基督教更是这样。”[②] 马克思主义宗教史学对伊斯兰教的历史亦有详细而精辟的分析，指出伊斯兰教在创立之后不久就扩张成为地跨亚、非、欧的世界性宗教，从此告别其民族宗教的初始阶段，形成全球性影响。在这种扩展中，被称为“伊斯兰革命”的风暴可谓所向披靡、席卷一切，其中奥斯曼土耳其人在 15 至 19 世纪更是成为唯一能够挑战欧洲基督教国家的伊斯兰势力。马克思主义宗教史学注意到了伊斯兰教与基督教之间的长期对抗，指出其历史沿革及精神遗传会对后世产生复杂影响。但马克思主义宗教史学客观地指出，伊斯兰教在当时也促进了不同民族、不同宗教之间的科技、文化和思想交流，如“阿拉伯人流传下十进位制、代数学的发端、现代的数字和炼金术”“棉纸在 7 世纪从中国传到阿拉伯人那里，在 9 世纪输入意大利”“磁针从阿拉伯人传到欧洲人手中，1180 年左右”[③] 等。此外，马克思主义宗教史学对东方宗教中历史悠久、影响巨大的佛教和印度教也有相应的论述。马克思主义宗教史学的学科建构反映出其广远的视域及全面的构设。

（二）马克思主义宗教哲学

马克思主义宗教哲学非常明确地论及宗教的本质、界定及价值判断，

---

①《马克思恩格斯全集》第 3 卷，北京：人民出版社，1960 年，第 163 页。

②《马克思恩格斯文集》第 3 卷，北京：人民出版社，2009 年，第 592 页。

③《马克思恩格斯全集》第 20 卷，北京：人民出版社，1971 年，第 360—363、530—533 页。

有着在“真理”层面对宗教意义的讨论。其研究范围包括宗教观念、宗教认识、宗教本质、宗教定义、宗教价值、宗教伦理及宗教方法等领域。与西方宗教学中宗教哲学被淡化或边缘化的状况截然不同，马克思主义宗教哲学是马克思主义宗教学中非常重要的组成部分，具有核心意义，是在宗教学领域对辩证唯物主义的精辟表达和经典呈现。就其学科内容而言，马克思主义宗教哲学包括对宗教本质问题的讨论，以及对宗教哲学历史的分析。

西方宗教学通常回避关于宗教本质的问题，但马克思主义宗教哲学则直面这一问题，对之有着深入且精辟的分析。在其看来，抓住宗教的本质，就可依此来界定宗教，得出宗教的定义。一般而论，理解宗教本质大致有如下几类：从宗教信仰的对象来理解宗教本质，宗教即“对神明的信仰”；从宗教信仰者的主体感觉及体验来理解宗教本质，宗教即“对绝对的依赖感”，是“神圣体验”；以及从宗教信仰得以产生和存在发展的社会及其关联来理解宗教本质，宗教即其信仰者对“外在社会（包括自然）的虚幻反映”。马克思主义宗教哲学不从观念形态上论说宗教本质，而强调要“到宗教的每个发展阶段的现成物质世界中去寻找宗教的本质”①。马克思主义认为：“宗教本身既无本质也无王国。在宗教中，人们把自己的经验世界变成一种只是在思想中的、想象中的本质，这个本质作为某种异物与人们对立着。这决不是又可以用其他概念，用‘自我意识’以及诸如此类的胡言乱语来解释的，而是应该用一向存在的生产和交往的方式来解释的。”②马克思主义宗教哲学主张在具体的社会背景及其历史时空中结合宗教存在的物质状况和社会条件来探究宗教的本质。

此外，马克思主义宗教哲学还触及宗教界定的问题，并从不同视角及

①《马克思恩格斯全集》第 3 卷，北京：人民出版社，1960 年，第 170 页。

②《马克思恩格斯全集》第 3 卷，北京：人民出版社，1960 年，第 170 页。

主客体定位来谈论宗教的界定问题。马克思关于宗教作为人之主体的“自我意识和自我感觉”等论述中，有着对宗教界定问题的探讨。而其关于“宗教是人民的鸦片”之阐述也会被理解为对宗教性质及作用的象征性、形象化描述。但这些表述尚不是哲学意义上对宗教的定义。恩格斯在《反杜林论》（1876—1878）中关于宗教的如下论述则通常被认为乃最接近宗教定义的哲学表达：“一切宗教都不过是支配着人们日常生活的外部力量在人们头脑中的幻想的反映，在这种反映中，人间的力量采取了超人间的力量的形式。”[①] 这一论述基本上全貌概括了宗教的本质及其特征，对于人们理解宗教有着关键作用。

马克思主义宗教哲学的另一大关注，是对西方宗教哲学历史的分析研究。马克思指出：“任何真正的哲学都是自己时代的精神的精华……各种外部表现证明，哲学正获得这样的意义，哲学正变成文化的活的灵魂，哲学正在世界化，而世界正在哲学化。”[②] 在马克思所处的时代“哲学思想冲破了令人费解的、正规的体系外壳，以世界公民的姿态出现在世界上”；而其对宗教问题的研究亦极为典型且重要。因此，马克思主义宗教哲学有对西方思想史关于宗教问题之哲学思考的系统描述及深入剖析。

（三）马克思主义宗教社会学

马克思主义是最早用社会调查及社会分析等方法研究宗教问题的，率先指出宗教是人类社会群体的产物，而不是个人思想观念的产物。马克思对宗教与社会关系的分析在当时新颖独特，引人注目，因而被西方社会学公认为社会学及宗教社会学的创始人之一。

马克思主义宗教社会学就是基于社会状况、结合社会问题、根据社会本质来探究宗教的学科。其特点就是把宗教认知与社会分析密切关联，基

①《马克思恩格斯文集》第 9 卷，北京：人民出版社，2009 年，第 333 页。

②《马克思恩格斯全集》第 1 卷，北京：人民出版社，1995 年，第 220 页。

于对社会政治、经济等问题的调研来观察宗教现象，思考宗教问题。其研究反对纯理论的空谈，坚持从社会根本上来构建其宗教社会学理论，专注宗教所受到的社会结构、社会发展等影响，主张结合社会实践来解答宗教问题。马克思主义宗教社会学基于社会来看宗教，以其社会认知为前提。它利用社会调查、实证研究来具体分析各种宗教究竟是怎样在各自不同的社会处境中产生和发展的，其内容包括相关宗教的社会属性、其宗教社团的群体构建、宗教受到的社会影响，以及宗教对社会产生的反作用等。

西方社会学通常会对马克思主义宗教社会学加以社会“补偿论”的解读，认为马克思关于宗教是颠倒社会“颠倒了的世界观”、是被压迫生灵对社会现实苦难的“叹息”和“抗议”，以及宗教乃“人民的鸦片”之论，都是一种社会“补偿论”的解答。不过，认为宗教具有补偿性社会功能，只是马克思主义宗教社会学的一个方面，其研究范围有更大的涵括，所涉及的基本范畴则包括对宗教的社会本质、社会起源、社会发展及社会作用等研究和阐述。

在马克思主义宗教社会学研究中，关于宗教的社会作用及社会影响之论最受关注，也是当今中国学术界分歧较大的问题之一。马克思主义宗教社会学比较突出对宗教社会作用的强调，对宗教社会组织机构的存在却不作为其关注重点。宗教的社会存在、社会分布、社会走向，以及社会功能和社会影响，乃其研究的主要方面。

（四）马克思主义宗教政治学

马克思主义的政治学说性质是比较典型的，而且这也是其最引人注目之处。显然，马克思主义对政治的关注乃其最突出的关注，所涉及的政治问题也要远远大于其他任何问题。因此，马克思主义宗教学的学科体系中势必有其宗教政治学的构成。而在西方宗教学中其宗教政治学的建构乃模糊不清的，并未形成一门明确的分支学科。

马克思主义宗教政治学乃结合社会政治处境、政治定位、政治影响来研究宗教的学科。宗教作为社会现象不可能脱离政治，而往往与政治有着复杂交织。宗教是人的社会存在生动而现实的反映，自宗教产生以来就与政治有着错综复杂的联系，二者无法脱离、相互纠缠。而马克思主义宗教学形成以来对宗教问题的考量，也使之不可能根本回避政治问题、绕开政治范围。马克思主义宗教学从一开始接触青年黑格尔派“反宗教的斗争”，就与政治有了不解之缘，有其宗教政治学的意蕴。其实，当时青年黑格尔派之所以选择展开“反宗教的斗争”，也是出于其政治关注，而这也恰恰是其吸引马克思主义经典作家之处。恩格斯指出：“政治在当时是一个荆棘丛生的领域，所以主要的斗争就转为反宗教的斗争；这一斗争，特别是从 1840 年起，间接地也是政治斗争。”[①]而马克思也指明“反宗教的斗争间接地就是反对以宗教为精神抚慰的那个世界的斗争”[②]，故而就会使“现代的政治社会现实本身受到批判”[③]。这已充分说明马克思主义宗教学的政治站位。可以说，马克思主义的宗教研究从来就没有脱离过其政治之维。马克思在 1843 年所写的《〈黑格尔法哲学批判〉导言》中有关宗教与政治之论，就已经发现了二者关系的奥秘之所在。马克思在此强调，要“确立此岸世界的真理”，就必须把“对天国的批判变成对尘世的批判，对宗教的批判变成对法的批判，对神学的批判变成对政治的批判”；而这些批判就是在那一社会中对“当代政治状况的否定”[④]，其“当代”即当下性极为明确。

在马克思主义宗教政治学中，列宁对在社会主义革命实践中如何处理

---

①《马克思恩格斯文集》第 4 卷，北京：人民出版社，2009 年，第 274 页。

②《马克思恩格斯文集》第 1 卷，北京：人民出版社，2009 年，第 1 页。

③《马克思恩格斯文集》第 1 卷，北京：人民出版社，2009 年，第 8 页。

④《马克思恩格斯文集》第 1 卷，北京：人民出版社，2009 年，第 4 页。

宗教问题提出了一些构想，如对社会主义与宗教的关系、无产阶级政党对待宗教问题的态度和政策等，都有其思考及研究，提出了相应的理论观点，为我们今天的社会政治实践带来了指导和启迪，但也留有一些悬而未决的问题。总之，马克思主义宗教政治学有其鲜明的政治立场，代表着无产阶级政党及广大人民群众的利益，其基本框架有对宗教和政治的理解，宗教与国家、宗教与政权、宗教与政党的关系等构建。

（五）马克思主义宗教文化学

马克思主义宗教文化学是马克思主义宗教学学科体系中的重要构建。马克思主义经典作家注意到宗教的文化意义，马克思认为文化是人在改造自然的劳动对象化中产生的，文化以“人化”为基础，以人的本质为其实质。文化范畴中有物质文化、制度文化和精神文化等，其中精神文化则关涉宗教。马克思曾指出：“所谓的文化史全部是宗教史和政治史。”[①]

马克思主义宗教文化学认为宗教乃人类掌握世界的重要方式之一。马克思说：思维着的头脑“用它所专有的方式掌握世界，而这种方式是不同于对于世界的艺术精神的，宗教精神的，实践精神的掌握的”[②]。这里，马克思将“宗教精神”与思辨精神、艺术精神和实践精神并列为“掌握世界”的四种基本方式，展示出其对宗教的文化审视。此外，马克思强调文明的实践性和社会性，认为其表现为人类社会的素质。而在对人类文明的反思及审视中，则不可以丢掉其宗教之维。从思想和实践这两个层面，宗教的文化意义在此得以凸显。不过，宗教是否直接为文化，或者说宗教与文化究竟是什么关系，这些问题并未达成共识，也是马克思主义宗教文化学需要进一步探究的。宗教文化学在西方宗教学体系中也无明确的表述，其学科性质尚待商榷和确认。但在马克思主义理论及学术体系中，显然已经论

①《马克思恩格斯文集》第8卷，北京：人民出版社，2009年，第33页。

②《马克思恩格斯文集》第8卷，北京：人民出版社，2009年，第25—26页。

及宗教与文化的关系，其基本理论还需要进一步发掘和拓展。从马克思主义宗教文化学的学科体系建设上考虑，其研究可以从宗教与人类文化形态、宗教与人类文明发展、宗教与民族文化精神，以及宗教与人类思想文化等方面的关系或关联来深入展开。

二、马克思主义宗教学的学术体系

马克思主义宗教学的学术体系，则涉及马克思主义研究宗教的学术传统、思想理论及方法论等范畴。“学术”是系统、专门的学问，指研究主客观世界存在及其规律的系统理论及学科方法，触及研学方面的教化与学识，以及系统的学问、学说、学风和理论观点等。西方语言的“学术”表达源自希腊语的 Academia，本指“学院”，后扩展为研究教育、知识积累等含义。我们这里所论及的马克思主义宗教学学术体系，是指在其宗教学研究中起着理论指导、方法展示等重要作用的理论体系。综合而论，马克思主义理论体系包括马克思主义哲学、马克思主义政治经济学和科学社会主义这三大组成部分，其基本理论及方法当然也影响到马克思主义宗教学的学术理论及研究思路，对形成其学术传统起到关键作用。

马克思主义宗教学学术体系有其严谨性及科学性，而且也反映了 19 世纪至 20 世纪初欧洲的学术背景，与其学术氛围相吻合，故其问题意识直面欧洲社会中宗教与政治、宗教与经济、宗教与时代变迁、宗教与理论创新，以及宗教与学术发展等关联。因此，马克思主义宗教学学术体系有其时代特色，与 19 世纪欧洲宗教学、神学、社会学、哲学、政治学、经济学的学术意识、学术关注、学术争鸣、学术流派、学术体系等都有着交往、交流，甚至出现相关交织。而在这种时代氛围及社会处境中，马克思主义宗教学学术体系乃有其鲜明的意识形态特色和社会阶级定位。综合来看，马克思主义宗教学学术体系主要体现在其历史唯物主义、辩证唯物主义、科学无神论和宗教社会批判等学术理论体系及学术研究方法上。

（一）历史唯物主义的学术体系

马克思主义宗教学学术体系是以历史唯物主义为基础，此即其唯物史观的学术基础。“唯物史观是以一定历史时期的物质经济生活条件来说明一切历史事件和观念，一切政治、哲学和宗教的。”[①]这是马克思主义经典作家认识及研究宗教的基本学术进路和主要方法。唯物史观形成了马克思主义宗教学学术体系最主要的特色，乃其哲学之基。马克思主义将唯物史观视为正确认识宗教问题的前提和指南，乃其基本认知思路和研究方法。可以说，历史唯物主义作为马克思主义宗教学学术体系的基本构成，对整个学科的奠基和发展都起着关键作用。

历史唯物主义的学术体系要求我们基于人类物质生活的生产方式来审视社会生活、政治生活及精神生活，研究宗教的存在与发展，坚持社会存在决定社会意识、经济基础决定上层建筑的观点，即从社会历史的真实情况来分析、界定宗教的存在及意义。这就是说，要“始终站在现实历史的基础上，不是从观念出发来解释实践，而是从物质实践出发来解释各种观念形态”[②]。因此，回到现实社会、追溯其历史发展，是研究宗教所需要的最基本的学术体系。所以说，马克思主义宗教学学术体系以深入这一社会历史的研究为要素，历史唯物主义乃其“唯一的科学的历史观”。

（二）辩证唯物主义的学术体系

马克思主义宗教学学术体系的另一种重要表述则是其辩证唯物主义的学术体系，这与历史唯物主义紧密关联，相互呼应，相得益彰。辩证唯物主义的学术特色就在于其观察、认识、研究包括自然界和社会界的具体存在之方法是辩证的、能动的、发展的，而当这种基本原理和研究方法运用到社会领域时就集中体现为历史唯物主义。因此，辩证唯物主义和历史唯

①《马克思恩格斯文集》第3卷，北京：人民出版社，2009年，第320页。

②《马克思恩格斯文集》第1卷，北京：人民出版社，2009年，第544页。

物主义乃马克思主义最基本的哲学原理和宗教研究的学术原则。

辩证唯物主义的学术体系强调发展、变化的动态研究，认为一切事物都会因时间、地点和条件的不同而变化。“一当我们从事物的运动、变化、生命和彼此相互作用方面去考察事物时，情形就完全不同了。”[①]因此，对宗教的研究也必须是辩证、发展的，不可持僵化、固定不变的观念及态度。恩格斯指出：“当我们通过思维来考察自然界或人类历史或我们自己的精神活动的时候，首先呈现在我们眼前的，是一幅由种种联系和相互作用无穷无尽地交织起来的画面，其中没有任何东西是不动的和不变的，而是一切都在运动、变化、生成和消逝。”[②]所以，对宗教问题的研究就应该具体问题具体分析，反映其真实性、看到变化性。此即马克思主义宗教学辩证唯物主义的学术体系所持守及传承的重要因素。

（三）科学无神论的学术体系

马克思主义宗教学当然是具有无神论性质的宗教学，但其无神论与西方思想史上出现的各种无神论是有本质区别的。马克思主义无神论基于历史唯物主义和辩证唯物主义的立场、观点、态度和方法，因而是一种科学的无神论。这样，科学无神论也是马克思主义宗教学学术体系的重要构成。马克思主义宗教学在其发展中，一直持有科学无神论研究的政治立场及学术风格，依此来对有神论唯心主义进行剖析和批判，对历史上的各种无神论加以解读及评价。其对宗教的审视主要在认识论和社会观两大方面，而其无神论立场及观点的运用也依此而充满辩证性、能动性，有侧重、分层次，重质量、讲策略，对无神论的价值及作用有非常冷静、客观且科学的分析，并将其实施与无产阶级政党的社会革命及建设使命有机结合，发挥非常积极的作用。因此，马克思主义宗教学形成了具有辩证意义及实践价值的科

①《马克思恩格斯文集》第9卷，北京：人民出版社，2009年，第126—127页。

②《马克思恩格斯文集》第9卷，北京：人民出版社，2009年，第23页。

学无神论学术体系。

（四）宗教社会批判的学术体系

在马克思主义宗教学学术体系中，还有马克思主义宗教社会批判这样一个重要的学术理论体系。一般认为，宗教批判在马克思主义思想体系中并非其重点，但在这种历史唯物主义思想体系及学术特色中的确包括有宗教批判的相关内容。“宗教批判不是马克思哲学的单独主题，也不是他的批判的出发点，而是从属于意识形态批判。不过，在创建了唯物史观之后，马克思恩格斯反过来对宗教的本质、起源和功能进行了批判性的深入探讨。”[①] 在此，人们通常比较注意其意识形态批判，而实际上这种意识形态批判是与马克思主义的社会政治批判紧密关联的。实际上，这种批判在马克思主义宗教学中乃经常呈现，故而引起了人们的高度重视。不过，对马克思主义的宗教批判在理论上、政策上的理解都十分关键，而人们在这些理解上的分歧却很大。综合而论，马克思主义的宗教批判基本是基于其社会批判，所体现出的故乃典型的宗教社会批判学术体系。因此，从学术层面对之加以探究，弄清其学术批判体系的立足、侧重及目的，对于正确把握马克思主义宗教学体系既有理论意义，更有实践意义。

三、马克思主义宗教学的话语体系

话语体系的建构是学科建设的基础。马克思主义宗教学在构建其学科体系、创立其学术体系的同时，亦形成了其特色鲜明、比较专门的话语体系。马克思主义思想的典型表述是在突破了青年黑格尔派话语体系的局限之后脱颖而出、成熟发展的，其创立的话语体系既呼应了当时整个哲学社会科学的规范、规则及其逻辑规律，也推出了自己独特的、与以往学术表述迥异的话语构建。这里，其话语体系表达出其相关“关键词”的应用，突出

① 赵敦华：《马克思哲学要义》，南京：江苏人民出版社，2018 年，第 69 页。

了其超众的问题意识，呈现为一种令人印象深刻的语言风格。

马克思主义认为："语言是一种实践的、既为别人存在因而也为我自身而存在的、现实的意识。语言也和意识一样，只是由于需要，由于和他人交往的迫切需要才产生的。"[①]所谓"话语"（Discourse）乃指人们的言说、叙述，其表达方式及社会后果等。显然，话语在此是由相关语言及言辞结合而成，体现出其话语主体、文本、交流、境遇等因素；不过，其言语方式却也会反映出其复杂的社会形态及时代背景，表现为话语主体的个性、气质及风骨。所以，这种话语不是抽象的，而有其社会性和时代性。

作为社会科学语言所表达的现实意义及价值，马克思主义宗教学话语体系呈现的话语首先是"大众话语"、公共话语，即人们听得懂、说得明的话语，是对社会流行话语的回应及阐发，体现出一种普遍的社会关注。这种话语旨在社会沟通、社会共识和共鸣，是为了社会服务、社会实践、社会变革及贡献。在此，话语的成效在于其社会交往、社会沟通功能的发挥。此外，马克思主义宗教学话语体系当然也是"专业话语"、学术话语，是相关领域交流的习用语言，以体现出其专业性、理论性、思想性和学术性。这里，其话语则乃一种专业展示、学科交往、理论对话、思想交锋和智慧共在。

在马克思主义宗教学话语体系中，既有着深入历史的微观话语，旨在对历史事件探究的细化、精准；也有着超越历史、跨越时空的宏观话语，由此给人提供高屋建瓴、远见卓识的思想洞见。在马克思主义经典文献中展示的深邃思想、精彩话语，给人留下了深刻印象。而要透彻领悟马克思主义宗教学话语体系的博大精深、精彩优杰，则必须深入了解马克思主义的时代背景、社会性质及其思想学问的文化处境，弄清其对宗教理解的认

① 赵敦华：《马克思哲学要义》，南京：江苏人民出版社，2018 年，第 69 页。

知本真及社会关联、在宗教表述及界定上的逻辑严密及因果呼应。在马克思主义宗教学话语体系中，相对集中的话语表述包括论及“宗教”“神灵”“拜物教”和“异化”等关键词的系统阐述。

（一）关于“宗教”的话语体系

“宗教”在马克思主义宗教学的理论构思和语言表达中是最为核心、也最为典型的“话语”。因此“宗教”话语构成了马克思主义宗教学最为基本的话语体系。如何理解“宗教”话语的真实意蕴，学术理论界对之争论很多、分歧颇大。这里，对于“宗教”之言述，往往会给人一种界定宗教概念、论说宗教本质的印象。不过，在马克思主义经典作家有关“宗教”的话语中，其描述、陈述、解释、分析等虽都较多，但明确对“宗教”下定义的话语却不多，至少不是直截了当地给出宗教之定义，故而也使后人有着诸多解读或解释。因此，需要深入、透彻地探究马克思主义宗教学关于“宗教”的话语。

人的意识需用语言来表达，宗教的话语表述故而非常重要。但这种宗教话语并不是抽象的呓语，绝不能因其语言的神秘、玄奥甚至荒诞而对之持不屑一顾之态，因为“意识一开始就是社会的产物，而且只要人们存在着，它就仍然是这种产物”①。宗教话语与宗教意识有着最直接的内在关联。恩格斯指出：“宗教一词是从 religare 一词来的，本来是联系的意思。”②马克思主义经典作家虽然不强调对“宗教”做词源学解释，但对之也有一定的学理关注。其特点就是对人类不同历史阶段的“宗教”蕴涵及其话语表达方式有系统梳理探究。

恩格斯说：“我们的宗教幻想所创造出来的那些最高存在物只是我们

①《马克思恩格斯文集》第 1 卷，北京：人民出版社，2009 年，第 533 页。

②《马克思恩格斯文集》第 4 卷，北京：人民出版社，2009 年，第 288 页。

自己的本质的虚幻反映。”[①] 而宗教话语的奇特都与这种“反映”紧密相关。这种宗教话语表达的原始性、简单性及虚玄性，说明“思维对存在、精神对自然界的关系问题，全部哲学的最高问题，像一切宗教一样，其根源在于蒙昧时代的愚昧无知的观念”[②]。这里，宗教的“童话”之语虽看似幼稚，却反映了人的最初本质。因此马克思主义宗教学在对宗教内涵的话语表达涉及宗教界定、宗教本质、宗教意识、宗教价值、宗教基础、宗教根源、宗教反映、宗教形式、宗教对象、宗教主体、宗教起源、宗教作用、宗教功能、宗教影响等方面，并指出这种话语有其现实社会依据，不仅幻想地反映了支配人之生存的外部力量，而且也真实地表达了人的自我意识及自我感觉，曲折地显露了人类本质的永恒规定性。

（二）关于“神明”的话语体系

宗教的核心就是对“神”的理解及其信仰和崇拜问题，此即“宗教性”之聚焦。在宗教学研究中，关于宗教的本质或特点有很多讨论及不同看法，一般理解宗教基于如下三个重点：一是以具有信仰的对象即“神明”作为界定宗教的核心，至于什么是“神”则有各种说法，通常将之视为或象征为“异己”却支配人的“超然”或“超越”的存在或力量。二是以个人内在的敬畏、虔诚的感觉或主体体验作为理解宗教的关键，即所谓宗教是人们“绝对依赖的感情”之说，但这里仍存在着依赖“什么”的问题。三是以信仰个人或群体基于信仰而在社会中的共构及由此所起的作用、影响来作为说明宗教的依据，此即宗教社会存在之建构、功能层面上的理解。但所有这些理解归根结底都不离对“神明”的信仰这一核心话题，因此恩格斯曾把“神这个名词”视为理解宗教本质之根本。

宗教学必然会涉及“神”的理解、“神名”表述等问题。马克思主义

---

①《马克思恩格斯文集》第 4 卷，北京：人民出版社，2009 年，第 275 页。

②《马克思恩格斯文集》第 4 卷，北京：人民出版社，2009 年，第 278 页。

宗教学认为“神明”观念经历了漫长的历史发展过程，因而其中有着丰富的宗教学、历史学、人类学和哲学等蕴涵。其对“神灵”的话语表述则是一种进化、发展、升华的理论体系。根据恩格斯的理解“神明”其实乃支配人之生活的“外部力量”所采取的“超人间的力量的形式”。这种“外部力量”具有自然力量和社会力量之蕴涵。因此“神明”话语表达最终会反映出这一“外部力量”的“全部自然属性和社会属性”①。对“神明”话语的理解乃随着人类历史发展而得以逐渐丰富。

（三）关于“拜物教”的话语体系

在马克思主义宗教学话语体系中，对“拜物教”的论述也比较明显。本来，“拜物教”作为原初的宗教崇拜形式基本是反映人的直观体验和感性意识，但在马克思主义宗教学的话语表达中这一术语得以引申和扩大。对此，马克思强调说：“从拜物教就可看出，理论之谜的解答在何种程度上是实践的任务并以实践为中介，真正的实践在何种程度上是现实的和实证的理论的条件。”②也就是说，在马克思主义宗教学话语体系中，“拜物教”不仅仅是原始社会的崇拜现象，而有了更多更丰富的社会蕴涵，而且其讨论的也主要是在资本主义现代社会中所发生的事件，即现代社会中的资本拜物教现象，其中被更多关注的是商品拜物教和货币拜物教问题。而马克思主义经典作家与之相关的论述及诠释，遂形成马克思主义宗教学的独特话语。

（四）关于“异化”的话语体系

“异化”（alienation，德文 Entfremdung）是马克思主义宗教学论述宗教的一个重要话语，由此形成其论及“异化”的系统话语体系。马克思认为：“人同自身以及同自然界的任何自我异化，都表现在他使自身、使

①《马克思恩格斯文集》第 9 卷，北京：人民出版社，2009 年，第 333—334 页。

②《马克思恩格斯全集》第 3 卷，北京：人民出版社，2002 年，第 346—347 页。

自然界跟另一些与他不同的人所发生的关系上。因此，宗教的自我异化也必然表现在世俗人对僧侣或者世俗人对耶稣基督——因为这里涉及精神世界——等等的关系上。在实践的、现实的世界中，自我异化只有通过对他人的实践的、现实的关系才能表现出来。异化借以实现的手段本身就是实践的。”[①] 显然“异化”话题是马克思主义描述宗教现象尤其是产生宗教之原因最直接的话题之一。在分析“异化”这种话语的表述中，马克思主义也论及了“扬弃异化”的问题，指出只有直面现实性、回到现实性，才能实现对异化这种否定的否定，此即扬弃异化的真实意义。扬弃异化在马克思主义看来不只是空洞、抽象的思想运动，而是积极的社会主义实践。在马克思看来，“社会主义是人的不再以宗教的扬弃为中介的积极的自我意识，正像现实生活是人的不再以私有财产的扬弃即共产主义为中介的积极的现实一样”。[②] 当然，这种扬弃“异化”的社会行动“在现实中将经历一个极其艰难而漫长的过程”[③]。因此，马克思主义宗教学关于“异化”的话语体系有着丰富的内涵，涉及众多领域，需要跨学科的研究和理论与实践的结合。

马克思主义宗教学的学科体系、学术体系及话语体系既自成体系，彼此之间又密切关联，有着呼应、互动、共构的关系。但是，在马克思主义经典作家的原初著述中，并没有一部专门的著作曾系统、明确地涉及这三大体系的具体建构，也没有简明、直接的专门宗教学体系呈现。因此，马克思主义宗教学“三大体系”建设这一研究本身有着巨大挑战性，其有效实施必须面对和处理好各种问题、克服相关困难。不过，马克思主义经典作家其实早就准备好了“马克思主义宗教学”比较具体的相关思想内容素

①《马克思恩格斯文集》第 1 卷，北京：人民出版社，2009 年，第 165 页。

②《马克思恩格斯文集》第 1 卷，北京：人民出版社，2009 年，第 197 页。

③《马克思恩格斯文集》第 1 卷，北京：人民出版社，2009 年，第 232 页。

材，只是散见于其不同的著述中、没有集中呈现而已。因此，我们可以借助于马克思主义宗教学的学科体系、学术体系和话语体系之构建来将这些内容集中、系统地呈现出来。所以，我们不需要、也不可能凭空“创建”出“马克思主义宗教学”的核心内容及理论特色，我们只是通过全面梳理归纳使之得到系统呈现，此即我们对马克思主义宗教学的“建设”。研究马克思主义宗教理论，我们可分为三个阶段：第一阶段的重点是研究马克思主义的宗教观，即以分析、说明其核心立场、基本观点为主。第二阶段则是构建经典马克思主义宗教学的学科、学术及话语体系，突出马克思主义的“宗教学”，即以“学”为主，基于“学”来构设、彰显其相关体系。而第三阶段就是继承发展马克思主义宗教学，以“中国化”及时代特色来努力“创建”当代中国宗教学的“三大体系”。

关于新时代传承与发展马克思主义宗教学的几点看法

唐晓峰[①]

习近平总书记在“5·17”重要讲话中提出：“要加快完善对哲学社会科学具有支撑作用的学科，如哲学、历史学、经济学、政治学、法学、社会学、民族学、新闻学、人口学、宗教学、心理学等，打造具有中国特色和普遍意义的学科体系。”[②]同时他还强调以马克思主义为指导，是当代中国哲学社会科学区别于其他哲学社会科学的根本标志，必须旗帜鲜明加以坚持。如何响应党和国家的要求与期待，传承和发展马克思主义指导下的宗教学研究将成为下一阶段中国宗教研究的重要任务与主要方向。宗教学研究者应围绕此任务和目标展开深入思考与讨论。下面我就如何传承和发展马克思主义宗教学谈几点看法：

首先，要认真学习马克思主义基本原理，把握其关于宗教问题的立场、观点、方法

广义上说，马克思主义宗教学就是在马克思主义指导下对宗教现象进

① 唐晓峰，中国社会科学院世界宗教研究所副所长、研究员，本文原载于《中国宗教》，2021年第9期。

② 习近平：《加快构建中国特色哲学社会科学》（2016年5月17日），载《习近平谈治国理政》第二卷，北京：外文出版社，2017年11月，第345页。

行研究的学科。当代中国宗教学的主体即为马克思主义宗教学。马克思主义包括哲学、政治经济学、科学社会主义三大体系。这三大理论体系对于我们认识宗教现象、理解宗教存在、处理宗教问题具有宏观的指导作用。马克思主义哲学是关于自然界、人类社会和思维发展一般规律的科学。辩证唯物论和唯物史观是其重要组成部分。辩证唯物论认为物质决定意识，意识是对物质的反映并反作用于物质。根据这一原则，人类社会包括宗教思维在内的所有思想学说，均为物质世界长期发展的产物。唯物史观是关于人类社会发展规律的理论，它认为一切历史事件的原因与动力均来自社会经济的发展。物质生产方式决定精神生活的一般过程，社会存在决定社会意识，反过来社会意识又可以塑造与改变社会存在。宗教意识作为社会意识的一种，自然由社会存在状态所决定。“宗教里的苦难既是现实的苦难的表现，又是对这种现实的苦难的抗议”[①] 这句表述便是马克思对唯物史观这一原理最直观的解读。马克思主义政治经济学是从生产力与生产关系、经济基础与上层建筑相互作用的角度出发，对经济及社会发展进行考察的理论学说，其在揭示资本主义生产和剥削的本质、揭露无产阶级与资产阶级之间对立和斗争的经济根源的同时，也呈现了被剥削者在失去自我本质属性之后，寻求异化的虚幻世界以安身立命的存在状态。对于虚幻世界的批判便是对资本主义奴役人的社会现实的批判，对此马克思写道：“废除作为人民的虚幻幸福的宗教，就是要求人民的现实幸福。要求抛弃关于人民处境的幻觉，就是要求抛弃那需要幻觉的处境。因此，对宗教的批判就是对苦难尘世——宗教是它的神圣光环——的批判的胚芽。”[②] 科学社

---

① 马克思：《〈黑格尔法哲学批判〉导言》（1843 年 10 月中—12 月中），载《马克思恩格斯全集》第 3 卷，北京：人民出版社，2002 年 10 月，第 200 页。

② 马克思：《〈黑格尔法哲学批判〉导言》（1843 年 10 月中—12 月中），载《马克思恩格斯全集》第 3 卷，北京：人民出版社，2002 年 10 月，第 200 页。

会主义是马克思主义理论体系的核心，它是在马克思主义哲学与政治经济学基础之上发展起来的关于社会主义本质特征与发展规律的科学理论，是研究无产阶级解放事业本身结构及其实现条件的理论体系。无产阶级所进行斗争的实质，就是要使自己从资本主义的奴役之下解放出来，消灭阶级剥削和阶级差别，消灭生产资料私人占有的体制，在全世界实现共产主义，解放全人类。在此过程中，按照马克思主义经典作家的观点，宗教是人类自我异化的结果，也是异化人类的工具，它制约着人全面而自由的发展，宗教的消亡必然是共产主义实现的条件，也是其实现的结果。对此，恩格斯扼要梳理了人类这一自我异化并寻求自我解放的过程："人在宗教中丧失了他固有的本质，使自己的人性外化，现在，在宗教由于历史的进步而动摇了之后，他才觉察到自己的空虚和不坚定。但是，他没有其他拯救的办法，只有彻底克服一切宗教观念，坚决地真诚地复归，不是向'神'，而是向自己本身复归，才能重新获得自己的人性、自己的本质。"①

发展马克思主义宗教学，就要认真学习领会马克思主义的精髓，将马克思主义经典作家有关宗教的论述置于马克思主义思想体系中加以考量，避免执着于马克思主义经典作家的只言片语对其思想做片面、教条的理解。另外，在马克思主义指导下，宗教学研究也将摆脱西方宗教学产生之初的宗教神学色彩，凸显其客观、比较、无神的属性，增加其人文关怀和助力社会发展的视角与目标。

其次，要契合时代发展，推进和完善中国宗教学学科体系建设

在"5·17"讲话中，习近平总书记对我国哲学社会科学学科体系建设提出诸多前瞻性、建设性意见，认为我国的"哲学社会科学学科体系已

① 恩格斯：《英国状况——评托马斯·卡莱尔的〈过去和现在〉》（1843 年 10 月—1844 年 1 月中），载《马克思恩格斯全集》第 3 卷，北京：人民出版社，2002 年，第 521 页。

基本确立，但还存在一些亟待解决的问题，主要是一些学科设置同社会发展联系不够紧密，学科体系不够健全，新兴学科、交叉学科建设比较薄弱”[①]。这些问题在我国宗教学科中同样或多或少存在着，有的问题还比较突出。宗教学学科体系是宗教学的基本架构，是宗教研究得以开展的前提和基础。有了契合中国文化特质、遵循哲学社会科学发展规律、符合当前时代特征的学科体系，中国宗教学的理论、范畴、观点、方法的产生和培育才具备根本条件，中国宗教学学术、话语体系建设才会焕发生机。中国宗教研究经过半个多世纪的发展，学科框架初步呈现，科研队伍不断壮大，学科方法日渐多元，出版了众多在国内外拥有较高声誉和广泛影响力的学术成果，同时，也为党和国家的宗教工作提供了不可或缺的理论支撑。当然，我国的宗教研究领域也出现了研究立场分殊、研究力量涣散、研究领域区隔、研究内容滞后于时代发展等若干问题倾向。这些问题的形成原因是多方面的，有的是研究惯性使然，有的与学科发展成熟度相关，有的则是因为受到国外学科发展模式、宗教信仰话语，以及社会各界对宗教学学科理解的影响。宗教现象事关百姓福祉、民族团结、社会和谐、国家稳定，中国宗教研究者应总结、梳理、传承半个多世纪以来前辈学者为国、为民、为哲学社会科学发展作出的艰辛尝试、贡献的卓越观点、取得的丰硕成绩，在此基础上，以辩证唯物论和唯物史观为指导，迎合时代所需，凝聚团队力量，打破学科壁垒，建构一种“胸怀大众、立足中国、符合现实、融合中外、面向国际”的宗教学学科体系，让宗教学真正成为国家之学、人民之学、时代之学，这是每位宗教研究者责无旁贷，且势在必行的任务与使命。

再次，要加强宗教学基础知识的整理、普及、研究工作

中国的宗教学研究不仅要关注宗教人物、派别的思想阐释，中外宗教

① 习近平：《加快构建中国特色哲学社会科学》（2016 年 5 月 17 日），载《习近平谈治国理政》第二卷，北京：外文出版社，2017 年，第 344 页。

学范畴的深入解读，各类文献史料的收集、考释，还要结合社会大众所需，符合时代发展要求，以马克思主义为指导，加强宗教学基础知识的编辑、整理、研究工作，并以群众喜闻乐见的方式加以推广、普及，这是引导社会大众拥有正确的宗教理解的需要，也是引导广大信仰群众理性信仰、坚持我国宗教中国化方向的途径，更是推行思想“祛魅”和科学无神论事业的重要举措。1963 年，毛泽东主席在中央外事小组《关于加强对外研究的请示报告》上批示指出：“世界三大宗教（耶稣教、回教、佛教），至今影响着广大人口，我们却没有知识……不批判神学就不能写好哲学史，也不能写好文学史或世界史。”在这一批示精神指导下成立的世界宗教研究所，在任继愈先生的带领下，致力于世界三大宗教的历史、理论、现状的资料整理和研究工作，并着手编纂多部宗教学工具书、资料集，这些基础性工作包括宗教学原理类、各宗教通史类、教义思想类、哲学发展史类著作的撰写，以及《宗教大辞典》、汉文《中华大藏经》《道藏提要》《马克思恩格斯列宁论宗教》等资料和工具书的编纂，一些国外的重要研究资料，如《中华归主》等也被译介过来。此外，1975 年《世界宗教（参考资料）》创刊，1980 年改版更名为《世界宗教资料》，后更名为《世界宗教文化》。《世界宗教研究》亦于 1979 年 8 月创刊，这两个期刊至今仍在介绍宗教学知识以及宗教学研究等方面发挥着不可替代的作用。20 世纪 90 年代，由世界宗教研究所主编的“宗教知识丛书”“中国现代科学全书·宗教学”、吕大吉等主编的“中国原始宗教资料丛编”、戴康生主编的《当代新兴宗教》、雷镇阊主编的“宗教经书宝典系列”、王志远主编的“宗教文化丛书”、卓新平主编的《简明华夏百科全书》（宗教学）等丛书和著述陆续出版，这些著作和国内同时期同行机构的基础性研究工作一度成为 20 世纪八九十年代中国宗教研究的主要内容，为社会大众客观、理性地看待宗教现象提供了必要的知识读本，也为之后中国宗教学研究奠定了扎实的理论和资料基础。这些作品坚持以马克思主义为指导，群策群力，精益求精，适应社会大众以及宗教工作所需，具有跨越时代的学术价值。至今这些著述仍具有普遍影响力，是人们了解宗教知识、处理宗教问题不可或缺的参考书。

经过20余年的发展，宗教基础知识研究在新时代仍具有其特殊必要性和紧迫性。物质生活的提升并没有完全解决人们关于命运不确定性的焦虑与不安，人们对于超越存在的追求、对于无限性的敬畏仍需要以人文、理性的方式加以引导，对于宗教信仰的追求仍是部分群众安身立命的根基。在此过程中，科学的世界观、理性的信仰观、健康的精神追求离不开社会大众对于宗教现象合理的认知，离不开宗教研究者对于宗教发生发展消亡规律的再探讨与符合时代发展的诠释，宗教发展史和基础知识的内涵与外延亟需随着时代的发展增添新的内容。与这种客观、理性的知识需求对比起来，当前在各种媒介中充斥的宗教知识五花八门、良莠不齐，极易误导公众；传统宗教基础知识研究成果介绍手段颇为落后，造成研究成果与大众需求脱节；很多宗教学研究人才集中于思想、概念、文献考据工作，忽略了基础知识介绍的必要性，一些宗教研究日益脱离大众视野成为“自娱自乐”的思想游戏；宗教学教育无通行的马克思主义宗教学系列教材，不利于宗教研究人才的培养，同时也有部分所谓的研究成果脱离马克思主义指导，故弄玄虚，不利于社会大众科学世界观的形成。当代中国宗教学拥有更为广泛的国际视野、更为多元的学科方法、更为丰富的学术积累，在这些有利条件下，宗教基础性研究要迎合当代社会发展、公众所需，加以拓展，重新诠释，用大众喜闻乐见的形式和媒介加以介绍、宣传，如此必将起到事半功倍、正本清源的效果。这些基础性工作将成为新时代传承、发展马克思主义宗教学的重要内容。

第四，聚焦新时代重大理论和现实问题，加强对宗教现状与趋势研究

对宗教发展现状和趋势的关注与研究是马克思主义宗教学的重要组成部分，也是奠定其学科地位并发挥社会作用的重要纽带。有关宗教的历史、理论等基础性研究与宗教现状、趋势研究应该是紧密结合在一起的。一方面，为学不尚空谈，不具备社会关怀和问题意识的基础研究没有生命力可言。习近平总书记在“5·17”讲话中指出，当代中国正经历着我国历史上最为广泛而深刻的社会变革，也正在进行着人类历史上最为宏大而独特的实践创新。在这种前无古人的伟大实践中，加强对宗教发展现状和态势研究是更好地保障和改善民生、促进社会文明进步的需要，是推进国家治理体系和治理能力现代化的需要，是增强我国文化软实力、提高我国国际话语权的需要，同时也是有效应对国际发展环境深刻变化的新形势，维护宗教和谐、民族和睦、国家安全与祖国和平统一的需要。另一方面，现实中的宗教现象只是历史长河中的一个点、一个切面，基于宗教思想和发展规律的现状研究，是其客观性、公正性、全面性的前提，失去基础研究的现状研究和问题意识是盲目的、不切实际的。同时，宗教现状与趋势研究还应置于整个社会、思想、文化脉络中加以定位、考量，只有如此，宗教学研究才能高质量地服务于党和国家重大发展战略和决策需求。也只有如此，宗教学科才能在研以致用的过程中提升自身的学术影响力、社会影响力、决策影响力、国际影响力。新时代的宗教学研究应充分发挥基础理论研究雄厚积累、多学科人才汇聚的资源优势，立足国家民族立场，加强实地调查研究，围绕群众关切，坚持问题导向，放眼世界发展，勇于担当，主动作为，为认识、分析、处理新时代宗教发展所面临的各项难题与挑战提出方案。

第五，要努力打造中国宗教研究的学术交流平台，提升中国宗教研究的话语权

中国宗教研究的话语权由中国宗教研究自身的学术水平、科研团队的凝聚力、为国为民作出的贡献等多方面因素决定，其中高质量学术交流平台的打造也是中国宗教研究话语权的重要体现。多元优质的学术交流平台不但可以将中国宗教研究的理论、观点传播出去，发生效力，产生回馈，提升宗教研究在国内外哲学社会科学领域的话语权、引导力；同时学术交流平台也是汇聚力量、交流思想、培养人才、转化成果的重要载体，是提升中国宗教研究水平的基础环节。这些学术交流平台主要包括期刊、网站、会议论坛等多种形式。就目前状况而言，中国宗教研究的学术交流平台面临统筹规划性不强、国际化程度偏低、问题意识与时代特征不明显、同质化倾向严重、成果转化效力不高、在哲学社会科学领域权威性不足等诸多困难与短板。此外，宗教话题的敏感性也为相关研究平台的构建带来一定的局限。要破解上述难题，需要中国宗教学界明确为国为民研究立场，发挥全国性学会顶层设计功能，聚焦国内外重大理论与现实问题，加强团队沟通协作，增强学术对话意识，建立一批业务精良、运转高效的宗教学研究团队，打造多个分工明确、特色鲜明的专业期刊、年鉴，组织一批具有国内外重要影响力的学术论坛、专题讨论，并将上述科研成果进行有效转化，充分利用线上资源汇集、呈现中国宗教研究的传统优势与最新成果，宣传中国宗教学的特色、观点、话语，为建设具有中国特色、中国风格、中国气派的中国宗教学体系服务。

在全面建设社会主义现代化强国的新征程中，坚持传承与发展马克思主义宗教学具有理论与现实双重意义。这一方面需要我们认真学习马克思主义基本原理，用马克思主义经典作家有关宗教问题的立场、观点、方法指导我们宗教学研究实践，同时需要我们努力建构适应当代社会发展、符合学科发展实际、契合中国文化特质的学科体系，突出宗教学研究自身人文性的同时，发挥其面向社会、引导公众、服务国家的独特作用，在此过程中凸显其社会科学属性。马克思主义宗教学的传承与发展离不开具有统筹性、权威性、前瞻性、开放性的学术平台的搭建，在此基础上，中国宗教研究能够更好地传承前辈学者的优秀成果和优良学风，在新的百年征程中为我国的哲学社会科学发展作出贡献，在社会主义现代化强国的宏伟蓝图中绘制宗教学的美好篇章。

二、马克思主义经典作家的宗教观

论马克思、恩格斯《神圣家族》中的宗教观

卓新平 ①

在马克思主义的创建中，马克思与恩格斯的合作至关重要。《神圣家族》则是这种合作的典型代表，即马克思与恩格斯合写的第一部著作，此书主要由马克思执笔，约 1844 年 9 月写于巴黎，用了几个月的时间，恩格斯则分担了少部分章节，仅用了约十天时间写完，全书于 1845 年 2 月在法兰克福出版。

一、超越青年黑格尔派和费尔巴哈来重新审视宗教

《神圣家族》不仅是马克思、恩格斯对以布鲁诺·鲍威尔等人为代表的青年黑格尔派唯心主义思想的批判，而且也是两人对费尔巴哈旧唯物主义思想的彻底清算，尤其是马克思在此透彻剖析了费尔巴哈的思想缺陷，根本跳出了其抽象人论的窠臼，从而真正走向了历史唯物主义、辩证唯物主义的科学发展。为此，恩格斯评价说："费尔巴哈没有走的一步，必定会有人走的。对抽象的人的崇拜，即费尔巴哈的新宗教的核心，必定会由

① 卓新平，中国社会科学院学部委员，世界宗教研究所研究员，中国统一战线理论研究会常务理事及民族宗教理论甘肃研究基地研究员。本文原载于《宗教学研究》2016 年第 4 期，并已收入作者 2020 年由中国社会科学出版社出版的《经典与实践》一书之中。本文系国家重点课题"马克思主义经典作家基本观点研究"之"经典作家关于宗教的基本观点研究"子课题的研究成果。

关于现实的人及其历史发展的科学来代替。这个超出费尔巴哈而进一步发展费尔巴哈观点的工作，是由马克思于1845年在《神圣家族》中开始的。”①

马克思和恩格斯在《神圣家族》中论述了他们对宗教及无神论的看法，其出发点就是针对以布鲁诺·鲍威尔为代表的青年黑格尔派所推行的思辨唯心主义及其用“自我意识”即“精神”代替“现实的个体的人”之错误主张。《神圣家族》的立意就是对这种错误观点展开公开批判，其“序言”即挑明了其立场：“显而易见，这种没有肉体的精神只是在自己的臆想中才具有精神。在鲍威尔的批判中，我所反对的正是以漫画形式再现出来的思辨。我们认为这种思辨是基督教日耳曼原则的最完备的表现，这种原则通过把批判本身变为某种超验的力量来作为自己的最后一次尝试。”② 为此，《神圣家族》正是对这种批判的批判所作的批判。

宗教就其观念而言涉及绝对的东西，但绝对只是与相对比较而言的，是在关系中、对比中存在，因而不能将这种绝对加以绝对化。基于这种对立统一、互为存在的观点，《神圣家族》对埃德加·鲍威尔和蒲鲁东的理论进行了分析：“对埃德加先生说来，由于蒲鲁东提出了历史上的绝对的东西，由于他坚持对公平的信仰，所以他就成了神学的对象；而批判的批判由于职业的缘故就是神学的批判，现在就可以抓住蒲鲁东，从而在‘宗教观念’上大做文章了。”而宗教观念的特点就是要在两个对立面中找出一个最后成为胜利和唯一真实的东西，因此“宗教的批判的批判是把这样一种情况奉为信条：两个对立面中有一个——‘批判’——最后会作为唯一的真理战胜另一个对立面——‘群众’。可是蒲鲁东却把群众的公平当做绝对的东西，奉为历史上的神，从而就犯下了更不公平的过错，因为公平的批判已经非常明确地为自己保留了这个绝对的东西、这个历史上的神

①《马克思恩格斯文集》第4卷，北京：人民出版社，2009年，第295页。

②《马克思恩格斯文集》第1卷，北京：人民出版社，2009年，第253页。

的地位”[①]。然而这两种对立的东西并非纯想象的行为，且不可能截然分开，因此必须将之作为一个整体来看待。同理，宗教中的神明既不能凭空来想象，也不可抽象来批判，而必须看到这种认知与现实的对立统一，认识到神之抽象观念乃是现实生存中人及其社会异化所折射出来的反映，其表现形式是抽象的、虚无的，但其曲折反映的内容却是具体的、真实的。

在分析蒲鲁东对国民经济学所做的批判时，马克思、恩格斯认为其做法是和鲍威尔兄弟这些德国批判家的做法基本相同的，“因为德国的批判家发现了人是证明神的存在的根据以后，就从人这个观点出发振振有词地直接反对神的存在”。但这是纯粹的、空洞的、抽象的理论批判，从概念到概念而缺乏实践基础，而且本身也因此是自相矛盾的。“按照布鲁诺·鲍威尔先生的观点，自我意识是一切宗教观念的基础。在他看来，自我意识是福音书的创造原则。为什么自我意识的原则所造成的结果比自我意识本身更强有力呢？人们用德国的方式回答我们说，这是因为：自我意识固然是宗教观念的创造原则，但是它只有作为脱离自我的、自相矛盾的、外化和异化了的自我意识，才能成为这种创造原则。因此，达到了自身、理解了自身、认识了自己本质的自我意识，就是支配着它的自我外化的各种产物的力量。”[②]在马克思、恩格斯看来，宗教观念不是从人的头脑中凭空产生的，不是自我意识的纯然外化或异化的产物；这些观念所反映的是人的社会异化，即“是他同他人的人的关系，是人同人的社会关系”的异化。[③]

不是从具体来分析问题，而是把具体的事物抽象化，使之成为“抽象的理智本质”，这在马克思、恩格斯看来是青年黑格尔派之思辨哲学的最根本问题。“人们可以看出，基督教认为，上帝只有一个化身，而思辨哲

①《马克思恩格斯文集》第 1 卷，北京：人民出版社，2009 年，第 258—259 页。

②《马克思恩格斯文集》第 1 卷，北京：人民出版社，2009 年，第 265—266 页。

③《马克思恩格斯文集》第 1 卷，北京：人民出版社，2009 年，第 268 页。

学则认为，有多少事物就有多少化身，比如在这里，在思辨哲学看来，每一种果实都是实体的化身，即绝对的果实的化身。所以，思辨哲学家最感兴趣的就是，把现实的、普通的果实的存在制造出来，然后以神的口吻说，有苹果、梨、扁桃、葡萄干。但是，我们在思辨的世界里重新找到的这些苹果、梨、扁桃和葡萄干最多不过是虚幻的苹果、虚幻的梨、虚幻的扁桃和虚幻的葡萄干，因为它们是'果品'这种抽象的理智本质的生命的各个环节，因而就是抽象的理智本质本身。……这些果实已经是具有更高的神秘意义的果实，它们是从你的脑子的以太中，而不是从物质的土地中生长出来的，它们是'果品'的化身，是绝对主体的化身。因此，当你从抽象，从'果品'这一超自然的理智本质返回到各种现实的天然的果实时，你倒使这些天然的果实具有了一种超自然的意义，使它们变成了纯粹的抽象。"①把事物抽象化，则会走向其虚幻化，并导致其神秘意义的产生，但这种理智本身的游戏却脱离了实际，成为毫无意义的空谈。同理，看待宗教也不能仅仅将之视为自我观念的幻影或自我意识的单纯外化，而必须看人的自我之外的社会关联，看到人在自我意识之外的真实存在。马克思、恩格斯并不赞赏"一个人用反对上帝存在的办法来反对他自己的宗教热忱"，而是强调："因为群众的这些实际的自我外化以外在的方式存在于现实世界中，所以群众必须同时以外在的方式同它们进行斗争。群众决不会把自己的自我外化的这些产物仅仅看做观念的幻影，看做自我意识的单纯的外化，同时也不想通过纯粹内在的唯灵论的活动来消灭物质的外化。"②由此观之，青年黑格尔派承袭了黑格尔的思辨哲学传统，其特点就是将现实的事物、历史的存在加以思辨化、抽象化；黑格尔把历史看做绝对精神的抽象运动，也就是说，"黑格尔的历史观以抽象的或绝对的精神为前提"，而

①《马克思恩格斯文集》第1卷，北京：人民出版社，2009年，第278—289页。

②《马克思恩格斯文集》第1卷，北京：人民出版社，2009年，第288页。

人只是其精神的承担者；所以，青年黑格尔派关于精神与人群的关系之论“事实上不过是黑格尔历史观的批判的漫画式的完成，而黑格尔的历史观又不过是关于精神和物质、上帝和世界相对立的基督教日耳曼教条的思辨表现”[①]。“黑格尔是在经验的、公开的历史内部让思辨的、隐秘的历史发生的”，在黑格尔的思辨体系中，“人的历史变成了抽象精神的历史，因而也就变成了同现实的人相脱离的人类彼岸精神的历史”[②]。

按此推理，宗教的自由不过就是一种抽象的自由、空洞的自由，“基督教关于精神自由、理论自由的教义，那是一种唯灵论的自由，那种自由即使戴着锁链也把自己想象成是自由的，那种自由在‘观念’中是称心如意的”[③]，其抽象就使宗教等脱离了实际，并以这种抽象达到其绝对化，“正像宗教同全部世俗内容的脱离使宗教成为抽象的、绝对的宗教一样”，结果是在该“谈法的地方谈情感和良心，在谈法律教义的地方谈神学教义”[④]，在要运用政治经济学时却用上了思辨哲学；但这种思维一旦面对现实存在，其“观念”的自由就显得软弱无力，其空谈亦毫无用武之地。

从思辨哲学的性质及其特点来看，其实质乃一种精致的宗教，并没有脱离基督教日耳曼原则本身。马克思、恩格斯对之讽刺说：“正如上帝把自己的意志赋予自己的创造物——人一样，批判也把自己的意志赋予自己的创造物——命运。所以创造命运的批判也像上帝一样是万能的。甚至它所‘遭遇到的’来自身外的‘反抗’也是它自己的创造物。”“既然批判像上帝一样是万能的，那么它也像上帝一样是无所不知的，并且善于把它

①《马克思恩格斯文集》第 1 卷，北京：人民出版社，2009 年，第 291 页。

②《马克思恩格斯文集》第 1 卷，北京：人民出版社，2009 年，第 292 页。

③《马克思恩格斯文集》第 1 卷，北京：人民出版社，2009 年，第 297 页。

④《马克思恩格斯文集》第 1 卷，北京：人民出版社，2009 年，第 300 页。

的万能同个人的自由、意志和天职结合起来。”[①]鲍威尔等青年黑格尔派仍然是囿于宗教本身的范围，其思辨因而只是一种神学的思辨，这势必脱离实践，脱离社会政治。这种抽象来看宗教的态度正是马克思、恩格斯所坚决反对的。

在《神圣家族》中，马克思延续了其《论犹太人问题》对鲍威尔的批判。鲍威尔宣称其对犹太人问题的批判既不持宗教的观点，也不持政治的观点，但实际上其对犹太人问题的探讨是作为“纯粹宗教的”问题来探讨的，即“为真正神学的探讨和虚假政治的探讨”，“甚至在政治上研究的也不是政治，而是神学”。[②]《神圣家族》在此批评鲍威尔说：“这位神学家将根据表面现象作出判断，把宗教问题就看成宗教问题。”但鲍威尔却根本没有意识到，“宗教的焦点问题在当前具有社会意义。关于宗教利益本身再也没有什么可谈的了”。“鲍威尔先生只了解犹太的宗教本质，但不了解这一宗教本质的世俗的现实的基础。他把宗教意识当做某种独立的本质来反对。所以，鲍威尔先生不是用现实的犹太人去说明犹太人的宗教的秘密，而是用犹太人的宗教去说明现实的犹太人。因此，鲍威尔先生对犹太人的理解限于犹太人是神学的直接对象或犹太人是神学家。”这种纯思辨的认知陷入抽象、空洞之中而找不到宗教的真实性之所在。马克思、恩格斯指出了鲍威尔等人在认知方向及方式上的错误，提出了与之对立的正确方向及方式：“在剥掉了犹太教的宗教外壳，使它只剩下经验的、世俗的、实际的内核之后，才能够指明那种可以消除这个内核的实际的、真正社会的方式。”“现实的世俗的犹太精神，因而也连同宗教的犹太精神，是由现今的市民生活所不断地产生出来的，并且是在货币制度中最终形成的。”鲍威尔“之所以未能意识到这一点，是因为他没有认识到犹太精神

①《马克思恩格斯文集》第1卷，北京：人民出版社，2009年，第302—303页。

②《马克思恩格斯文集》第1卷，北京：人民出版社，2009年，第306页。

是现实世界的一环，而只把它当做是他的世界即神学的一环；是因为他作为一个虔诚的、忠实于上帝的人，不是把进行工作的、从事日常劳动的犹太人，而是把在安息日里假装正经的犹太人视为现实的犹太人”[①]。显然，在宗教与社会的关系上，鲍威尔的认知乃本末颠倒的，他只看到了宗教场景的人，而没有看到或没有真正重视现实社会生活中的人。这样，鲍威尔就彻底否认了犹太人的社会历史存在及其现实意义。“在这位笃信基督的神学家鲍威尔先生看来，犹太教的世界历史意义已经必不可免地从基督教诞生的那一时刻起荡然无存。所以，他必然要重复那种认为犹太教是违反历史而保存下来的陈旧的正统观点；而认为犹太教只是作为神的诅咒的确证，作为基督启示的明证而存在的陈旧的神学偏见，则必然要在鲍威尔那里以批判的神学的形式屡屡出现。根据这种形式，犹太教现在和过去都只是作为在宗教上对基督教的超世俗起源的肆无忌惮的怀疑而存在，也就是作为反抗基督启示的明证而存在。”[②]在鲍威尔等人的眼里，犹太教的历史存在消失了，犹太教的社会意义亦荡然无存；犹太教在此只有反衬基督教信仰存在的消极意义，只能在这种神学的审视和批判中才得以现形。这种思路显然延续了黑格尔抽象思辨的唯心主义哲学思想，脱离了历史，脱离了现实，因而也只能是以虚幻来遮蔽真实，在神学之维中难以自拔。对此，《神圣家族》继续批评说：“鲍威尔先生虽然是批判的神学家或者说是神学的批判家，但却是名副其实的神学家，他并没有能够超越宗教的对立。他把犹太人对基督教世界的关系仅仅看做是犹太人的宗教对基督徒的宗教的关系。他甚至不得不在犹太人和基督徒与批判的宗教——无神论、有神论的最后阶段、对神的否定性的承认的对立中批判地恢复宗教对立。最后，他由于自己的神学狂热，不得不把‘现代犹太人和基督徒’即现代世界‘获

①《马克思恩格斯文集》第1卷，北京：人民出版社，2009年，第307页。

②《马克思恩格斯文集》第1卷，北京：人民出版社，2009年，第307—308页。

得自由’的能力，仅仅局限于他们理解并亲自从事神学‘批判’的能力。在正统的神学家看来，整个世界都应归结为‘宗教和神学’……同样，在激进的批判的神学家看来，世界获得解放的能力就应归结为把‘宗教和神学’作为‘宗教和神学’加以批判的唯一的抽象能力。他所知道的唯一的斗争是反对自我意识的宗教局限性的斗争，然而自我意识的批判的‘纯粹性’和‘无限性’也同样是神学的局限性。”① 就宗教和神学本身来讨论其问题，是得不出任何正确结论的，因为其出发点和对问题的提法就不正确，顺此思路势必走向谬误。宗教本身既无根源亦无本质，绝不可能有纯粹的存在。“鲍威尔先生之所以用宗教和神学的方式来考察宗教和神学问题，就是因为他把现代的‘宗教’问题看做‘纯粹宗教的’问题。”②

与鲍威尔完全相反，《神圣家族》对这一问题给出了正确的解释说明，指出“犹太精神是通过历史、在历史中并且同历史一起保存下来和发展起来的，然而，这种发展不是用神学家的眼睛，而是只有用俗人的眼睛才能看到，因为这种发展不是在宗教学说中，而是只有在工商业的实践中才能看到”。鲍威尔竟然把犹太人的宗教视为“一种特殊的自为地存在的本质”，以此作为其观察、审视世界之基，结果乃本末倒置、与正确方向背道而驰。所以，正确之途“不是用犹太人的宗教……来说明现代犹太人的生活，而是用那些在犹太人的宗教中得到幻想反映的市民社会的实际要素来说明犹太人宗教的顽强生命力”。而“犹太人解放成为人，或者说人从犹太精神中获得解放”应该“被理解为彻头彻尾渗透着犹太精神的现代世界的普遍的实践任务”，“消除犹太本质的任务实际上就是消除市民社会中的犹太精神的任务，就是消除现代生活实践中的非人性的任务，这种非人性的最

①《马克思恩格斯文集》第1卷，北京：人民出版社，2009年，第308—309页。

②《马克思恩格斯文集》第1卷，北京：人民出版社，2009年，第309页。

高表现就是货币制度”。[①] 显然，问题的关键不是宗教批判，而是对这种宗教所反映的存在着剥削、压迫之社会的批判，更具体而言即对当时欧洲资本主义制度的批判。因此，至关重要的是要找出这种宗教与其赖以生存的现代社会、现代国家的现实关系，透过这种社会、国家来观察、审视并理解其宗教，将鲍威尔等人所颠倒的关系再颠倒回来。

二、对犹太人与“基督教国家”关系的深入剖析

《神圣家族》还对当时欧洲犹太人与其生存的“基督教国家”或“基督教世界”的复杂关系进行了非常深刻的剖析。

首先，其实际体现的犹太精神不离其生存的基督教世界，“实际的犹太精神只有在完备的基督教世界里才达到完备的程度”，因为“这种实际的犹太精神正是基督教世界本身的完备的实践”。[②] 这充分体现出马克思主义社会存在决定社会意识的基本原则，看似异样的犹太精神在欧洲基督教世界中所反映的同样是这个基督教社会的特质而不是其他社会。

其次，所谓“完备的基督教国家”不是指具有宗教特权的那种“基督教日耳曼国家”；鲍威尔是“用‘基督教国家’不可能在政治上解放犹太人这一点来说明犹太人在德意志各邦的处境”，“他把特权国家、基督教日耳曼国家设想成绝对的基督教国家”。但恰恰相反，“那种没有任何宗教特权的政治上完备的现代国家，也就是完备的基督教国家；因此，完备的基督教国家不仅能够解放犹太教，而且已经解放了他们，同时按这种国家的本质来说，也必定会解放他们”。[③] 这里，马克思、恩格斯实际上是对政教分离及其意义进行了探讨，在其看来：“当国家摆脱了国教，而在市民社会范围内则让宗教自由行事时，国家就从宗教中解放出来了，同样，

---

①《马克思恩格斯文集》第1卷，北京：人民出版社，2009年，第308页。

②《马克思恩格斯文集》第1卷，北京：人民出版社，2009年，第308页。

③《马克思恩格斯文集》第1卷，北京：人民出版社，2009年，第310页。

当单个的人不再把宗教当做公共事务而当做自己的私人事务来对待时，他在政治上也就从宗教中解放出来了。”能够把宗教作为私人事务来对待，而不把信奉宗教视为一种政治参与，并且也不再有国教那种政治权威，此即对宗教的政治解放。这是对宗教问题的正确处理，“法国革命对宗教采取的恐怖行动远没有驳倒这种看法，相反倒证实了这种看法”[①]。

最后，人们信仰宗教与否，不是他们能否参加政治、能否获得政治解放的必要前提，这种宗教信仰选择与政治参与并无直接关联。“把人划分为不信宗教的公民和信奉宗教的私人，这同政治解放毫不矛盾。”[②]因此，在现实政治中，不信宗教的公民和信奉宗教的私人都面对政治解放的同样问题。批判宗教、批判神学并非政治解放的必要任务，不要把政治批判与宗教批判相混，政治斗争及其政治解放也不可变为对宗教的批判。但在鲍威尔那里，“国家和宗教的对立成了议论的主旨，以致对政治解放的批判变成了对犹太人的宗教的批判”。“鲍威尔先生没有去研究现代国家对宗教的现实关系，就必然要幻想出一个批判的国家来，这样的国家其实无非就是那种在自己的幻想中狂妄地自认为体现着国家的神学批判家。每当鲍威尔先生陷入政治的时候，他总是重新把政治当做自己的信仰即批判的信仰的俘虏。只要他研究国家，他总是把它变成对付‘敌人’即非批判的宗教和神学的论据。国家以批判神学的心愿的实现者身份来效力尽职。”[③]鲍威尔批判宗教神学有其政治目的，他试图为国家的绝对化而牺牲宗教，希望以此能树立政治的权威。《神圣家族》指出：“当鲍威尔先生第一次摆脱了正统的非批判的神学时，在他的心目中，政治的权威就代替了宗教的权威。他对耶和华的信仰就变成了对普鲁士国家的信仰。……不仅普鲁

①《马克思恩格斯文集》第1卷，北京：人民出版社，2009年，第310—311页。

②《马克思恩格斯文集》第1卷，北京：人民出版社，2009年，第310页。

③《马克思恩格斯文集》第1卷，北京：人民出版社，2009年，第311页。

士国家，而且——这是合乎逻辑的——普鲁士王室也被设想为绝对的。”但实际上，“这个国家的功绩就在于通过教会合并来取消宗教信条，并利用警察来迫害持不同意见的教派。”[①]这样，鲍威尔批判宗教的目的乃在于消灭宗教。“宗教为国家制度而牺牲，或者更确切地说，国家制度仅仅是消灭‘批判’的敌人即非批判的宗教和神学的工具。”[②]然而，这种宗教批判既不是政治解放，更不是人的解放。因此，对政治解放或人的解放必须要有客观、冷静的审视，不能把矛头对准宗教。其实，在马克思、恩格斯看来：“人权并不是使人摆脱宗教，而是使人有信仰宗教的自由。”[③]所以，早在马克思、恩格斯这里，宗教信仰自由已经是人权的基本内容之一了。而侵犯了宗教自由也就是侵犯了人权。“批判曾经断言，犹太人和基督徒为了使别人和自己获得普遍的人权，就必须牺牲信仰的特权（批判的神学家是用自己的唯一的固定观念来解释一切事物的）。为了反驳这种论断，《德法年鉴》最后专门指出了在一切非批判的人权宣言中写明的一项事实，即按照自己的意愿选择信仰的权利，进行任何宗教礼拜的权利，都作为普遍的人权得到了明确承认。”[④]按照自己的意愿选择信仰，参与宗教礼拜，被马克思、恩格斯承认为普遍的人权，这也是共产党坚持宗教信仰自由原则的理论依据和思想根底。

三、论近代唯物主义和无神论的产生及发展

《神圣家族》还分析了欧洲近代唯物主义和无神论的产生及其发展演变与欧洲唯心主义和宗教神学历史发展的复杂关联，指出其奠立乃一漫长发展过程的产物，二者有着千丝万缕的联系。这一思想领域的重大突破产

①《马克思恩格斯文集》第1卷，北京：人民出版社，2009年，第311页。

②《马克思恩格斯文集》第1卷，北京：人民出版社，2009年，第312页。

③《马克思恩格斯文集》第1卷，北京：人民出版社，2009年，第312页。

④《马克思恩格斯文集》第1卷，北京：人民出版社，2009年，第313页。

生在近代法国，但与德国哲学和英国思想也直接相关。“18世纪的法国启蒙运动，特别是法国唯物主义，不仅是反对现存政治制度的斗争，同时是反对现存宗教和神学的斗争，而且还是反对17世纪的形而上学和反对一切形而上学，特别是反对笛卡儿、马勒伯朗士、斯宾诺莎和莱布尼茨的形而上学的公开的、旗帜鲜明的斗争。人们用哲学来对抗形而上学，正像费尔巴哈在他第一次坚决地站出来反对黑格尔时以清醒的哲学来对抗醉醺醺的思辨一样。被法国启蒙运动特别是18世纪的法国唯物主义所击败的17世纪的形而上学，在德国哲学中，特别是在19世纪的德国思辨哲学中，曾经历过胜利的和富有内容的复辟。在黑格尔天才地把17世纪的形而上学同后来的一切形而上学以及德国唯心主义结合起来并建立了一个形而上学的包罗万象的王国之后，对思辨的形而上学和一切形而上学的进攻，就像在18世纪那样，又同对神学的进攻再次配合起来。这种形而上学将永远屈服于现在为思辨本身的活动所完善化并和人道主义相吻合的唯物主义。费尔巴哈在理论领域体现了和人道主义相吻合的唯物主义，而法国和英国的社会主义和共产主义则在实践领域体现了这种和人道主义相吻合的唯物主义。”[①] 在古希腊创立哲学的时代，哲学与形而上学几乎同义，但亚里士多德的形而上学体系从一开始就追求超越物体的抽象思辨，故而逐渐发展为黑格尔的思辨哲学体系，而这种形而上的超然追求亦使之有了宗教神学思辨的蕴涵，从而遭到与法国大革命相伴随的法国唯物主义的批判。但唯物主义也不是凭空产生的，其在理论上则与当时的形而上学相对应，并有着对相关形而上学理论家的吸纳与扬弃，其中就典型体现在对笛卡儿理论体系的运用及批判上。笛卡儿在当时既是形而上学唯心主义体系的突出代表，同时又是出名的机械唯物主义理论家。笛卡儿代表着中古与近代

①《马克思恩格斯文集》第1卷，北京：人民出版社，2009年，第327页。

欧洲哲学极为关键的分水岭，他以“我思故我在”的名言一方面宣布了主体之我的存在，另一方面则强调了思辨的意义。一方面，他是当时形而上学的代表。“17 世纪的形而上学，在法国以笛卡儿为主要代表，它从诞生之日起就遇上了唯物主义这一对抗者。代表唯物主义同笛卡儿较量的人物，是伊壁鸠鲁唯物主义的恢复者伽桑狄。法国和英国的唯物主义始终同德谟克利特和伊壁鸠鲁保持着紧密的联系。笛卡儿的形而上学所遇见的另一个对抗者是英国的唯物主义者霍布斯。”①从这一意义上说，笛卡儿乃当时唯心主义的典型代表。但另一方面，他却也与唯物主义有着直接关联。“法国唯物主义有两个派别：一派起源于笛卡儿，一派起源于洛克。后一派主要是法国有教养的分子，它直接导向社会主义。前一派是机械唯物主义，它汇入了真正的法国自然科学。”②这里，法国唯物主义又直接起源于笛卡儿。“笛卡儿在其物理学中认为物质具有自主创造的力量，并把机械运动看做是物质的生命活动。……在他的物理学的范围内，物质是唯一的实体，是存在和认识的唯一根据。”③在笛卡儿本人的思想中就出现了裂变，有着唯物、唯心思想因素的奇特共构，并影响到其所在社会及其思想传承。“他把他的物理学和他的形而上学完全分开。”“法国的机械唯物主义附和笛卡儿的物理学而同他的形而上学相对立。他的学生按职业来说都是反形而上学者，即物理学家。”④而当时法国唯物主义的兴起有其复杂原因，“人们之所以能用 18 世纪的唯物主义理论来解释 17 世纪的形而上学的衰败，仅仅是因为人们对这种理论运动本身是用当时法国生活的实践形态来解释的。这种生活所关注的是直接的现实，是世俗的享乐和世俗的利益，

①《马克思恩格斯文集》第 1 卷，北京：人民出版社，2009 年，第 328—329 页。

②《马克思恩格斯文集》第 1 卷，北京：人民出版社，2009 年，第 327—308 页。

③《马克思恩格斯文集》第 1 卷，北京：人民出版社，2009 年，第 328 页。

④《马克思恩格斯文集》第 1 卷，北京：人民出版社，2009 年，第 312 页。

是尘俗的世界。同它那反神学的、反形而上学的、唯物主义的实践相适应的，必然是反神学的、反形而上学的、唯物主义的理论。形而上学在实践上已经威信扫地”①。在此，马克思、恩格斯对唯物主义的产生及其社会关联亦有客观、冷静的分析，其对待唯物主义、唯心主义的态度都不是截然地全盘否定或全盘肯定，而是具体问题具体分析。他们对法国唯物主义的产生既给予充分肯定，也指出当时其反映的是法国“尘俗的世界”，包括其“世俗的享乐和世俗的利益”，从而脱离了以往形而上学所具有的那种超脱和抽象。正是在这种意义上，唯物主义在当时欧洲的语境中亦具有“物质主义”之蕴涵，并非为马克思主义所完全肯定或接受。

在《神圣家族》中，马克思、恩格斯进而对唯物主义的萌生及其发展演变与形而上学唯心主义和宗教神学的复杂联系展开了深入、透彻的剖析。随着近代欧洲自然科学的发展及其经济社会的孕育成熟，传统的形而上学及宗教神学亦发生了复杂嬗变。“17世纪的形而上学（请大家想一想笛卡儿、莱布尼茨等人）还具有实证的、世俗的内容。它在数学、物理学以及其他一些表面看来从属于它的特定科学领域都有所发现。但是在18世纪初这种表面现象就已经被消除了。实证科学脱离了形而上学，给自己划定了独立的活动范围。全部形而上学的财富只剩下思想之类的东西和天国的事物，而正是在这个时候，实在的东西和尘俗的事物却开始吸引人们的全部注意力。形而上学变得枯燥乏味了。”②科学的实用和社会的世俗化使思辨哲学显得既枯燥乏味又毫无用处，形而上学成为脱离实际、不食人间烟火的代名词。而真正突破形而上学藩篱、迎来近代哲学全新发展的分水岭，则是皮埃尔·培尔的思想体系及其理论创新。马克思、恩格斯宣称：“使17

①《马克思恩格斯文集》第1卷，北京：人民出版社，2009年，第329页。

②《马克思恩格斯文集》第1卷，北京：人民出版社，2009年，第329页。

世纪的形而上学和一切形而上学在理论上威信扫地的人是皮埃尔·培尔。”①他的思想始于与形而上学有着关联的怀疑论，而且是以笛卡儿的形而上学为出发点。但是，“正像反对思辨神学的斗争把费尔巴哈推向反对思辨哲学的斗争，就是因为他认为思辨是神学的最后支柱，因为他不得不迫使神学家从伪科学逃回到粗野的、可恶的信仰，同样，对宗教的怀疑引起了培尔对作为这种信仰的支柱的形而上学的怀疑。因此，他批判了形而上学的整个历史发展过程”②。皮埃尔·培尔的历史意义及其贡献一方面在于其以对形而上学体系的破坏而为唯物主义的立足奠立了基础，另一方面则是其对无神论的推崇。这种思想理论的萌芽为法国战斗无神论乃至法国大革命的发展提供了舆论准备，营造了历史氛围。所以，《神圣家族》对皮埃尔·培尔如此评价说：“皮埃尔·培尔不仅用怀疑论摧毁了形而上学，从而为在法国接受唯物主义和合乎健全理智的哲学作了准备，而且他还证明，由清一色的无神论者所组成的社会是能够存在的，无神论者能够成为可敬的人，玷污人的尊严的不是无神论，而是迷信和偶像崇拜，通过这种证明，他宣告了不久将要开始存在的无神论社会的来临。”正是在上述意义上，马克思、恩格斯肯定皮埃尔·培尔“是17世纪意义上的最后一个形而上学者，也是18世纪意义上的第一个哲学家”③。这里，经典作家并没有否定新旧理论之间的关联，以及从旧往新的过渡。思想认知和社会发展基本上是一条历史连线，只是在其关键路段会出现转折或开拓，由其里程碑式的人物实现并见证了这种历史的延续。所以，我们应该看到不同理论的本质区别，但不应该将之绝对隔开、完全分离。历史的突变和质变是建立在其渐变和量变的发展基础上的。

---

①《马克思恩格斯文集》第1卷，北京：人民出版社，2009年，第329—330页。

②《马克思恩格斯文集》第1卷，北京：人民出版社，2009年，第330页。

③《马克思恩格斯文集》第1卷，北京：人民出版社，2009年，第330页。

不过，马克思、恩格斯并不认为近代欧洲唯物论是在法国出现的，却强调英国是其诞生地，而且还是在中世纪与近代交接之间的欧洲唯心论甚至宗教神学中逐渐产生出来的。这一唯物论并非凭空而降，相反是在代表欧洲中世纪唯心主义之典范的经院哲学之中得以产生，而经院哲学恰好就是当时基督宗教神学的独特表述。《神圣家族》在此指出："唯物主义是大不列颠本土的产儿。大不列颠的经院哲学家邓斯·司各脱就曾经问过自己：'物质是否不能思维？'""为了使这种奇迹能够实现，他求助于上帝的万能，即迫使神学本身来宣讲唯物主义。此外，他还是一个唯名论者。唯名论是英国唯物主义者理论的主要成分之一，而且一般说来它是唯物主义的最初表现。"[①] 而对经院哲学展开批判的弗兰西斯·培根才是"英国唯物主义和整个现代实验科学的真正始祖"，但培根还没有彻底摆脱有神论的窠臼，所以《神圣家族》才对之有着如此评价："唯物主义在它的第一个创始人培根那里，还以朴素的形式包含着全面发展的萌芽。物质带着诗意的感性光辉对整个人发出微笑。但是，那种格言警句式的学说本身却还充满了神学的不彻底性。"[②] 从邓斯·司各脱经培根、霍布斯、洛克等人，英国唯物主义经历了从有神论到自然神论的发展，由此也使无神论得以隐蔽其内悄然发展。自然神论之神乃"世界理性"或"有智慧的意志"，这种神明被理解为创世之后就遁隐、不再过问世界存在及发展的非人格的始因，就如此后人们所言物质运动的"第一推动力"那样完成了其使命，"所以人们对神的存在就一无所知了"，于是，人们只能理解"物质是一切变化的主体"，也"只有物质的东西才是可以被感知、被认识的"，人们还进而认识到"只有我自己的存在才是确实可信的"，但又"不能把思

---

①《马克思恩格斯文集》第 1 卷，北京：人民出版社，2009 年，第 330—331 页。

②《马克思恩格斯文集》第 1 卷，北京：人民出版社，2009 年，第 331 页。

想同思维着的物质分开”[①]。这样遂有了“我思故我在”的存在意识和“物质会思维”的新奇观念，而唯物主义则从唯心主义、宗教神学的束缚中破茧化蝶、脱颖而出。在此过程中，“霍布斯消除了培根唯物主义中的有神论的偏见，而柯林斯、多德威尔、考尔德、哈特莱、普利斯特列等人则消除了洛克感觉论的最后的神学藩篱”。所以，“自然神论至少对唯物主义者来说不过是一种摆脱宗教的简便易行、凑合使用的方法罢了”。[②]这里，马克思主义经典作家谈到了欧洲近代唯物主义的起源与宗教神学的复杂关联，以及二者之间存在的辩证关系和张力。

除了上述关涉宗教的内容之外，《神圣家族》最后还论及形而上学思辨在德国青年黑格尔派的批判哲学那里，从宗教神学之神明信仰所体现的客观唯心主义即绝对唯心主义到自我意识的哲学之主观唯心主义的嬗变。马克思、恩格斯认为，青年黑格尔派的所谓批判哲学“‘只是’暴露了一种‘不彻底性’。这‘一个’批判性的领域无非就是神学领域。这个领域的纯粹的疆土从布鲁诺·鲍威尔的《符类福音作者考证》开始，一直延伸到布鲁诺·鲍威尔的最远的边境要塞——《基督教真相》”[③]。鲍威尔、施特劳斯这两人主要代表着青年黑格尔派，“两人各自在神学的领域内彻底地贯彻黑格尔体系。……他们两人在自己的批判中都超出了黑格尔体系，但同时他们两人都继续停留在黑格尔思辨的范围内”，相比之下，在受黑格尔影响的同时代德国哲学家中，“只有费尔巴哈才立足于黑格尔的观点之上而结束和批判了黑格尔的体系，因为费尔巴哈消解了形而上学的绝对精神，使之变为‘以自然为基础的现实的人’；费尔巴哈完成了对宗教的批判，因为他同时也为批判黑格尔的思潮以及全部形而上学拟定了博大恢

①《马克思恩格斯文集》第 1 卷，北京：人民出版社，2009 年，第 332 页。

②《马克思恩格斯文集》第 1 卷，北京：人民出版社，2009 年，第 332 页。

③《马克思恩格斯文集》第 1 卷，北京：人民出版社，2009 年，第 338 页。

宏、堪称典范的纲要”[①]。鲍威尔不再坚持黑格尔的绝对精神之说，尤其在当时他所展开的基督教福音书研究中不再强调按绝对精神所理解的神圣精神，他认为福音书关于耶稣的故事及说教体系不可能由人们无意识地流传而成，而是由某种个人“自我意识”的观念形成；但他却又过于夸大了这种自我意识的作用，使之成为“无限的自我意识”。其自我意识的哲学使之没能走向唯物主义，而是在唯物、唯心二者之间徘徊。“这样，鲍威尔先生既为反对非批判的神学的唯物主义作辩护，同时又指责唯物主义‘还没有’成为批判的神学、理智的神学、黑格尔的思辨。”[②]这一局限使鲍威尔没能走出唯心主义的藩篱，没有正确理解意识与存在的关系，故而仍然停留在思想史上的旧时代，仍然抽象、单纯地就宗教来论宗教。“因为‘宗教世界作为宗教世界’只是作为自我意识的世界而存在，所以批判的批判家——职业的神学家——无论如何也不可能想到，竟然有这样一个世界，在那里意识和存在是不同的……因此，存在和思维的思辨的神秘的同一，在批判那里作为实践和理论的同样神秘的同一重复着。”[③]没有认识到人的存在及人的思维所依靠的社会，这是旧唯物主义和唯心主义的根本缺陷。马克思、恩格斯的成就正是在于其创造性地突破了这种缺陷，从而在认识、分析、评价宗教上有了质的改变，取得了划时代的成功。

①《马克思恩格斯文集》第1卷，北京：人民出版社，2009年，第342页。

②《马克思恩格斯文集》第1卷，北京：人民出版社，2009年，第344—345页。

③《马克思恩格斯文集》第1卷，北京：人民出版社，2009年，第358页。

马克思宗教观视域中的恩格斯圣经理解

唐晓峰[①]

马克思主义宗教观为人们提供了认识宗教现象、处理宗教问题的根本原则和方法。这种原则和方法包括“人创造宗教而非宗教创造人”[②]的宗教发生论、“宗教苦难是现实困难的表现以及对这种苦难进行抗议”[③]的宗教反映论、“神的本质是人本身模糊和歪曲的反映”[④]的宗教异化论、“宗教的消灭依赖于以宗教为理论的被歪曲了的现实的消失”[⑤]的宗教消亡论。从这些原则和立场出发，马克思主义经典作家强调从历史及现实社会中所拥有的物质基础、所表现的社会关系出发科学理性地理解、看待宗教的产生、发展、消亡。恩格斯作为马克思主义宗教观的主要缔造者之一，他的

① 唐晓峰，中国社会科学院世界宗教研究所副所长、研究员，本文原载于《世界宗教研究》，2016 年第 2 期。

② 马克思：《黑格尔法哲学批判》（1843 年夏—1844 年秋），载《马克思恩格斯全集》第 3 卷，北京：人民出版社，2002 年，第 40 页。

③ 马克思：《〈黑格尔法哲学批判〉导言》（1843 年 10 月中—12 月中），载《马克思恩格斯全集》第 3 卷，北京：人民出版社，2002 年，第 199—200 页。

④ 马克思：《〈黑格尔法哲学批判〉导言》（1843 年 10 月中—12 月中），载《马克思恩格斯全集》第 3 卷，北京：人民出版社，2002 年，第 199—200 页。

⑤ 马克思：《致阿尔诺德·卢格》（1842 年 11 月 30 日），载《马克思恩格斯全集》第 47 卷，北京：人民出版社，2004 年，第 42—43 页。

圣经理解契合马克思主义宗教观的核心义理，并为之做出了很好的诠释。

恩格斯是马克思主义经典作家中关注圣经文本最多的一位，也是对圣经这一主题有着集中阐述且研究较为深入的思想家。他最早对圣经文本的关注，始于19世纪30年代以及他在柏林服役期间。[①]这个阶段他的圣经观主要蕴含于他与弗里德里希·格雷培和威廉·格雷培兄弟的通信中，从中我们可以明显看出其在自己的信仰与科学、信仰与理性之间的彷徨，之后在施莱尔马赫的情感神学、施特劳斯的神话主义、费尔巴哈的人本哲学、布鲁诺·鲍威尔的历史研究的影响和熏染之下，恩格斯开始超越自己的信仰立场，从科学理性、社会历史、唯物主义的角度对圣经加以审视、研究，恩格斯这个时期的圣经观散见于其各类著述中，往往以引用、隐喻、类比的形式出现，意在以圣经的教义神学类比、服务于其整个思想体系，这个阶段可视为其圣经观的发展阶段。这种实用性的引用直到《布鲁诺·鲍威尔和原始基督教》（1882年）一文的发表得以升华，该文开启了恩格斯晚年系统研究早期基督教，包括圣经相关内容的序幕。后来在《启示录》（1883年）以及去世前一年发表的《论原始基督教的历史》（1894年）中，恩格斯对早期基督教的产生、面貌、与国际工人运动的对照、圣经启示录中的神迹等内容均进行了更为深入的剖析及阐发。

上述各个时期，恩格斯的圣经观虽有不同的侧重，但在很大程度上亦表现出相当多的共性，比如贯穿其一生，恩格斯均主张用理性的观点看待圣经记述及其中的神迹，主张用科学的方法来理解圣经中的启示，同时主张从历史和社会发展的背景看待圣经中的观点及其写作，他甚至将圣经记述所反映出的早期基督教状况与国际工人运动所表现出的若干特征加以对比。

① 恩格斯早在1841—1842年在柏林服役期间就对基督教历史问题发生了兴趣，此后的数十年内他仍不断进行研究（参看恩格斯1894年7月28日给卡·考茨基的信）。

一、为什么要理性地看待圣经

早年作为基督徒的恩格斯在肯定上帝理性至高性的同时，提出上帝的理性应与人的理性保持一致，认为人们应该用理性去理解神的话语，即圣经。[①]他甚至直言："我不明白，怎么还有人试图继续相信圣经的每一个字或者维护上帝的直接影响，要知道上帝的存在是任何地方也无法证实的。"[②]从这种立场出发，恩格斯对于圣经中记述的许多内容均持怀疑态度，比如对于赎罪论，他在和格雷培牧师的通信中坦言，对于这些还不了解的东西，不愿匆匆作为信念而接受成为教义。"没有一个有思想的人会相信，我的罪恶应当靠某个第三者的功劳而获得赦免。当我不依赖任何权威思考这个问题的时候，我同现代神学都发现，人的罪恶源自思想必然得不到完全的实现；因此，每个人都必须努力通过自身来实现人类的思想，即像上帝那样在精神上完美无缺。这是一种完全主观的东西。以第三者即客观的东西为前提的正统的赎罪的教义怎样来实现这种主观的东西呢？"[③]同样，恩格斯也将基督教中玛利亚的超自然生育以及"三位一体"等核心教义都视为"半真不假的结论"。[④]

如果说早期作为基督徒的恩格斯因受科学理性思潮的影响，仅仅对于圣经的字面内容产生质疑，仍然坚信其象征意义的话，那么恩格斯在后期思想中，则更为稳健地运用科学理性的方法分析早期基督教的来源及圣经的形成，还原其历史本来面貌，这种还原无疑是将宗教经典去魅的过程，

---

① 恩格斯：《致弗里德里希·格雷培》（1839年7月12—17日），载《马克思恩格斯全集》第47卷，北京：人民出版社，2004年，第190页。

② 恩格斯：《致弗里德里希·格雷培》（1839年7月12—17日），载《马克思恩格斯全集》第47卷，北京：人民出版社，2004年，第187—188页。

③ 恩格斯：《致弗里德里希·格雷培》（1839年7月12—17日），载《马克思恩格斯全集》第47卷，北京：人民出版社，2004年，第189—190页。

④ 恩格斯：《致弗里德里希·格雷培》（1839年10月29日），载《马克思恩格斯全集》第47卷，北京：人民出版社，2004年，第213—215页。

凸显了此时恩格斯作为一位科学无神论者的立场。恩格斯认为当宗教处于一种自发的阶段时，如黑人对物神的膜拜或雅利安人共有的原始宗教中，少有欺骗的成分，但在以后的发展中，这种欺骗的成分就成为不可避免的了。他认为，基督教作为人为的宗教，充满虔诚的狂热，更是少不了欺骗和伪造的历史。布鲁诺·鲍威尔通过他的新约考证[①]认为基督教在这个方面做出了可观的成绩，他无可辩驳地证实了人人都可以任意地把福音书的记述完全当作历史的记述，从而彻底揭露了这种理论的非科学性。[②]恩格斯甚至在鲍威尔论证的基础上得出这样的判断：福音书的全部内容中几乎没有一件事情是历史事实，以致连耶稣基督在历史上是否实有其人也可以认为是成问题的。恩格斯这种理性研究圣经的方式还表现在其历时性地看待圣经成书这一点上，比如他对《约翰福音》便做出如下评价："基督教的最初形态究竟是什么样子，读一读所谓约翰启示录，就可以有一个概念。粗野的混乱的狂热，教义还处在萌芽时期，所谓基督教道德只有禁止肉欲这一条，相反地，幻想和预言却很多。"[③]

恩格斯对于圣经的科学理解与理性研究是与他的整个宗教理解体系密切关联的。青年恩格斯便表达了对宗教进行深入研究的强烈愿望："我希望我能见到世界的宗教意识发生一场彻底的变革。要是我自己把一切都弄清楚就好了！不过这一定能办到，只要我有时间平静地、不受干扰地深入

---

① 布·鲍威尔对新约进行考证的著作主要有：《约翰福音故事考证》1840 年不来梅版；《符类福音作者的福音故事考证》1841 年莱比锡版第 1、2 卷；《符类福音作者和约翰的福音故事考证》1842 年不伦瑞克版第 3 卷；《福音书及其起源的史实考证》1850—1852 年柏林版第 1—4 卷；《使徒行传　保罗教义和犹太教在基督教会内部的调和》1850 年柏林版以及《保罗书信考证（分三个部分论述）》1850—1852 年柏林版。

② 布·鲍威尔在《福音书的神学解释》一文中批驳了大卫·施特劳斯的理论，这篇文章被收入《福音书及其起源的史实考证》1852 年柏林版第 4 卷。

③ 相关论述可参阅《马克思恩格斯全集》第 25 卷，北京：人民出版社，2001 年，第 549—558 页。

研究。”[①] 恩格斯将自己的夙愿坚持了一生，在此过程中，他最直接认识到的是人“不应当到彼岸的太虚幻境，不是超越时间和空间，不是到存在于世界之中或与世界对立的什么‘神’那里去寻找真理，而应当到最近处，到人的心胸中去寻找真理。人所固有的本质比臆想出来的各种各样的‘神’的本质，要美好得多，高尚得多，因为‘神’只是人本身的相当模糊和歪曲了的反映”[②]。到了 19 世纪 70—80 年代，恩格斯完全将圣经中所谓的上帝看成是虚幻的、抽象的存在，哪怕是在情感领域，他也没有给予上帝的存在一丁点空间。在《自然辩证法》一书中，他形象地比喻说，在科学的猛攻之下，上帝的一个个部队、一个个城堡都缴械投降了，上帝被逐出了自然界，逐出了太阳系，甚至在情感的领域也没有丝毫存在的必要。

如前所述，晚年的恩格斯呼吁应该科学地看待圣经中所记录的一切，认为这一切只是当时社会现实及人们心理、思想状况的反映。这种理性解读圣经的观点与恩格斯看待宗教的产生及发展的观点也是一致的。

恩格斯认为，在原始社会，单是正确地反映自然界就已经极端困难。在原始人看来，自然力无疑是某种异己的、神秘的、超越一切的东西。在所有文明民族所经历的一定阶段上，他们均用人格化的方法来同化自然力。正是这种人格化的欲望，到处创造了许多神，而被用来证明上帝存在的万民一致意见恰恰只证明了这种作为必然过渡阶段的人格化欲望的普遍性，因而也证明了宗教的普遍性。除自然力量外，社会力量在其中也起了重要作用，这种力量和自然力量一样，对人来说都是异己的。在更进一步的发展阶段上，许多神的全部自然属性和社会属性都转移到一个万能的神身上，

① 恩格斯:《致弗里德里希·格雷培》(1839 年 6 月 15 日)，载《马克思恩格斯全集》第 47 卷，北京：人民出版社，2004 年，第 186—187 页。

② 恩格斯：《英国状况——评托马斯·卡莱尔的〈过去和现在〉》（1843 年 10 月—1844 年 1 月中），载《马克思恩格斯全集》第 3 卷，北京：人民出版社，2002 年，第 521 页。

而这个神本身又只是抽象的人的反映。这样就产生了一神教，从历史上说它是后期希腊庸俗哲学的最后产物，它的现成体现是犹太的独一无二的民族神雅赫维。在这个适宜的、方便的和普遍适用的形式中，宗教可以在人们还处在异己的自然和社会力量支配下的时候，作为人们对这种支配着他们的力量的关系的直接形式即有感情的形式而继续存在。从这点上说“一切宗教都不过是支配着人们日常生活的外部力量在人们头脑中的幻想的反映，在这种反映中，人间的力量采取了超人间的力量的形式”①。只有对自然力的真正认识，才把各种神或上帝相继地从各个地方撵走（赛奇及其太阳系）。② 这种对自然力的敬畏及其人格化趋向在圣经的记述中表现得十分明显。

从这种立场出发，恩格斯批判杜林不能静待宗教自然的消亡，他唆使他未来的宪兵进攻宗教，而这样做只会帮助它殉教和延长其生命期。事实是在当时的资产阶级社会，人们就像受某种异己力量的支配一样，受自己所创造的经济关系、受自己所生产的生产资料的支配。这样的话，宗教的反映过程的事实基础就继续存在，而且宗教反映本身也同它一起继续存在。即使人们认识到了这一点，也于事无补，这种认识无法避免各个资本家的损失、负债和破产，也避免不了各个工人的失业和贫困。直到“当社会通过占有和有计划地使用全部生产资料而使自己和一切社会成员摆脱奴役状态的时候，当谋事在人，成事也在人的时候，现在还在宗教中反映出来的最后的异己力量才会消失，因而宗教反映本身也就随着消失。原因很简单，

① 恩格斯：《反杜林论》（1876 年 9 月—1878 年 6 月），载《马克思恩格斯全集》第 20 卷，北京：人民出版社，1971 年，第 341—342 页。宗教的产生，直至一神论形成的论述还可参阅恩格斯：《路德维希·费尔巴哈和德国古典哲学的终结》（1886 年初），载《马克思恩格斯全集》第 21 卷，北京：人民出版社，1965 年，第 315—316 页。

② 恩格斯：《〈反杜林论〉的准备材料》（1876—1877 年），载《马克思恩格斯全集》第 20 卷，北京：人民出版社，1971 年，第 672 页。

这就是那时再没有什么东西可以反映了”[①]。

用理性来衡量宗教、社会、自然观、国家制度，这是恩格斯所一贯主张的。在理性面前，一切所谓的权威、成见，都将受到最无情的批判，这一切都必须在理性的法庭面前为自己的存在作辩护或者放弃存在的权利。思维着的知性成了衡量一切的唯一尺度。[②]圣经当然不能脱离这种理性衡量的尺度。

二、为什么要历史地看待圣经

从理性、科学的角度批判圣经、研究圣经固然重要，但这还只是恩格斯宗教观、圣经观的一个维度，在他看来：“仅仅用嘲笑和攻击是不可能消灭像基督教这样的宗教的，还应该……从历史上来说明它，而这一任务甚至连自然科学也是无力完成的。”[③]从历史、社会的角度研究圣经确实是恩格斯圣经观的重要特征。恩格斯虽然将很多圣经中的神迹斥为荒诞、不可信，但并没有将圣经作为没有研究价值的伪作而予以漠视。相反，恩格斯恰恰通过圣经，看到了诸多有价值的历史信息，从中引申了诸多时代启示。

以恩格斯去世前一年对《启示录》的批判和解读为例，他认为这篇属于基督教最初期的文献以最朴素的真实性和相应的习惯语言反映出当时基督徒的观念。根据当时德国学者的研究，这篇“启示录”只是当时启示类著作中的一篇，从公元前 164 年第一篇流传至今的此类著作从《但以理书》

① 恩格斯：《反杜林论》（1876 年 9 月—1878 年 6 月），载《马克思恩格斯全集》第 20 卷，北京：人民出版社，1971 年，第 342—343 页。

② 恩格斯：《社会主义从空想到科学的发展》（1880 年 1 月—3 月上），载《马克思恩格斯全集》第 25 卷，北京：人民出版社，2001 年，第 371—372 页。

③ 恩格斯：《关于德国的札记》（1873 年底—1874 年初），载《马克思恩格斯全集》第 18 卷，北京：人民出版社，1964 年，第 653—654 页。

到约为康莫迪安写《护教歌》[①]时的纪元250年止，类似的启示作品不下15种之多。其成书时，奇迹、狂热、幻觉、神咒、占卜、炼金术、喀巴拉[②]以及其他神秘荒诞的东西占据首要地位。约翰《启示录》中便充斥着某种对超自然事物的玄想，比如来自迦勒底的和犹太的热衷于巫术的数学家所从事的，“正是我们将要看到的构成约翰启示录之核心的那种几何学”。更重要的是恩格斯认为所有启示类的作品均成书于其假想的作者之后（例如《但以理书》《以诺书》以斯拉、巴录、犹大等人的启示作品，《西维拉占语集》[③]），即它们所预言的内容早已发生并为真正作者所熟知。恩格斯结合德国圣经批评学派对于《启示录》的研究成果，阐明了自己关于该圣经文本的一些见解。有可能由使徒约翰亲手完成的《启示录》无疑反映了早期基督教的实际情况。该《启示录》虽由一连串幻景构成，但却充分体现了早期基督教与尼西亚公会议上规定的以及作为罗马帝国国教的基督的不同。在那里穿着祭司长装束的基督是神的儿子，但绝不就是神本身，他同“神的七灵”一样，是居于属位的、神的流出体。在第15章第3节里，殉道者在天上唱“神的仆人摩西的歌和羔羊的歌”以赞美神基督在这里不仅是作为神的下属，而且甚至于在某些方面被放在与摩西同等的地位，可见《启示录》成书时期，作者并不知道有而且也不可能有神圣的三位一体。此外，《启示录》中，记录了基督在耶路撒冷被钉十字架（第11章第8节），之后复活（第1章第5节、第18节），并指出他是为世界赎罪而牺牲的“羔羊”，各族各方的信徒都由于他的血而在神面前赎了罪。这种叙述无疑呈现了基

①指康莫迪安的著作《反犹太人和异教徒的护教歌》。

②喀巴拉（希伯来语，意为传统、传说）是一种对古老的“圣”书经文进行解释的神秘而具有巫术成分的方法，即对一些词和数码赋予特殊的象征性含义。这种办法曾流行于犹太教徒中间，后又从犹太教传入基督教和伊斯兰教。

③《西维拉占语集》——据传为古代一游方“女预言家”（库马城的西维拉）所作，在古罗马的宗教生活中起过很大作用。

督教得以成为世界宗教的关键因素，即迎合了各族、各宗教中用牺牲来求众神宽恕的基本信仰心理，在此基础上天主教象征性的弥撒替代了各宗教牺牲的习俗及礼仪，进而为其跨宗教的传播奠定了基础。在这里不但三位一体，即使是关于原罪的教义也毫无踪影。尽管如此，恩格斯认为在这里，《启示录》的作者并没有意识到他所倡导的信仰将成为一种世界性的宗教，甚至这种宗教还远远没有超出犹太人的范围。作者都不曾想到要把自己或自己的教友称作别的什么，而只是称作犹太人。他们的犹太教对先前的犹太教而言是发展的新阶段，但正因为如此，它才是唯一真正的犹太教。可见，《启示录》的这位作者“在基督纪元 69 年的时候，对于他代表着宗教发展的崭新阶段，即行将成为人类精神史中最革命因素之一的阶段这一点，还很少意识到呢”。

恩格斯对于《启示录》的研读与恩格斯的宗教理解也是相关的，虽然他多次强调宗教所信仰的神不过是人的本质的异化，但他同时认为宗教有其历史价值及社会作用，或者在某种程度上可以用其历史的必要性，乃至必然性来形容。恩格斯曾这样评价过欧洲历史上的基督教：

> 对于一种征服罗马世界帝国、统治文明人类的绝大多数达 1800 年之久的宗教，简单地说它是骗子凑集而成的无稽之谈，是不能解决问题的。只有根据宗教借以产生和取得统治地位的历史条件，去说明它的起源和发展，才能解决问题。对基督教更是这样。这里要解决的问题是：为什么罗马帝国的民众，在一切宗教中特别爱好这种还是由奴隶和被压迫者所宣扬的无稽之谈，以致野心勃勃的君士坦丁最后竟认为接受这种荒诞无稽的宗教，是自己一跃而为罗马世界独裁者的最好手段？①

① 恩格斯：《布鲁诺·鲍威尔和原始基督教》（1882 年 4 月下半月），载《马克思恩格斯全集》第 25 卷，北京：人民出版社，2001 年，第 549—550 页。

而要解答这个问题，除了早期关于基督教及历史的研究文献外，圣经是最早、最可靠也是最直接的来源及证据，对此恩格斯在晚年倾注了大量时间。事实上，圣经中所表明的种种教义：罪的意识、赎罪的观念、调停人的牺牲等，在恩格斯看来均是基督教为了适合于当时社会所做出的总结。不论在任何时代，人们总是抱怨时代的败坏、物质的匮乏以及道德的沦丧。对于这一切抱怨，基督教将罪归于人们自身及内心的堕落，而承认每个人在总的不幸中都有一份罪孽，这是无可非议的，这种承认同时也成了基督教宣布的灵魂得救的前提。而得救就依赖于一位中间调停人牺牲自己永远赎清人类罪孽。无论是罪孽的仪式，还是灵魂期盼得救，抑或是献祭赎罪，这些观念均是每个旧宗教团体的成员都易于理解的。在此情况下，“基督教拨动的琴弦，必然会在无数人的心胸中唤起共鸣。……由于基督教把人们在普遍堕落中罪在自己这一普遍流行的感觉，明白地表现为每人的罪孽意识；同时，由于基督教通过它的创始人的牺牲，为大家渴求的、摆脱堕落世界获取内心得救、获取思想安慰，提供了人人容易理解的形式，它就再一次证实自己能够成为世界宗教——而且是适合于现世的宗教”[①]。

同时恩格斯也指出，圣经虽然体现了时代的精神和憧憬，但不同的时代不同阶层往往给予不同的解读，路德发动宗教改革时，教义理论的依据来源于圣经，而当他在与农民阶层分裂，甚至站在对立面的时候，他同样以圣经作为借口。路德“尽管在反对教会权力的斗争中表现勇敢，却没有摆脱他那个时代的政治偏见和社会偏见；他像信奉圣经那样，坚信诸侯和地主们拥有践踏人民的神圣权利。……如果说他在开始自己的传教士生涯时是人民的一分子，这时就完全为人民的压迫者服务了。经过一场浴血的

① 恩格斯：《布鲁诺·鲍威尔和原始基督教》（1882 年 4 月下半月），载《马克思恩格斯全集》第 25 卷，北京：人民出版社，2001 年，第 557—558 页。

国内战争以后，起义被镇压下去，农民又被迫处于先前受奴役的状况”[①]。对此，赫伯特·埃塞克认为：“恩格斯指出当制度化的宗教在根本上寻求维持现状时，宗教主张的内容——就我们所知，来源并不一致——拥有其自己的逻辑，可能依附于或正在依附于不同的阶级。也就是说，当统治阶级希望运用宗教感情和信仰作为他们权力维护的力量时，宗教作为一种群体现象，超越那种意义上的阶级，可能作为革命的群众运动的正义及灵感。”[②]

三、为什么认为圣经为早期无权者的权利宣言

恩格斯一度认为基督教为早期无权者的宗教、圣经为早期无权者的权利宣言、早期基督教与现代工人运动有相似之点。这既表现于两者产生本身，也表现在其中可能存在的各种虚妄。早期基督教与现代工人运动的相似点在于两者均是被压迫者的运动，且均具有改变这种被压迫命运的强烈愿望，只不过早期基督教期待在天国中寻找这种解脱，而现代工人运动则将希望寄托于此世，在社会改造中寻求这种解脱。为了这一理想抱负两者都曾遭受过排挤和迫害，但都无一例外给自己开辟了前进的道路。基督教在它产生 300 年后成为罗马世界帝国公认的国教，而工人运动所倡导的社会主义则取得了一个可以绝对保证胜利的地位。恩格斯甚至提出，在西罗马帝国灭亡的时候，“社会主义”在当时可能的程度上，正是以基督教的形式存在过。“只是这种基督教——由于历史的先决条件，也不可能是别个样子——希望在彼岸世界，在天国，在死后的永生里，在据说不久必将到来的‘千年王国’里实现社会改造，而不是在这个世界里。”同时在中世纪的农民起义中，也采用为复兴日益蜕化的早期基督教而斗争的形式，

---

① 恩格斯：《大陆上社会改革的进展》（1843 年 10 月 15 日—11 月 10 日），载《马克思恩格斯全集》第 3 卷，北京：人民出版社，2002 年，第 486 页。

②Herbert Aptheker, Marxism and Religion, in *Marxism and Christianity - A Symposium*, Edited by Herbert Aptheker, New York: Humanities Press, 1968, p.31.

德国农民战争同样如此，直到1830年后又再现于共产主义者工人身上。恩格斯认为这种相似性可以在阅读《哥林多后书》的过程中去找寻：

> 我倒是想看看有没有一位过去国际活动家，在比方说阅读所谓“保罗答哥林多人后书”的时候，他的旧日的创伤，至少在某一方面的创伤，能不绽开来。这整篇使徒书，从第八章起，发出永远不断的，可惜竟是那么熟悉的诉苦的调子：les cotisations ne rentrent pas——捐款不来！好多60年代的最热心的宣传家会大有同感地握着这位使徒书作者——不论他是谁——的手说，“你也遇到过这样的事呀！这个题目我们也有可讲的——我们的协会里也挤满了哥林多人；这些在我们眼前捉摸不定地晃来晃去的、带来唐达鲁士之苦的拿不到手的会费，恰恰就是盛传的‘国际的百万财产’！”[①]

恩格斯还回忆了其青年时代的一些经历，比如19世纪40年代，先知阿尔勃莱希特的新救世福音对瑞士魏特林派共产主义支部的影响、霍尔施坦的格奥尔格·库尔曼的“新世界或人间的精神王国”对瑞士法语区的各支部的影响。恩格斯批评说，这些有关新世界的学说不过是“饰以拉梅耐式的半圣经味的词句，并用先知的傲慢口吻讲出的一种最平常的故做伤感的胡诌”。这些现象恰恰就像琉善在他的著作中所描述的亚细亚的基督徒拥戴佩雷格林那个骗子一样。在恩格斯看来，与最初的基督徒群体一样，欧洲初期工人运动中充斥着类似的事例。“没有一种狂想、胡说或骗术会不钻进年轻的基督教会，会找不到热心的听众和热诚的信徒，至少在一些地方和一段时期不会找不到。无论我们最初的共产主义工人支部，或是最初的基督徒，对于一切投合他们口味的东西都是无比的轻信……”恩格斯

① 参阅恩格斯：《论早期基督教的历史》，该文载于《马克思恩格斯全集》第22卷，北京：人民出版社，1965年，第523—552页，本段注解均出自该文章。

就此提出如下疑问，既然我们根据眼前的事实如此确定早期的工人运动中充满着如此多的骗术和虚妄之谈，这么我们也当然无法肯定“我们的新约中是否没有掺杂着佩雷格林给基督徒们写的‘大批圣书’中的某个片断”。

从上述分析可以看出，恩格斯在其后期思想中，将圣经尤其是《启示录》作为研究早期基督教的重要资料，他认为基督教强调一切人原罪的平等和作为上帝选民的平等，这与基督教作为奴隶和被压迫者的宗教的性质是完全适合的，尤其是一切人作为上帝选民的平等这在早期基督教中表现得十分突出。从这种意义上，恩格斯甚至将圣经称为早期无权者的宣言。这种现象在恩格斯看来不仅发生在基督教那里，在很多新宗教的最初阶段同样可以发现财产共有的痕迹。这种观念与其说是来源于真正的平等观念，不如说是来源于被迫害者的团结。[①] 在此之后，出家人和俗人的对立关系的确立，让这种平等的萌芽也就消失了，所以某种程度上圣经可以反映出早期基督教团体中的这种平等的观念和为此而做出的憧憬、努力。“马克思主义不断地强调宗教虔诚与起义之间的关联，这种宗教狂热属于这样一群民众，他们在宗教信仰的目标中看到的不是天上的面包，而是为了地上的战斗。”[②] 而这些平等的憧憬和努力与恩格斯时代的工人运动有着某种相似性，这在前文中我们已经进行过论述。与国际工人运动进行对比，这与恩格斯长年参与国际工人运动，并自始至终作为其中的领导有关。恩格斯早在19世纪40年代便开始关注工人运动，他在1845年完成了《英国工人阶级状况》一书，高度评价了宪章运动，指出无产阶级进行的阶级斗争是历史发展的强大动力。之后，1947年，恩格斯还参与到了共产主义者同盟成立的大会，与马克思一起起草了《共产党宣言》，共产主义者同盟

① 恩格斯：《反杜林论》（1876年9月—1878年6月），载《马克思恩格斯全集》第20卷，北京：人民出版社，1971年，第114页。

② Herbert Aptheker, Marxism and Religion, in *Marxism and Christianity - A Symposium,* Edited by Herbert Aptheker, New York: Humanities Press, 1968, p.32.

成为第一个以科学社会主义为指导思想的国际无产阶级政党。1864年9月，为了声援波兰人民起义，英、法、德、意、波等国工人代表在伦敦举行大会，会上成立了国际工人组织——“国际工人协会”，简称“国际”，史称“第一国际”。马克思被大会选入委员会，成为第一国际的灵魂，“第一国际”的成立推动国际社会主义运动进入一个新阶段。到了1870年，几乎欧洲的所有共产国际都建立了第一国际支部。巴黎公社失败后，1889年，在纪念巴黎人民攻占巴士底狱100周年之际，恩格斯在巴黎发起成立了“第二国际”，继续领导国际工人运动。与“第一国际”主要由工人组成不同，“第二国际”主要由各国社会主义政党组成。“第二国际”的合法斗争提高了社会党的社会地位和作用，有力地推动了近代社会的民主化进程，为以工人为主体的广大人民争取了更多的权利。1895年，恩格斯逝世。恩格斯在后期的文章中，对于圣经所体现的早期平等思想的研究，以及早期基督教与国际工人协会的对比正是与他参与国际工人运动，并发挥领导作用息息相关。

四、恩格斯圣经观作为马克思主义宗教观的重要组成部分

如前所述，恩格斯将圣经视为早期无产阶级的权利宣言，他主张从早期基督徒的社会背景、历史阶段出发来理解圣经的记述和启示，这与马克思主义宗教观对于宗教的本质认识息息相关。马克思不但提出是“人创造了宗教，而不是宗教创造人”，同时还指出：“宗教是还没有获得自身或已经再度丧失自身的人的自我意识和自我感觉。但是，人不是抽象的蛰居于世界之外的存在物。人就是人的世界，就是国家、社会。这个国家、这个社会产生了宗教，一种颠倒的世界意识，因为它们就是颠倒的世界。宗教是这个世界的总理论，是它的包罗万象的纲要，它的具有通俗形式的逻辑，它的唯灵论的荣誉问题，它的狂热，它的道德约束，它的庄严补充，它借以求得慰藉和辩护的总根据。宗教是人的本质在幻想中的实现，因为

人的本质不具有真正的现实性。因此，反宗教的斗争间接地就是反对以宗教为精神抚慰的那个世界的斗争。”进而马克思形象化地比喻道：“宗教里的苦难既是现实的苦难的表现，又是对这种现实的苦难的抗议。宗教是被压迫生灵的叹息，是无情世界的心境，正像它是无精神活力的制度的精神一样。宗教是人民的鸦片。”而要废除这种给予人民虚幻幸福的鸦片，就“要求抛弃关于人民处境的幻觉，就是要求抛弃那需要幻觉的处境。因此，对宗教的批判就是对苦难尘世——宗教是它的神圣光环——的批判的胚芽”①。

马克思在《论犹太人问题》一文中明确提出宗教问题不是世俗弊端的成因，而是其表现，人们应该从历史来说明迷信，而不是用迷信来说明历史，要将神学问题化为世俗问题，而不是相反。之所以如此说，马克思提醒人们注意到在政治解放已经完成了的国家，宗教不仅仅存在，而且还生气勃勃的、富有生命力的存在。那么，宗教这种缺陷性的定在的根源只能到国家自身的本质中去寻找。世俗限制一旦被消除，宗教的局限性也就不存在了。“政治解放对宗教的关系问题已经成了政治解放对人的解放的关系问题。我们撇开政治国家在宗教上的软弱无能，批判政治国家的世俗结构，这样也就批判了它在宗教上的软弱无能。我们揭示了国家和某一特定宗教，例如和犹太教的矛盾的人的性质，即国家和特定世俗要素的矛盾；也揭示了国家和一般宗教的矛盾的人的性质，即国家和它的一般前提的矛盾。”②从这种宗教观出发，马克思也很强调早期和晚期基督教之间的对照，这种对照很有意义。③

---

① 马克思：《〈黑格尔法哲学批判〉导言》（1843 年 10 月中—12 月中），载《马克思恩格斯全集》第 3 卷，北京：人民出版社，2002 年，第 199—200 页。

② 马克思：《论犹太人问题》（1843 年 10 月中至 12 月中），载《马克思恩格斯全集》第 3 卷，北京：人民出版社，2002 年，第 169—170 页。

③ Herbert Aptheker, Marxism and Religion, in *Marxism and Christianity - A Symposium,*Edited by Herbert Aptheker, New York: Humanities Press, 1968, p.30.

马克思所强调的这种从历史及世俗的角度来理解、看待宗教的产生、发展的观点无疑体现在恩格斯的圣经观中。如前所述，从历史的角度全面理解圣经，从世俗的局限性，包括政治、经济、阶级矛盾的角度理解圣经，这些都是恩格斯所强调的。这种见地在之后两年恩格斯与马克思所合写的《德意志意识形态》一书中表现得尤为明显，此时，他们已经超越了费尔巴哈哲学的影响，将从人的本质来理解宗教这一点，更加根本性地放置在宗教所存在的各个历史阶段的物质力量这一基点上。他们认为在宗教里，人们把自己的经验世界变成一种只是在思想中的、想象中的本质，这个本质作为某种异物与人们对立着。这绝不可以用“自我意识”以及诸如此类的胡言乱语来解释，而是应该用一向存在的生产和交往的方式来解释，这种生产和交往的方式也是不以纯粹概念为转移的。“如果他真的想谈宗教的‘本质’，即谈这一虚构的本质的物质基础，那末，他就应该既不在‘人的本质’中，也不在上帝的宾词中去寻找这个本质，而只有到宗教的每个发展阶段的现成物质世界中去寻找这个本质。”①

恩格斯的圣经观与马克思关于宗教及圣经的理论是一致的，也多受马克思的影响，但恩格斯对于马克思主义圣经观的贡献如同其对马克思主义宗教观的贡献一样，也是有目共睹的。马克思虽然在他的论辩著作中，熟练地运用圣经来说明政治、经济问题，但却在著述中没有系统的关注。马克思所忽略的，恩格斯在他的著作中往往热衷于此。②恩格斯对于圣经的关注无疑更为系统，关注的主题也更为广泛，值得人们做深入研究。

---

① 马克思、恩格斯：《德意志意识形态——对费尔巴哈、布·鲍威尔和施蒂纳所代表的现代德国哲学以及各式各样先知所代表的德国社会主义的批判》（1845 年—1846 年），载《马克思恩格斯全集》第 3 卷，北京：人民出版社，2002 年，第 170 页。

② Roland Boer, *Criticism of Earth, On Marx, Engels and Theology*, Leden · Boston, 2012, p.7.

论马克思宗教观的发展脉络

曾传辉[①]

马克思一生并没有留下专门研究宗教的论著。对非专业研究者来说，人们耳熟能详的语句都是源自马克思早年的著作，尤其是那句“宗教是人民的鸦片”的著名隐喻，但他关于宗教更加深刻、连贯、全面、丰富的思想则如珍珠一样散见于1845年历史唯物主义创立以后的著述之中，我们需要加以细心梳理才能呈现其全貌。

一、学生时代的有神论

学生时期的马克思有宗教信仰，是有神论的宗教观。马克思出生在一个犹太人家庭，但在他6岁时全家改宗了基督新教。他父亲亨利希·马克思是一位思想开明的律师，是一位“莱辛[②]式的新教徒”，同时也是伏尔泰、卢梭等启蒙思想家的追随者，因此马克思的传记作家和研究专家大卫·麦克莱伦评论说：“马克思家里主导的宗教却是不够活跃的启蒙运动的理性

① 曾传辉，中国社会科学院世界宗教研究所研究员。本文原载于《世界宗教研究》2020年第4期。

② 莱辛（Gotthold Ephraim Lessing，1729—1781），德国启蒙运动时期剧作家、美学家、文艺批评家。莱辛处于古典主义向浪漫主义的转折点，将启蒙运动推向高潮。

主义宗教。”[①]这个家庭对宗教的信仰是维持道德崇高的需要，远非虔信派。这种观念也反映在卡尔·马克思的中学毕业作文中。这种理性主义的宗教观至今仍然在欧洲知识界占据重要位置。在大学期间他接受了青年黑格尔派思想，尤其受到鲍威尔的影响，将自我意识簇拥到神一样的位置，并用它来说明一切精神和物质现象。种种迹象显示，他理性主义的宗教信仰也发生了动摇，但没有文本明白无误地证明他的世界观已经转向无神论。

二、早期职业生涯的民主主义的宗教观

马克思在早期职业时期形成了民主主义宗教观。1840 年，马克思大学毕业，此后直到 1845 年他经历了办《莱茵报》《德法年鉴》时期，是他的早期职业生涯。大学毕业次年，马克思向柏林大学提交了硕士论文《论德谟克里特的自然哲学与伊壁鸠鲁的自然哲学的差别》，这是他一生中唯一的哲学专著，他从资产阶级民主主义立场出发，利用现代物理学知识，对 2000 多年来欧洲知识界对伊壁鸠鲁哲学的误解和偏见进行了澄清，因为学识渊博和见解卓著，结果向柏林大学申请硕士学位却从耶拿大学得到了博士学位。在论文的序和附录中，马克思引用伊壁鸠鲁的话——“总而言之，我痛恨所有的神！”并将之作为自己的哲学格言，表达了明确的无神论观点。

取得博士学位以后，马克思曾与鲍威尔合作撰写一部关于基督教艺术的书，但因鲍氏被柏林大学解聘而不能出版，手稿也遗失了。此后他经历了短暂的编辑生涯。1841 年出版的费尔巴哈《基督教的本质》引起了他的极大兴趣，正如恩格斯后来回忆的那样：“那时大家都很兴奋，我们一时都成为费尔巴哈派了。”[②]马克思的思想与青年黑尔派分道扬镳，转向费

① ［英］戴维·麦克莱伦：《马克思主义与宗教——一种对马克思批判基督教的描述和评估》，林进平、林育川、谢可晟译，天津：天津人民出版社，2018 年，第 8 页。

②《马克思恩格斯文集》第 4 卷，北京：人民出版社，2009 年，第 275 页。

尔巴哈。在宗教观方面，他与理性主义道德宗教观背离，摒弃“宗教是一切社会的基本支柱”的流行观念，认为宗教本身是没有内容的，它的根源不在天上而在人间。并不是因为宗教的衰退而造成了世俗社会的衰退，而是相反，世俗社会的衰退导致了宗教的衰退。在为《科隆日报》写的社论中他说：“不是古代宗教的灭亡引起古代国家的毁灭，相反，是古代国家的灭亡引起了古代宗教的毁灭。”① 他在 1843 年《〈黑格尔法哲学批判〉导言》中为费尔巴哈的成就欢呼：“就德国来说，对宗教的批判基本上已经结束；而对宗教的批判是其他一切批判的前提。”② 他评价费尔巴哈理论从积极废除宗教出发，主张“人是人的最高本质”，使德国理论成为彻底的人本主义理论。他那后来举世闻名的鸦片隐喻中，蕴含了“宗教代表了人们在苦难处境中的美好愿望”的意思，用了“花朵”“叹息”“心境”和“反抗”等词。他认为，至少在当时欧洲的条件下，任何激进的社会改革都必须以批判宗教为前提，费尔巴哈人本主义唯物论完成了这个任务，但不能仅仅停留在此。马克思给费尔巴哈的理论赋予了社会政治的维度：“人就是人的世界，就是国家、社会。这个国家社会产生了宗教，一种颠倒的世界意识，因为它们就是颠倒的世界。”③ 已经具有宗教最深刻的根源在于颠倒的国家—社会关系的思想萌芽。“批判的武器当然不能代替武器的批判，物质力量只能用物质力量来摧毁，但是理论一经掌握群众，也会变成物质力量。理论只要说服人，就能掌握群众；而理论只要彻底，就能说服人。所谓彻底，就是抓住事物的根本。”④ 将群众视为革命的物质力量，马克思的实践观已经超越费尔巴哈感性直观的实践观，走向科学社

① 《马克思恩格斯全集》第 1 卷，北京：人民出版社，1995 年，第 213 页。

② 《马克思恩格斯文集》第 1 卷，北京：人民出版社，2009 年，第 1 页。

③ 《马克思恩格斯文集》第 1 卷，北京：人民出版社，2009 年，第 1 页。

④ 《马克思恩格斯文集》第 1 卷，北京：人民出版社，2009 年，第 11 页。

会主义实践观。

1843 年 10 月马克思来到欧洲革命的中心巴黎居住了几周，与活跃在那里的空想社会主义思想家们交往密切，经常参加正义者同盟的会议，其间做了大量的笔记，就是 50 年后才出版的《1844 年经济学哲学手稿》。该手稿将费尔巴哈宗教异化论应用于政治经济学，借助对异化劳动的分析对宗教的社会根源有了更加深入的认识，并且把无神论与美好社会的理想联系起来，指出："尽管私有财产表现为外化劳动的根据和原因，但确切地说，它是外化劳动的后果，正像神原先不是人类理性迷误的原因，而是人类理性迷误的结果一样。后来，这种关系就变成相互作用"①，"宗教、家庭、国家、法、道德、科学、艺术等等，都不过是生产的一些特殊的方式，并且受生产的普遍规律的支配……宗教的异化本身只是发生在意识形态领域、人的内心领域，而经济的异化是现实生活的异化—因此对异化的扬弃包括两个方面。"② 无神论只是对意识迷雾异化的扬弃，而共产主义则是现实生活的人道主义，还要通过经济异化的扬弃才是要达到的最终目的。马克思把宗教、艺术、哲学等精神产品的生产看成生产的特殊形式，受生产的普遍规律的支配，克服异化也是两方面的。（显然这里所说的生产包括了物质生产和精神生产，因此异化的克服也分别包括这两个方面。）但两种生产中哪一种是根本的起决定作用，他并未提出，因此历史唯物史观还不明确。

马克思罕见地讨论到宗教创世论，认为它是以设定人和自然不存在为前提的，然后却要去证明人和自然是存在的。世界的历史是人通过劳动而诞生的过程，是自然界对人来说的生成过程，是通过自身而诞生通过自身而形成的过程，对此人类有直观的无需辩驳的证明。然而，"无神论最初

① 《马克思恩格斯文集》第 1 卷，北京：人民出版社，2009 年，第 166 页。

② 《马克思恩格斯文集》第 1 卷，北京：人民出版社，2009 年，第 186 页。

还根本不是共产主义，那种无神论主要是一个抽象……而共产主义的博爱则径直是现实的和直接追求实效的。”①

要之，1841—1845 年马克思的宗教观实现了从理性主义道德宗教到以青年黑格尔派自我意识为中心的无神论的转变，经历了费尔巴哈人本主义异化论，并受法国空想社会主义影响，形成了实践唯物主义宗教观。其思想的核心概念转化了三次：道德宗教—自我意识—意识异化。

三、成熟时期的历史唯物主义宗教观

（一）世俗化成为必然

1845 年 2 月，马克思从巴黎流亡到布鲁塞尔，他决定清算自己的思想与当时欧洲各种思潮的关系，经历了革命性的转变，并与恩格斯合作写成了《德意志意识形态》，首次系统地阐述了历史唯物主义，标志着马克思思想进入成熟期。此后，马克思专注于经济问题的研究，主要精力放在《资本论》的写作上，论述宗教的文字非常有限。在完成《资本论》第 1 卷以后，他这样写道：“在今天，同批评传统的财产关系相比，无神论本身是一种很小的过失。但在这方面，进步仍然是无可怀疑的。”② 马克思忧虑地看到：由于政治经济学所研究的是利益的创造和分配，资产阶级和其他反动势力总是把代表私人利益的复仇女神召唤到战场上来反对政治经济学领域中自由的科学研究。英国高教会宁愿饶恕对它绝大部分信条的攻击，也不饶恕对它现金收入的极少部分进行攻击。因此对资产阶级而言，两害相权之下，无神论只能算是一种很小的过失。在马克思看来，在这方面英国民族的进步仍然是无可怀疑的。这也可以视为马克思的宗教世俗化主张吧。

（二）宗教从一开始就是从现实的力量中产生的超验的意识

马克思将宗教异化置于各个历史时期的经济基础之上来说明其不同的

① 《马克思恩格斯文集》第 1 卷，北京：人民出版社，2009 年，第 186—187 页。

② 《马克思恩格斯文集》第 5 卷，北京：人民出版社，2009 年，第 10 页。

形态和根源，揭示宗教与社会生产力的发展、渐增的劳动分工和随之产生的阶级斗争之间的联系。他关于宗教的核心思想可以概括为：“宗教从一开始就是从现实的力量中产生的超验的意识。”[①]超验只是宗教意识的形式，现实力量才是它的本质。在原始社会，宗教起源于人们对完全异己的、有无限威力的和不可制服的自然力量的慑服。进入阶级社会以后，由于脑力劳动和体力劳动的分工，意识才摆脱世界而去构造神学、哲学、道德等纯粹理论，这些理论与现实的矛盾取决于生产关系和生产力的矛盾。他们的理论创新关键不在于宗教演化史，而在于对宗教演化原因的阐释方面。他们认为宗教不是什么自我本质的外化，也不再简单地重复神是人的本质的异化，而是进一步指出人们在宗教中异化的是自己经验世界的物质关系，即物质生产关系，将它们变成一种只是在思想中的、想象中的本质，结果是这个本质作为某种异物与人们对立着。

在1867年出版的《资本论》第一卷中，马克思将劳动异化的思想进一步系统化了。马克思把商品拜物教与宗教做类比。劳动的异化使膜拜金钱和商品成为资本主义社会最普遍的时代精神。商品拜物教把劳动者与他们的产品的关系反映成“存在于生产者之外的物与物之间的社会关系”，人们之间的关系“在人们面前采取了物与物的关系的虚幻形式”[②]。异化劳动在物质生产过程中表现为主体与客体颠倒，在意识形的宗教观念中同样如此，两种生产关系都使人受自己生产的产品支配。

（三）研究宗教的唯一正确的方法是从当时的现实生活关系中引出它的天国形式

因此研究宗教的唯一正确的方法，就不能脱离物质生产的基础来抽象地书写宗教的历史。“达尔文注意到自然工艺史，即注意到在动植物的生

①《马克思恩格斯文集》第5卷，北京：人民出版社，2009年，第587页。

②《马克思恩格斯文集》第5卷，北京：人民出版社，2009年，第88—89页。

活中作为生产工具的动植物器官是怎样形成的。社会人的生产器官的形成史，即每一特殊社会组织的物质基础的形成史，难道不值得同样注意吗？而且，这样一部历史不是更容易写出来吗？因为，如维科所说的那样，人类史和自然史的区别在于，人类史是我们自己创造的，而自然史不是我们自己创造的。工艺学揭示出人对自然的能动关系，人的生活的直接生产过程，从而人的社会生活关系和由此产生的精神观念的直接生产过程。甚至所有抽象掉这个物质基础的宗教史，都是非批判的。事实上，通过分析找出宗教幻象的世俗核心，比反过来从当时的现实生活关系中引出它的天国形式要容易得多。后面这种方法是唯一的唯物主义的方法，因而也是唯一科学的方法。"[①] 前一种方法，即通过分析找出宗教幻象的世俗核心是指以费尔巴哈为代表的旧唯物主义的宗教研究方法，后一种方法从一定历史时期的现实生活关系来分析宗教的历史，才是唯一正确的历史唯物主义方法。代表人类社会物质生产力水平最直观和客观的标志物就是各个历史时期的生产工具，在此基础上才形成与之相适应的人与人的社会关系和意识形态。在这里马克思没有用阶级关系来作为宗教研究的客观参照物，表明他已经注意到19世纪欧洲人类学的研究成果，原始社会中没有形成阶级分化，因此他把工艺史当作宗教研究的参照系具有更加普遍的客观性。

（四）宗教是人类掌握世界的方式之一，在一定历史阶段上为社会发展积累了物质财富和精神力量

这种物质和精神的颠倒关系尽管是虚幻的，却并非毫无积极意义，它是一定历史阶段的发展过程中所必须经历的，为人类社会进一步发展积累了物质财富和精神力量。"历史地看，这种颠倒是靠牺牲多数来强制地创造财富本身，即创造无情的社会劳动生产力的必经之点，只有这种无情的

① 《马克思恩格斯文集》第8卷，北京：人民出版社，2009年，第469页。

社会劳动生产力才能构成自由人类社会的物质基础。这种对立的形式是必须经过的，正像人起初必须以宗教的形式把自己的精神力量作为独立的力量来与自己相对立完全一样。”① 在1857—1858年《政治经济学批判》草稿中，马克思写道：“货币崇拜产生禁欲主义，节欲，自我牺牲—节俭和悭吝，蔑视世俗的、一时的、短暂的享受，追求永恒的财宝。因此，英国的清教和荷兰的新教都离不开搞钱。”② 这与约半个世纪以后，马克斯·韦伯在《新教伦理与资本主义精神》中表达的主题思想一致。当然，马克思也没有像马克斯·韦伯那样花心思去深入考察新教伦理与资本主义精神的发生学关系。

这里还要特别提到，马克思1857年在《〈政治经济学批判〉导言》中关于“宗教是人类掌握世界的一种方式”的表述，近年引起了国内学术同行的关注。牛苏林认为“宗教是人类掌握世界的一种特殊方式”这一命题不仅为我们科学、全面地揭示宗教的本质和社会功能提供了一个广阔、全新的视野，而且从总体上肯定了宗教的社会价值和文化意义，并结合普列汉诺夫及我国宗教学者的观点，阐述了宗教掌握世界方式的内涵，相当于给宗教概念进行了一次梳理。③ 陈荣富认为马克思将宗教精神与理论思维、艺术精神和实践精神并列为掌握世界的方式，说明他不再仅仅把宗教视为一种政治意识形态，而是一种复杂的社会文化现象了，加上马克思晚年《文化人类学笔记》，实现了马克思主义宗教观由政治向度向文化向度的转变，是马克思、恩格斯宗教观的第二次飞跃。④

---

① 《马克思恩格斯文集》第8卷，北京：人民出版社，2009年，第469页。

② 《马克思恩格斯全集》第26卷（上），北京：人民出版社，1979年，第183页。

③ 牛苏林：《马克思恩格斯的宗教理解》，第六章第一节，郑州：河南人民出版社，2002年；氏著《马克思主义宗教观研究应关注的几个基本理论问题》，载《马克思主义宗教观研究》（2017），北京：社会科学文献出版社，2019年。

④ 陈荣富：《马克思主义宗教观研究》，成都：四川人民出版社，2008年，第七章、第十章。

笔者也对这段话的理解谈一点初步的认识。马克思写道："整体，当它在头脑中作为思想整体而出现时，是思维着的头脑的产物，这个头脑用它所专有的方式掌握世界，而这种方式是不同于对世界的艺术精神的，宗教精神的，实践精神的掌握的。"[①] 由于《导言》只是一个提纲，马克思并未展开论述具体内涵，这就给今天人们的解读留下了很大的阐释空间，但我们的解读还是不能脱离上下文，也不能脱离那个时期马克思的思想整体。这里首先要弄清楚的核心概念是"掌握世界的方式"，其次就是整体思维，即抽象思维或理论思维与艺术、宗教、实践三种精神的联系与区别。

马克思是在说明政治经济学研究必须运用从抽象上升到具体的思维方法时，提出"人类掌握世界方式"这个命题的。他认为政治经济学亦即理论思维这种掌握世界的方式，不同于艺术精神、宗教精神和实践精神掌握世界的方式，是不同类型的思维。这种不同就在于，整体思想"只是思维用来掌握具体、把它当作一个精神上的具体再现出来的方式"[②]，是具体的抽象，不是固执于对象的某个片面，而是从把握对象作为多种规定性之统一的整体出发，联系对象所处时间、地点、条件等具体情况进行具体分析。但是艺术、宗教和实践的精神具有直观、表象和感性的特质。就宗教精神与艺术精神来说，它们有着一个最大的共同点，那就是想象。马克思的思维方法得益于黑格尔，后者认为："感性观照的形式是艺术的特征"，而宗教则是"用图像说明宗教真理以便于想象"；人类最早的意识形式是感性的，所以"较早阶段的宗教是一种艺术及其感性表现的宗教"。[③] 这就是说，艺术精神与宗教精神与理性思维有层级不同也有形式不同，前二者是感性的直观，是人类蒙昧时期就已经具备的思维能力；后者则是抽象概括的，

① 《马克思恩格斯文集》第8卷，北京：人民出版社，2009年，第25页。

② 《马克思恩格斯文集》第8卷，北京：人民出版社，2009年，第25页。

③ 黑格尔：《美学》第1卷，朱光潜译，北京：商务印书馆，1979年，第127—133页。

是人类思维发展到高级阶段才具备的能力。不仅如此，艺术与宗教都不仅是思维活动，而且都要把主观意象转化为声音和形象等物质形态，如唱颂、音乐、绘画和雕塑等。艺术和宗教将想象物化为对象的过程，本身就是实践。结果则有不同：艺术供人鉴赏，宗教供信徒崇拜；艺术使人精神超越而旷达自由，宗教则在许多情况下使人驯服而约缚。实践精神的核心就是自由，这对康德、黑格尔和马克思来说，形式上是一致的。康德那里，意志自由是实践理性的公理之一，而实践只是由自由意志支配的道德活动。黑格尔虽然同意康德，认为自由是意志的本质规定，但是他认为，当我们在意志的支配下进行思考的时候，意志已经成为一种理性，就已经从纯粹无规定性的东西成为自我的要素，所以自由本身统一了认识与实践、主体与客体，但黑格尔的实践观仍然局限于理性活动。费尔巴哈的实践观已经包含了自然条件和工具等客观元素。马克思认为，实践必须是现实的物质生产活动、科学实验和阶级斗争，而不是抽象的精神活动。

马克思在《导言》中接下来的部分对书稿提纲的构建中，对“不能忘记的几点”做了备忘录，其中第二点就是关于“历来的观念的历史叙述同现实的历史叙述的关系。特别是所谓的文化史，这所谓的文化史全部是宗教史和政治史”。这里可以推导出，宗教史是文化史的重要组成部分，进而推导出宗教也是文化的重要成分。备忘录的第六点，提到“物质生产的发展例如同艺术发展的不平衡关系”，举例中提到一些艺术形式和艺术产品的生产和繁荣，同一定的社会生产力密切相关，但艺术经典一经产生，它的感染力就是永久传播的力量。[①] 笔者认为，类似的观察也可用在宗教文化上面。马克思已经注意到宗教的文化功能，但这种认识还是零星的，也是不系统的。笔者认为，这样的解读和延伸是符合马克思的思想传承以

① 本段引文见《马克思恩格斯文集》第8卷，北京：人民出版社，2009年，第33—35页。

及《政治经济学批判》手稿将要对资本主义经济基础及其上层建筑进行批判改造的总体精神的。我们不能因为《导言》段文本对宗教的表述非常中性而宏观，就完全按今天宗教学的知识构建和社会条件的需要而做过度发挥的解读。马克思只不过在向我们提示，宗教这种意识形态门类或文化形式，在精神特质方面有其特殊性，但具体特殊在哪里，还有待进一步研究。

（五）要与基督教社会主义划清界限

成熟的马克思思想在宗教观方面自觉地与法国空想社会主义划清界限。特别是欧洲大陆空想社会主义具有深厚的基督教色彩，如圣西门空想社会主义的代表作是《新基督教》，德国裁缝魏特林宣扬弥赛亚共产主义。1847年欧洲工人组织正义者同盟在马克思的影响下更名为共产主义者同盟，该组织的口号也从“人人皆兄弟”变为“全世界无产者，联合起来”！在他代表共产主义通讯委员会起草的《反克利盖通告》中，批判基督教共产主义在共产主义幌子下宣传宗教哲学的幻想，而这种幻想是和共产主义截然相反的；他们想把人们期待已久的有福的天国居民的共同体变成现实的共产主义，却不知道它正表现在现实世界的丑恶关系中；他们频繁地使用“爱”这个词，提到无产阶级时喜欢借用圣经的形象，这些宗教术语削弱了共产主义革命的气势。

1947年，马克思在《莱茵观察家的共产主义》一文中写道：“基督教的社会原则颂扬怯懦、自卑、自甘屈辱、顺从驯服，总之，颂扬愚民的各种特点，但对不希望把自己当愚民看待的无产阶级说来，勇敢、自尊、自豪感和独立感比面包还要重要。”①次年，他在《共产党宣言》中总结道：“要给基督教禁欲主义涂上一层社会主义的色彩，是再容易不过了。基督教不是也激烈反对私有制，反对婚姻，反对国家吗？它不是提倡用行善和求乞、

① 《马克思恩格斯全集》第4卷，北京：人民出版社，1958年，第218页。

独身和禁欲、修道和礼拜来代替这一切吗？基督教的社会主义，只不过是僧侣用来使贵族的怨愤神圣化的圣水罢了。”①

（六）无产阶级政党宗教信仰自由政策与资产阶级不同

关于宗教信仰自由，马克思在《共产党宣言》中指出：“信仰自由和宗教自由的思想，不过表明自由竞争在信仰领域里占统治地位罢了。”②因此马克思认为，无产阶级政党对宗教信仰自由的主张应当与资产阶级区别开来。马克思在1871年出版的《法兰西内战》中，在总结巴黎公社的历史经验基础上，发展了马克思主义关于无产阶级革命和无产阶级专政的学说，进一步论证和丰富了无产阶级革命必须首先打碎资产阶级国家机器的思想。关于无产阶级政权如何处理政教关系问题上，马克思主张教会与国家、教会与企业、教会与教育之间实行比资本主义社会更加彻底的分离：“公社在铲除了常备军和警察这两支旧政府手中的物质力量以后，便急切地着手摧毁作为压迫工具的精神力量，即‘僧侣势力’。方法是宣布教会与国家分离，并剥夺一切教会所占有的财产。教士们要重新过私人的清修隐遁的生活，像他们的先驱者即使徒们那样靠信徒的施舍过活。一切教育机构对人民免费开放，完全不受教会和国家的干涉。这样，不但人人都能受教育，而且科学也摆脱了阶级偏见和政府权力的桎梏。”③

与此同时，无产阶级专政的国家要充分保证公民的宗教信仰自由。1875年马克思在《哥达纲领批判》中批判了拉萨尔主义者的右倾机会主义错误，即认为应当运用国家机器禁止宗教信仰，他指出，一方面，“只有采用下面这样的形式才行：每一个人都应当有可能满足自己的宗教需要，就像满足自己的肉体需要一样，不受警察干涉。”另一方面，工人政党又

① 《马克思恩格斯文集》第2卷，北京：人民出版社，2009年，第56页。

② 《马克思恩格斯文集》第2卷，北京：人民出版社，2009年，第51页。

③ 《马克思恩格斯文集》第3卷，北京：人民出版社，2009年，第155页。

不能停留在资产阶级宗教自由的政治主张水平上，“工人党本来应当乘此机会说出自己的看法：资产阶级的‘信仰自由’不过是容忍各种各样的宗教信仰自由而已，工人党则力求把信仰从宗教的妖术中解放出来。”[①] 这里的信仰当译为“良心”，妖术当译为“纠缠”。文字间蕴含的意义应当是，资产阶级的宗教自由是从只能信一种宗教变成可以信不同宗教而已，工人政党则是要在政治上实行宗教信仰自由的同时，不能忘记作为工人阶级中的觉悟者和领导者的角色，肩负起对群众宣传科学世界观的启蒙任务，将良心自由即道德从与宗教信仰纠缠的欧洲传统中剥离开来，倡导世俗的进步道德观，更不能在思想觉悟上混同于宗教信徒。

（七）在对印度宗教的分析中揭露殖民统治的罪恶

19 世纪 50 年代，马克思的研究视野已经扩展到亚洲。他对印度农村公社的研究文章认为，印度教与印度种姓制建立在封闭的农村公社的自然经济基础之上，使印度社会长期处于停滞、消极、蒙昧、服从并伴随着野蛮的状态。“我们不应该忘记：这种失掉尊严的、停滞的、苟安的生活，这种消极的生活方式，在另一方面反而产生了野性的、盲目的、放纵的破坏力量，甚至使惨杀在印度斯坦成了宗教仪式。”[②] 村民们在这种状态中，长期驯服地处于宗教和世俗贵族的统治下，并对外来入侵者摇尾乞怜。尽管如此，古老的印度文明具有的优良品性也比唯利是图的英国殖民统治者要具有道德上的优越性。这不仅仅是因为印度文明是欧洲文明的源头之一，而且他们最低级的人民“都比意大利人更精明灵巧”，人民沉静的高贵品格甚至抵消了他们所表现的驯服性格，他们天生疲沓外表下的勇敢使英国的军官们大为吃惊。“当我们把自己的目光从资产阶级文明的故乡转向殖民地的时候，资产阶级文明的极端伪善和它的野蛮本性就赤裸裸地呈现在

① 《马克思恩格斯文集》第 3 卷，北京：人民出版社，2009 年，第 448 页。

② 《马克思恩格斯全集》第 9 卷，北京：人民出版社，1961 年，第 149 页。

我们面前，因为它在故乡还装出一副很有体面的样子，而一到殖民地它就丝毫不加掩饰了。”[①]英国殖民统治者看到印度的宗教有利于自己榨取财富，甚至放弃了像在其他殖民地所做的那样在印度大力传播基督教。“他们为了从朝拜奥里萨和孟加拉的神庙的香客身上榨取钱财，难道不是把札格纳特庙里的惨杀和卖淫变成了一种职业吗？这就是维护‘财产、秩序、家庭和宗教’的人的面目！”[②]马克思用从未有过的辛辣笔调揭露资产阶级殖民统治者所谓宗教自由的伪善！

成熟时期的马克思在系统的历史唯物主义基础上对宗教的看法更加全面和深入，集中在对资本主义社会宗教的特质、根源和功能等方面作出了全面深刻论述，尤其重要的是他在指导欧洲无产阶级革命运动中，形成了无产阶级政党宗教政策基本方针，对后来国际工人运动相关政策影响巨大。他对宗教文化只是点到为止，并未深入。

四、晚期宗教观的充实和扩展

（一）货币主义本质上是天主教的，信用主义本质上是基督教的

学界一般将1875年以后的马克思生平看成他的晚年。此间他仍然孜孜不倦地将大部分精力放在《资本论》的写作上。在分析资本主义与基督新教的共生关系时，马克思逝世后（1894年）才出版的《资本论》第三卷第三十五章末尾写下了意味深长的一段话：“货币主义本质上是天主教的；信用主义本质上是基督教的。‘英格兰人讨厌金子’作为纸币，商品的货币存在只是一种社会存在。信仰使人得救。这是对作为商品内在精神的货币价值的信仰，对生产方式及其预定秩序的信仰，对只是作为自行增

① 《马克思恩格斯全集》第9卷，北京：人民出版社，1961年，第251页。

② 《马克思恩格斯全集》第9卷，北京：人民出版社，1961年，第251—252页。札格纳特，印度教大神黑天的化身之一，在奥里萨邦的布里受崇拜，这里是印度的著名宗教中心。

殖的资本的人格化的各个生产当事人的信仰。但是，正如基督教徒没有从天主教的基础上解放出来一样，信用主义也没有从货币主义的基础上解放出来。”①

货币虽然可以量化并用于一般等价交换，给它赋值在本质上也是信仰或称信用。这个信用要由发行者通常是国家的强权来背书，而政权也只是中介，最终需要国民生产来做基底。19世纪的货币通常要锚定贵金属（欧洲的黄金本位、中国的白银本位），生产规模扩大产生金价飞涨，出现通缩，大量商品不能兑换为货币，产生信用需求，出现大量借贷，实现信用扩张。借钱总是要还的，不管是用户之间还是用户与银行之间发生的信用，还是在证券市场上，扩张到一定程度不能偿还或抵消，就会崩盘，出现经济危机，转嫁危机的最后一招就是战争。

货币主义像天主教，因为上帝需要教会（教皇）为中介，就像货币需要锚定贵金属一样。新教摆脱教会使每个人直接面对上帝，每个人都成为自己的祭司，乍看起来获得了自由，却使人们随时面临信仰抉择的更大考验或者风险。信仰自由使现代社会日趋世俗化，宗教领域内异端、邪教如雨后春笋般地生长。同样地，信用主义也使通货膨胀频发。纸币本身没有价值，而人又无时不处于资本构成的网络之中，受制于一定的社会权力格局之下。现代社会货币拜物教盛行，其实驱使人们膜拜货币、奢侈品，不是资本增值逻辑的人格化的当事人，那些资本游戏的超级玩家、工商翘楚、娱乐明星和牧师，而是它们代表的社会存在，即社会权力本身。马克思并未看到这个真正的纸币时代，但却道出了信用主义的真相。

由于马克思发现了资本主义社会基本矛盾和运行规律，借助幻想形式来面对社会巨变从理论和理想上来说，对人类不再必需。在《资本论》第

①《马克思恩格斯文集》第7卷，北京：人民出版社，2009年，第670页。

三卷中，他写道："目前的剧变和所有早些时候的剧变的区别在于这样的事实：人们已经寻找到这一历史巨变的秘密，因此，不是再次把这一实践的'外部'过程提升为一种新宗教的狂热形式，而是使自身从所有的宗教中脱离出来。"[①] 这里进一步明确表达了他在《哥达纲领批判》中没有明确表述的意思。科学社会主义已经用直达本质的理论武装起来，其实践就不必再假借任何异化了的理论形式的感召，而是要致力于最终摆脱宗教的幻想，这是马克思思想成熟以后一贯的立场。

（二）视野扩展到阶级社会之前和欧洲传统之外

特别值得提及的是，19世纪70—80年代之交，马克思细读了摩尔根《古代社会》等西方人类学家的著作并作了《文化人类学笔记》，同时研究俄罗斯和印度的村社制度并写了相关的文章，这使他晚年的宗教观视野进一步扩展到阶级社会之前和欧洲传统之外。

马克思对俄国农业公社的看法明显比28年前对印度农村公社的看法要正面得多。在1881年写给俄国政治活动家查苏利奇的信中，他认为俄国的农村公社土地公有制是适合俄罗斯的地势和国情的，可以"和控制着世界市场的西方生产同时存在，使俄国可以不通过资本主义制度的卡夫丁峡谷，而把资本主义制度的一切肯定的成就应用到公社中来"[②]。这里，卡夫丁峡谷自然指的是资本主义社会正在经历的巨大危机。不过，马克思没有论述这种保留了原始特性的公社制度的宗教文化根柢。

阅读文化人类学文献使晚年马克思对人类宗教现象和宗教文化的认识得到充实和扩展。他注意到人类最初是没有宗教的无神论者，发展到蒙昧

① 此处采用林进平等译《马克思主义与宗教》（天津人民出版社，2018年，第37页）的译文，因其更忠实原文且明白晓畅，并请参照《马克思恩格斯文集》第7卷，第240页。

② 马克思：《给维·伊·查苏利奇的复信草稿—初稿》，《马克思恩格斯全集》第19卷，北京：人民出版社，2006年，第435—436页。

时代初期人类才有了最初的拜物教和动物崇拜，由群居状态进入氏族社会以后，形成了图腾崇拜。图腾崇拜在氏族社会中普遍存在，表明此时人类社会已经产生了灵魂不死和灵魂转世的观念，这是宗教观念的基础。图腾崇拜源于原始人对自身起源的不了解，认为自己的氏族是某种生物或非生物演变而来的。“摩基人确信灵魂轮回，他们说他们死后将再度变成熊、鹿，等等；在许多氏族中都流行着和摩基人相似的传说，认为他们的始祖是从动物或无生物变成男人和女人的，这种动物或无生物就成为氏族的象征（图腾）（如奥季布瓦人的鹤氏族）。其次，某些部落中的氏族都禁止食用本氏族名称所称的动物，但这种禁忌很不普遍。”①

人们的宗教观念受现实生活社会关系左右，随着部落内部出现阶级的分化，出现了偶像崇拜这种更高级的宗教形式。拉伯克在《文明的起源和人的原始状态》一书写道：“随着文明的发展，首领们越来越横暴，越来越要求人们更加尊敬他们，把人们关于权力和威仪的概念大大升级，提到前所未见的高度。这些升了级的概念后来也被用之于神。崇拜偶像表明人的智力发展到了比崇拜动物，甚至比崇拜天体更高级的阶段。甚至崇拜太阳在神的概念方面与崇拜偶像比较起来，虽然不总是，但通常都是处于更低级的阶段。这部分地是由于：首领和国王的权力逐渐增大，从而人们在思想上对存在着一个非过去任何时候所能想象的强权，习以为常。”马克思赞同地批注道：“这意味着对神的供奉比崇拜偶像的时候‘低级’。”②这大概是因为，偶像崇拜是对人自身的崇拜，比起图腾崇拜和自然崇拜来，标志着人的意识从自然物分离和觉醒，也是社会生产力发展到一定水平，使人类对自然力有更强的驾驭力的结果。

由于原始社会还没有产生阶级，图腾崇拜的根源主要是对自然和自身

① 《马克思恩格斯全集》第 45 卷，北京：人民出版社，1985 年，第 474 页。

② 《马克思恩格斯全集》第 45 卷，北京：人民出版社，1985 年，第 671 页。

的虚幻认识引起的，因为实际生活经验使人们逐渐明白，血亲相交会使人口退化，这就要求实行族外婚姻，就必须在氏族之间的进行区分。不同的氏族以不同的图腾作为徽章和标志，具有同样图腾的氏族成员之间不能通婚。当然也有些氏族之间的关系由盟约而非图腾来调节。“氏族制度是一种特殊的关系，这种关系不同于家庭的关系，但却以家庭关系的存在为前提条件，并且借助人为的类推，即部分地根据宗教的信仰，部分地根据实际的盟约，把家庭关系扩大，所以就能容纳血缘不同的人。”[①]这表明，即使在蒙昧时代，人类也不是普遍地信仰宗教的。拉伯克在书中报告说：“在汤加群岛首领们被认为是不死的，图阿，即平民，被认为是有终的；关于中间等级，即穆阿，则看法不一（同上页）。”“相信灵魂（不同于鬼魂），相信一种普遍的、独立的、无终的存在，这只限于最高等的人种。”[②]此书引用一位神父讲的故事说，一位欧洲来的文明人花了很长的时间和很大的耐心想使一个很聪明的澳洲土著人相信没有身体他还是存在的，可是那个土著人忍不住地想笑，劝教者越严肃认真，整个这回事在土著人看来就越显得可笑，马克思对这则故事作了四批注：那个发笑的“‘他’指的是那个聪明的黑人”；这位劝教的先生，“即朗格神父的那位愚蠢的朋友”；“弄清楚这位先生是诚心诚意的蠢驴”；最后，他批评持护教立场的作者说：“拉伯克在自我嘲讽而不自知。”[③]在此书的另一处拉伯克写道：“科学为宗教事业所立下的巨大功劳……迄今尚未得到应有的承认。科学仍然被许多卓越的但气量狭小的人士认为是同宗教真理相敌对的，而事实上科学所反对的只是宗教的错误。”马克思在批注中说，拉伯克“这个气量大

① 《马克思恩格斯全集》第45卷，北京：人民出版社，1985年，第503页。

② 《马克思恩格斯全集》第45卷，北京：人民出版社，1985年，第678页。

③ 《马克思恩格斯全集》第45卷，北京：人民出版社，1985年，第677页。

的庸人”！[①]晚年马克思的无神论立场仍然鲜明。

氏族内部没有尊卑之别，但不同的氏族是有高低之分的。行使祭祀权的氏族地位要高于其他部落。“这种区分与任何财产资格都完全没有关系：富人和穷人都属于同一个氏族……各个氏族在地位尊卑上是不平等的；这主要是由宗教仪式造成的，因为每一个氏族都世代专门执掌某一宗教仪式，一些宗教仪式被认为特别神圣，因而获得了全民族的意义。”[②]部落处理俘虏的方式有四种：转变为本氏族成员、杀死、献作人牲和当作奴隶。可见原始社会中宗教起着调节社会关系的作用，它突出的功能是用于区分内外之别，是凝结氏族内部团结的文化力量，在同一文化符号的人群内部保持着朴素的共产主义关系，而且这种关系仅存在于氏族内部的成员之间。

由于马克思没有来得及对他的《文化人类学笔记》进行系统分析形成作品，摩尔根天才般的自发历史唯物主义宗教观还没有提升到成熟马克思主义的水平。马克思的笔记和批注显示他对原始社会的宗教文化有非常丰富的了解，例如原始宗教如何起源，它流行的情况，如何发挥作用（今天学者们命名为社会整合功能、道德教化功能等），笔记中也包括以人做牺牲等非常负面的内容，但批注中对此评论并不多，他倒爱拿一些原始信仰朴实自然特征与资本主义社会宗教的伪善进行对比。

恩格斯参考马克思笔记写成了一部光辉的马克思主义著作《家庭、私有制和国家起源》，但对宗教方面的论述很少。

综上所述，虽然马克思没有用宗教学概念称谓其关于宗教发展变迁的思想理论，也很少独立地、直接地采用同时代比较宗教学语义分析、文献考证等方式呈现论述，但他从基本立场、方法论原则和关于宗教学一系列重大问题的观点等方面为系统创立马克思主义宗教学奠定了理论基础。

---

① 《马克思恩格斯全集》第 45 卷，北京：人民出版社，1985 年，第 678 页。

② 《马克思恩格斯全集》第 45 卷，北京：人民出版社，1985 年，第 677 页。

马克思主义经典作家关于宗教与文化关系的论述及其当代启示

黄奎[①]

19世纪中叶，马克思、恩格斯在深入分析、研究资本主义社会的基础上，批判继承德国古典哲学、英国古典政治经济学和法国空想社会主义的合理内核，结合欧美资本主义国家工人运动的实际，创立了马克思主义。由于当时基督宗教在欧美社会生活中占有不容忽视的地位，因此马克思、恩格斯对资本主义社会的批判不能不涉及宗教，其中对于资本主义意识形态的批判尤其如此。他们关于宗教问题的一系列重要论述，构成马克思主义宗教观的基本原则和重要内容。

19世纪末、20世纪初，列宁继承、捍卫和发展了马克思主义，科学总结了资本主义走向帝国主义的时代特征和俄国民主革命的经验教训，创立了列宁主义，带领布尔什维克党和俄国人民取得了十月革命的伟大胜利，在人类历史上破天荒地建立了第一个苏维埃社会主义国家，并在其后的革命和建设中进行了艰辛的实践探索和理论思考。由于俄国有着根深蒂固的、深厚的东正教传统，宗教问题便成为列宁探索俄国革命和建设道路过程中

① 黄奎，哲学博士，中国社会科学院世界宗教研究所副研究员。本文原载于《世界宗教文化》，2021年第6期。

无法回避的问题。列宁关于宗教问题的一系列重要论述，是在马克思、恩格斯宗教学说基础上的补充和发展，是马克思主义宗教观的重要内容。

马克思主义经典作家关于宗教与文化关系问题的直接论述不多，但间接论述仍然是很丰富的。本文限于篇幅，兹择要述评如下，并略述其当代启示。

一、宗教是一种颠倒的世界意识

马克思、恩格斯在创立唯物史观的过程中，始终是将宗教定位于一种社会意识、一种意识形态来进行研究和批判的。马克思 1844 年在《〈黑格尔法哲学批判〉导言》中说，宗教是“还没有获得自身或已经再度丧失自身的人的自我意识和自我感觉”，是“一种颠倒的世界意识”，是“人的本质在幻想中的实现”；“宗教里的苦难既是现实的苦难的表现，又是对这种现实的苦难的抗议。宗教是被压迫生灵的叹息，是无情世界的心境，正像它是无精神活力的制度的精神一样。宗教是人民的鸦片”①。如果说此时马克思对宗教的批判还是一种有着浓厚人文主义色彩的文化批判的话，那么马克思《1844 年经济学哲学手稿》通过异化劳动的分析对宗教异化的批判，1845 年马克思、恩格斯《德意志意识形态》对宗教的政治经济学批判和 1848 年马克思、恩格斯《共产党宣言》关于推翻现存的一切社会关系和社会制度、最坚决地打破包括宗教在内的过去传下来的各种观念的号召，则是对于宗教的一种彻底唯物史观意义上的文化批判，标志着马克思主义宗教观的正式问世。

以成熟的马克思主义宗教观返观马克思《〈黑格尔法哲学批判〉导言》关于宗教的一些论述，我们认为，宗教是一种“颠倒的世界意识”是必须长期坚持的马克思主义宗教观的基本论断。马克思主义认为，文化是政治

① 《马克思恩格斯全集》第 3 卷，北京：人民出版社，2002 年，第 199—200 页。

和经济的集中反映，而“一切宗教都不过是支配着人们日常生活的外部力量在人们头脑中的幻想的反映，在这种反映中，人间的力量采取了超人间的力量的形式”①。因此，宗教只能被认为是一种“颠倒的世界意识”。

二、宗教是一种诉诸幻想以求掌握世界的超现实方式

马克思 1857 年在《〈政治经济学批判〉导言》中认为人类掌握世界有四种不同的方式：“具体总体作为思维总体，作为思维具体，事实上是思维的、理解的产物；但是决不是处于直观和表象之外或驾于其上而思维着的、自我产生的概念的产物，而是把直观和表象加工成概念这一过程的产物。整体，当它在头脑中作为被思维的整体而出现时，是思维的头脑的产物，这个头脑用它所专有的方式掌握世界，而这种方式是不同于对世界的艺术的、宗教的、实践—精神的掌握的。”②

换言之，马克思认为，为掌握外在的物质世界，人类的精神创造表现为四种不同的方式——理论方式、艺术方式、宗教方式和实践—精神方式。在人类社会的早期，在文化落后、文明欠发达的特定时间与空间，艺术方式、宗教方式在人的精神生活中一般会占据主导地位，而理论方式、实践—精神方式相对滞后，这就如同一个人从幼年到成年的成长历程中形象思维和抽象思维的状态演进。例如，“任何神话都是用想象和借助想象以征服自然力，支配自然力，把自然力加以形象化；因此，随着这些自然力之实际上被支配，神话也就消失了”③。但毋庸讳言的是，即使在人类文明高度发达的今天，在理论方式、实践—精神方式无能为力或不够圆满之处，艺术方式、宗教方式仍有用武之地，仍顽强地发挥着这样那样、或积极或消极的作用。

---

①《马克思恩格斯全集》第 20 卷，北京：人民出版社，1971 年，第 341 页。

②《马克思恩格斯全集》第 12 卷，北京：人民出版社，1962 年，第 751—752 页。

③《马克思恩格斯全集》第 12 卷，北京：人民出版社，1962 年，第 752 页。

恩格斯在《〈反杜林论〉材料》（1876—1877）中说："单是正确地反映自然界就已经极端困难，这是长期的经验历史的产物。在原始人看来，自然力是某种异己的、神秘的、超越一切的东西。在所有文明民族所经历的一定阶段上，他们用人格化的方法来同化自然力。正是这种人格化的欲望，到处创造了许多神；而被用来证明上帝存在的万民一致意见恰恰只证明了这种作为必然过渡阶段的人格化欲望的普遍性，因而也证明了宗教的普遍性。"①

恩格斯1886年年初在《路德维希·费尔巴哈和德国古典哲学的终结》中说："在远古时代，人们还完全不知道自己身体的构造，并且受梦中景象的影响，于是就产生一种观念：他们的思维和感觉不是他们身体的活动，而是一种独特的、寓于这个身体之中而在人死亡时就离开身体的灵魂的活动。从这个时候起，人们不得不思考这种灵魂对外部世界的关系。既然灵魂在人死时离开肉体而继续活着，那么就没有任何理由去设想它本身还会有死亡；这样就产生了灵魂不死的观念，这种观念，在那个发展阶段上决不是一种安慰，而是一种不可抗拒的命运，并且往往是一种真正的不幸，例如在希腊人那里就是这样。……同样，由于自然力被人格化，最初的神产生了。随着宗教的向前发展，这些神愈来愈具有了超世界的形象，直到最后，由于智力发展中自然发生的抽象化过程——几乎可以说是蒸馏过程，在人们的头脑中，从或多或少有限的和互相限制的许多神中产生了一神教的唯一的神的观念。"②

恩格斯在《布鲁诺·鲍威尔和早期基督教》（1882）中说："对于一种征服罗马世界帝国、统治文明人类的绝大多数一千八百年之久的宗教，简单地说它是骗子手凑集而成的无稽之谈，是不能解决问题的。要根据宗

① 《马克思恩格斯全集》第20卷，北京：人民出版社，1971年，第672页。

② 《马克思恩格斯全集》第21卷，北京：人民出版社，1965年，第315—316页。

教借以产生和取得统治地位的历史条件，去说明它的起源和发展，才能解决问题。对基督教更是这样。”“在荒漠中，成千上万的预言家和宣教者那时创立了无数宗教上的新东西，但只有基督教的创始人获得了成功。不仅在巴勒斯坦，而且在整个东方，麇集着这样一些宗教创始人，他们之间进行着一种可说是达尔文式的思想上的生存竞争。……而基督教怎样在教派的相互斗争中，在同多神教世界的斗争中，通过自然淘汰逐渐成为世界宗教，这已由最初三世纪的教会史详细作了说明。”①

为认识和处理人与自然、人与人之间的相互关系问题，为掌握外部世界和人类自身，人类社会的精神创造、文化发展和文明演化连绵不绝，由简单到复杂，由形象到抽象，由多神教到一神教，由原始宗教、民族宗教到世界宗教，宗教的萌发、诞生和发展构成人类文明起源和文化发展的重要内容。

2020年至今，新冠疫情肆虐全球，人类物理接触受限，实体经济受损，疫情使无数人沉迷于网络游戏消磨时光，网络依赖增强，“无穷的远方，无数的人们，都和我有关”，穷则思变式数字化生存的“元叙事”、碳基人向硅基人演进的最新版愿景、“思接千载，视通万里”的“元宇宙”2021年横空出世、火爆全球。

元宇宙（Metaverse）的概念最斜体早出现在1992年美国作家尼尔·斯蒂芬森的科幻小说《雪崩》（Snow Crash）中。这部小说描绘了一个平行于现实世界的虚拟数字世界——“元界”，现实世界中的人在“元界”中都有一个虚拟分身，人们通过控制这个虚拟分身来实现意志。在《真名实姓》《雪崩》《黑客帝国》《阿凡达》《头号玩家》等科幻预言中，“戴上耳机和目镜，找到连接终端，就可以通过虚拟分身的方式进入由计算机模拟、

①《马克思恩格斯全集》第19卷，北京：人民出版社，1963年，第328—336页。

与真实世界平行的虚拟空间”，构想的是虚拟世界的大航海时代、关于未来的想象共同体或反全球化的新乌托邦。

与科幻预言所见略同、具有某种异曲同工的是，宗教想象类“前叙事”也与当下元宇宙愿景关于与现实世界平行的虚拟世界的“元叙事”遥相呼应、相得益彰，堪称人类历史演进和精神探索的曲折反映——形形色色的关于某种人生实验的超现实话语及其宏大叙事。对元宇宙愿景最通俗的理解，是通过 AI、VR、数字孪生、区块链等高科技手段，把物理世界“镜像映射”至由数字、互联网组成的虚拟世界。无论是个人的身份、感官、意识形态，还是社会体系、经济结构、政治组织，现实中的我们都可以在虚拟世界中构建或定制想象中的或幻想已久的更好的“我们”。

人类作为地球上的碳基物种，要解决的终极需求是生存和繁衍。向外探索，通过星际旅行不断发现新的居住地、栖息地，最终成为星际物种；向内探索，以数据化的方式生存于虚拟世界，最终成为云端物种或硅基物种。“后人类社会”的形成过程，可想象为生命形态从所谓的“碳基人”向“硅基人”进化的过程。虽然现在距离真正成熟定型的元宇宙还很遥远，但随着能源、交通、通信、人工智能等底层硬核科技的突飞猛进，突破时间和空间的禁锢，摆脱现实中的单一世界逻辑，构建数字化的虚拟世界，形成去中心化、分布式存在的元宇宙结构，未来人类包括科学研究、艺术、教学、开发和设计在内的 90% 以上的活动可能都将在幻想与真实并存的元宇宙中进行。

宗教之想象力和愿景背后对应或靶标的常常是人类社会中某些无法否认的局限性和缺憾。批判继承、合理借鉴包括宗教叙事和神话、科幻叙事在内的人类文明既往一切有意义的思维萌芽和天才想象，化腐朽为神奇，点石成金，前瞻性地研究元宇宙发展的原则规范、技术伦理等一系列内容（如最大限度消弭数字鸿沟、促进碳基人与硅基人的完美融合），书写好元宇宙愿景的数字孪生、虚拟原生、虚实融生的宏大叙事，或许可让元宇宙助力地球人类未来的数字化生存，让往昔启示当下，让梦幻照亮现实。

总之，从宗教与文化的关系角度看，作为人类社会早期所倚重、现在仍无法完全摆脱的一种掌握世界的重要方式，宗教在人类文化系统中的历时态的或共时态的作用和地位都是不容低估的。宗教是一种诉诸幻想以求掌握世界的超现实方式，这一点以往可能没有得到足够的重视，今后应当结合人类文明的最新发展加大研究力度。

三、宗教作用的利弊可以得到科学的解释和揭示

1871 年法国巴黎公社失败后，西欧工人运动进入低潮，西欧资本主义度过了革命危机，开始了所谓和平的发展时期，并加紧了对世界其他地区，尤其是东方国家的渗透和掠夺。东方国家的历史文化传统与西方不同，马克思主义在东方国家的传播与发展也面临新的考验。马克思对于唯物史观的进一步阐发和拓展因此而进入一个新的阶段。

马克思的晚期论著或文字，尤其是 1879—1882 年间所写的五篇读书笔记，即《马・柯瓦列夫斯基〈公社土地占有制，其解体的原因、进程和结果〉（第一册，1879 年莫斯科版）一书摘要》《路易斯・亨・摩尔根〈古代社会〉一书摘要》《亨利・萨姆纳梅恩〈古代法制史讲演录〉（1875 年伦敦版）一书摘要》《约・拉伯克〈文明的起源和人的原始状态〉（1875 年伦敦版）》和《约・布・菲尔〈印度和锡兰的雅利安人村社〉一书摘要》等五篇关于人类古代社会史的笔记，对于我们深入认识和理解前资本主义社会形态，尤其是探讨宗教与人类文明起源或文化发祥的关系问题，具有重要的指导作用和参考价值。马克思本来打算撰写关于人类古代社会史的系统论著，但因过早逝世而留下历史的遗憾。恩格斯继承马克思的遗愿，在充分吸收马克思读书笔记的重要思想的基础上，撰写了《家庭、私有制和国家的起源》。

按照马克思读书笔记的摘要和批注，氏族是人类进入文明时代之前一切野蛮人所共有的制度，作为一种血族团体，氏族拥有共同的宗教节日，祭祀共同的祖先神。马克思的批注是“每一个氏族都起源于一个神”。与西方社会不同的是，血缘关系在东方古代社会中曾起过重要的甚至是某种程度的决定性作用，而与血缘关系相关的古代原始宗教的作用如何呢？马克思的摘录如下：“各个氏族在地位尊卑上是不平等的；这主要是由宗教仪式造成的，因为每一个氏族都世代执掌某一宗教仪式，一些宗教仪式被认为特别神圣，因而获得了全民族的意义。”①

宗教在氏族生活中的重要地位由此可见。氏族联结成胞族，胞族又聚合为部落，部落再拓展为部落联盟，原始宗教在早期人类的这些联结形式中居功至伟，对于蒙昧时代的演进、对于人类文明起源和文化发祥具有不容忽视的重要作用。

“人们首先必须吃、喝、住、穿，然后才能从事政治、科学、艺术、宗教等等。”② 人类作为一个高居地球生态圈食物链顶端的物种，必须解决好饮食问题才能维持生存。在人类社会长期发展过程中，不同地域、不同种族和民族的人们因地制宜、随遇而安，逐渐形成了具有不同地域特点或民族特点的饮食习惯。

如果说古人囿于当时的科技水平、受制于特定宗教传统的影响而长期为特定饮食的色香味甚或善恶传说所惑尚可理解的话，那么我们今天基于最新的营养学知识应当可以认识到形形色色的饮食进入人体后的“殊途同归”，不应再非理性地执着于某种饮食偏好或禁忌而难以自拔。具体而言，世界各地无论什么样的饮食习惯，在营养学意义上都是可以达成底线共识的，即宏观上都展现为肉、蛋、奶、蔬菜、水果、米面主食等表象，微观

① 《马克思恩格斯全集》第 45 卷，北京：人民出版社，1963 年，第 501 页。

② 《马克思恩格斯全集》第 19 卷，北京：人民出版社，1995 年，第 375 页。

上都可细分为碳水化合物、脂肪、蛋白质、无机盐和水等宏量营养素和维生素和微量元素等微量营养素，而维生素可进一步细分为水溶性维生素（包括维生素 C 及 8 种 B 族维生素）和脂溶性维生素（包括维生素 A、D、E、K 等），微量元素可细分为铁、碘、氟、锌、铬、硒、镁、钼和铜。拥有不同饮食习惯的人们，在一般的和而不同、求同存异的意义上理应相互尊重，了解全世界公认的当代营养学常识后当然更应相互尊重，慎勿因饮食琐事触发不应有的宗教冲突甚或悲剧。

总之，马克思主义经典作家对于宗教与人类文明起源或文化发祥的关系问题已经作出了重要而宝贵的探索，宗教的历史作用的利弊在当代也可以得到科学的解释和揭示。我们今后应当结合全球化背景下人类文明新的发展实际，尤其是考古学、民族学、人类学、营养学等学科的新发现，继续探索下去。

四、宗教的消亡问题

世间任何事物，都概莫能外地要经历一个发生、发展和消亡的过程。宗教作为一种诉诸幻想的超现实话语，作为人类社会的一种特殊的精神创造和文化结晶，作为一种见仁见智的历史文化现象，其命运和前途问题一直受到古今中外的人们的关注。换言之，可以从文化学角度提问：宗教是否会消亡？何时或在何种情况下消亡？经典作家对于宗教消亡问题的论述，至今仍然闪烁着真理的光芒。

马克思 1867 年在《资本论》（第一卷）中说："只有当实际日常生活的关系，在人们面前表现为人与人之间和人与自然之间极明白而合理的关系的时候，现实世界的宗教反映才会消失。只有当社会生活过程即物质生产过程的形态，作为自由结合的人的产物，处于人的有意识有计划的控制之下的时候，它才会把自己的神秘的纱幕揭掉。但是，这需要有一定的社会物质基础或一系列物质生存条件，而这些条件本身又是长期的、痛苦的历史发展的自然产物。”①

恩格斯1876—1878年在《反杜林论》中说：“当社会通过占有和有计划地使用全部生产资料而使自己和一切社会成员摆脱奴役状态的时候（现在，人们正被这些由他们自己所生产的、但作为不可抗拒的异己力量而同自己相对立的生产资料所奴役），当谋事在人、成事也在人的时候，现在还在宗教中反映出来的最后的异己力量才会消灭，因而宗教反映本身也就随着消失。原因很简单，这就是那时再没有什么东西可以反映了。”②

宗教是现实的曲折反映，现实的发展变化最终将导致宗教的衰微和消亡。宗教在未消亡之前一般是有政治倾向和经济影响的，宗教的局限性常常来源于此；而宗教的文化价值往往能够超越时空阻隔和阶级局限，给人一种意义永恒的感觉。从宗教与文化的关系角度看，列宁所强调的“应当宣布宗教是私人的事情”，教会团体和宗教团体“应当是完全自由的、与政权无关的志同道合的公民联合会”③，无疑是试图尽最大可能淡化以至消除宗教的政治倾向和意识形态属性，最大限度地还原宗教的文化属性，使宗教私已化和非政治化，使宗教组织成为一种纯粹的文化团体。

一般而言，宗教的意识形态属性与现实的政治经济利益或特定的阶级利益相关联，而宗教的文化属性与超越性或与全人类共同价值、人类命运共同体相关联。人类社会的不断进化将导致宗教的意识形态属性日渐式微，宗教的文化属性日益凸显。我们有理由推断，“谋事在人、成事也在人”，而宗教的文化属性也可有可无之时，即宗教衰微消亡之日。

纵贯上下五千年历史长河的中华优秀传统文化，以仁爱、理智、中和、人本为思想特质，具有强大的精神感召力和人文浸润力，一切外来文化、

---

①《马克思恩格斯全集》第23卷，北京：人民出版社，1965年，第96—97页。

②《马克思恩格斯全集》第20卷，北京：人民出版社，1971年，第343页。

③《列宁全集》第12卷，北京：人民出版社，1987年，第132页。

异域宗教在中国这样的文明磁力场中必须有所调适、变形、转型、必须中国化才能生存和发展。同时我们也深知，我国仍将长期处于社会主义初级阶段，人民群众对美好生活的向往与经济社会发展不平衡不充分之间的矛盾仍将长期存在，只有团结一切可以团结的力量，调动一切可以调动的积极因素，坚持我国宗教的中国化方向，积极引导宗教与社会主义社会相适应，完善大统战工作格局，努力寻求最大公约数、画出最大同心圆，才能汇聚起实现中华民族伟大复兴的磅礴力量。

总之，马克思主义经典作家关于宗教消亡及宗教属性问题的论述，既是必须长期坚持的马克思主义宗教观的基本原理，同时也是需要结合新的实际加以丰富和发展的马克思主义宗教观的基本论断。

三、中国特色社会主义宗教理论

略论习近平新时代中国特色社会主义思想关于宗教工作理论和政策的创新要点

曾传辉[1]

宗教工作在党和国家的全局工作中占有特殊重要的地位。党的十八大以来习近平总书记的系列重要讲话，特别是2016年在全国宗教工作会议上的重要讲话，着眼党和国家事业发展全局，从战略高度科学分析了我国宗教工作面临的新形势和新任务，对做好宗教领域重点工作作出部署，对宗教问题进行系统的论述，锐意创新，丰富和发展了中国化马克思主义宗教观这一人类文明的精神财富。2017年习近平总书记在党的十九大报告中将宗教工作理论列入新时代中国特色社会主义思想的重要组成部分，具有十分重要的理论和现实意义。该理论组成部分具有内在的逻辑，形成完整的体系，在关于宗教工作的重要性、如何看待宗教和如何对待宗教等基本问题上实现了理论创新。

一、宗教工作在党和国家工作全局中具有特殊重要性

2015年5月20日，习近平总书记在讲话中指出，民族工作、宗教工作都是全局性工作，为推动经济社会发展、维护社会和谐稳定、促进祖国

① 曾传辉，中国社会科学院世界宗教研究所研究员。本文原载于《世界宗教文化》，2018年第2期。

统一作出了重要贡献。[①]2016年4月22日，习近平总书记在全国宗教工作会议上的讲话中指出，宗教问题始终是我们党治国理政必须处理好的重大问题，宗教工作在党和国家工作全局中具有特殊重要性，关系中国特色社会主义事业发展，关系党同人民群众的血肉联系，关系社会和谐、民族团结，关系国家安全和祖国统一。[②]2017年10月18日，党的十九大报告对“新时代中国特色社会主义思想和基本方略”的阐述中包含了对宗教工作方面作出理论分析和政策制定。[③]宗教工作成为新时代中国特色社会主义事业的重要组成部分。

“宗教工作在党和国家工作全局中具有特殊重要性”的表述，与江泽民和胡锦涛两任总书记关于“民族、宗教无小事”的表述精神有内在一致性，但更加明确和具体，且给宗教工作赋予了新的战略意义。要从实现“两个一百年”奋斗目标、中华民族伟大复兴的战略高度来理解，才能看得深，看得透。宗教工作不只是涉及一小部分信教公民的事情，也不只是各级统战、宗教工作部门才应去关心重视的工作，而是关系到社会和谐稳定、民族团结、祖国统一的大局的工作，是需要各级党委政府高度重视、各个党政部门齐抓共管、政府和民间协调联动才能做好的事情。

二、各级党委要把宗教工作纳入重要议事日程

在2016年全国宗教工作会议的讲话中，习近平总书记强调，新形势下，宗教工作范围广、任务重，既要全面推进，也要重点突破。要结合各宗教

① 习近平：《在中央统战工作会议上的讲话》，参见中华人民共和国国防部网站：http://www.mod.gov.cn/leader/2015-05/21/content_4585963.htm。（阅读时间：2017年9月20日）

② 习近平：《习近平谈治国理政》第二卷，北京：外文出版社，2017年，第301页。

③ 习近平：《决胜全面建成小康社会，夺取新时代中国特色社会主义伟大胜利——在中国共产党第十九次全国代表大会上的报告》，北京：人民出版社，2017年，第18页。

情况，抓住主要矛盾，解决突出问题，以做好重点工作推进全局工作。各级党委要提高处理宗教问题能力，把宗教工作纳入重要议事日程，及时研究宗教工作中的重要问题，推动落实宗教工作决策部署。要加强对党关于宗教问题的理论和方针政策的学习，加强对宗教基本知识的学习，把党关于宗教问题的理论和方针政策纳入干部教育培训计划，使各级干部尽可能多地掌握。要建立健全强有力的领导机制，做好对宗教工作的引领、规划、指导、督查。统战部门要负起牵头协调责任，宗教工作部门要担负起依法管理责任，各有关部门及工会、共青团、妇联、科协等人民团体要齐抓共管，共同做好宗教工作。要广泛宣传党关于宗教问题的理论和方针政策，宣传宗教相关法律法规，加强宗教方面宣传舆论引导。党的基层组织特别是宗教工作任务重的地方基层组织，要切实做好宗教工作，加强对信教群众的工作。

2017 年国务院颁布新修订的《宗教事务条例》对宗教工作组织保障做了具体规定，要求各级人民政府应当加强宗教工作，建立健全宗教工作机制，保障工作力量和必要的工作条件。[①] 这是对中央关于加强宗教工作的指示精神加以法治化，力度前所未有。

三、全面阐述宗教关系的主要内涵

2006 年 7 月，胡锦涛同志在第二十次全国统战工作会议上首次提出，统一战线为构建社会主义和谐社会服务，关键是要协调和处理好我国重大社会政治关系，特别是政党关系、民族关系、宗教关系、阶层关系和海内外同胞关系等“五大关系”。他指出，必须正确认识和处理信教群众和不信群众、信仰不同宗教群众之间的关系，[②] 积极引导宗教与社会主义社会

① 新修订《宗教事务条例》，《人民日报》，2017 年 9 月 8 日。

② 《胡锦涛出席全国统战工作会议并发表重要讲话》，新华社 2006 年 7 月 12 日电，新浪网：http://news.sina.com.cn/c/2006-07-13/09209448286s.shtml。（阅读时间：2017 年 10 月 1 日）

相适应，对宗教关系的内容作了说明。2007 年，党的十七大报告重申了相关主张。2012 年，党的十八大报告再一次强调，统一战线是凝聚各方面力量，促进政党关系、民族关系、宗教关系、阶层关系、海内外同胞关系的和谐，夺取中国特色社会主义新胜利的重要法宝。2015 年，习近平总书记在中央统一战线工作会议上的讲话中，指出促进“五大关系”和谐对建立广泛爱国统一战线的重要性。

2016 年，习近平总书记在全国宗教工作会议上的讲话中，全面阐释了宗教关系的基本内涵、基本原则、工作重点，明确指出，宗教关系主要包括党和政府与宗教、社会与宗教、各宗教之间、我国宗教与外国宗教、信教群众与不信教群众之间的关系。这是迄今为止党的领导集体对宗教关系内涵所作最全面的论述，为构建积极健康的宗教关系奠定了理论基础。

四、必须辩证看待宗教的社会作用

宗教在现实生活中存在，就说明它有其存在的合理性和必然性。现实社会任何存在之物都会具有一定的功能，都会产生相应的作用。这是不会有什么异议的，但如何评价社会主义条件下宗教的社会作用，我国理论界经历了较长时间的探索。1982 年中央 19 号文件指出：“在现阶段，信教群众与不信教群众在思想信仰上的这种差异，是比较次要的差异，而他们在政治上、经济上根本利益是一致的。”[①] 把宗教意识形态与受其影响的基本群众区别开来对待、把人民群众在思想信仰上的差异与根本利益一致区别对待，为正确看待社会主义条件下宗教的社会作用奠定了理论基础。

中国共产党中央文献明确谈论宗教的“积极作用”开始出现于 21 世纪之初。2006 年在中共中央十六届六中全会上讨论通过的《中共中央关于构建社会主义和谐社会若干重大问题的决定》中指出：“全面贯彻党的宗

① 中共中央文献研究室综合研究组、国务院宗教事务局政策法规司：《新时期宗教工作文献选编》，北京：宗教文化出版社，1995 年，第 59—60 页。

教信仰自由政策”，“发挥宗教在促进社会和谐方面的积极作用”[①]。文件强调发挥“宗教”在促进“社会和谐方面”的积极作用，界定比较宽泛。2007年，党的十七大报告指出：“全面贯彻党的宗教工作基本方针，发挥宗教界人士和信教群众在促进经济社会发展中的积极作用。”[②]强调积极作用的主体是“宗教界人士和信教群众”，更加贴近19号文件的精神；同时，“在促进经济社会发展中的积极作用”的限定语比19号文件“为建设现代化的社会主义强国”而共同奋斗的提法更加具体化了，反映了从当时国家战略需要的层面对宗教积极作用的期待和导向。

2012年，党的十八大报告沿用了十七大报告的提法。2015年，全国政协常委的工作报告没有重复这个提法，而国务院政府工作报告仍然作出了这种表述。2015年，习近平总书记在中央统一战线工作会议上的讲话中指出，必须辩证看待宗教的社会作用。2016年，习近平总书记在全国宗教工作会议上的讲话对这一问题进行了更加系统的阐述：“必须辩证看待宗教的社会作用，必须重视发挥宗教界人士作用，引导宗教努力为促进经济发展、社会和谐、文化繁荣、民族团结、祖国统一服务。”[③]“必须辩证看待宗教的社会作用”这一表述不仅更全面，而且具有很强的现实针对性，因而也更深刻，标志着中国共产党关于如何看待宗教的社会作用的理论概括在具体性、丰富性和针对性上达到了新的高度。

---

①《中共中央关于构建社会主义和谐社会若干重大问题的决定》，《人民日报》，2006年10月19日。

② 胡锦涛：《高举中国特色社会主义伟大旗帜，为夺取全面建设小康社会新胜利而奋斗——在中国共产党第十七次全国代表大会上的报告》，《人民日报》，2007年10月25日。

③ 习近平：《巩固发展最广泛的爱国统一战线，为实现中国梦提供广泛力量支持》，《解放军报》，2015年5月21日。

五、要坚持和发展中国特色社会主义宗教理论

2016年，习近平总书记在全国宗教工作会议上的讲话中强调，新形势下，我们要坚持和发展中国特色社会主义宗教理论，全面贯彻党的宗教工作基本方针，分析我国宗教工作形势，研究我国宗教工作面临的新情况新问题，全面提高宗教工作水平，更好组织和凝聚广大信教群众同全国人民一道，为实现“两个一百年”奋斗目标、实现中华民族伟大复兴的中国梦而奋斗。[①] 中国特色社会主义宗教理论的提法此前学术界也有使用，但从国家领导人层面提出是第一次，确立了该概念的权威性，极大地提升了该概念的影响力。这一理论坚持和发展了马克思列宁主义、毛泽东思想关于宗教的基本观点，总结和概括了邓小平理论、“三个代表”重要思想、科学发展观关于宗教问题的重要论述，融会和体现了党的十八大以来以习近平同志为核心的党中央关于宗教问题的新思想、新要求，是中国化马克思主义宗教观的最新成果，是现阶段处理宗教问题的行动指南。中国特色社会主义宗教理论是开放的、发展的科学理论，必须在中国特色社会主义伟大实践中，结合我国宗教的发展变化和宗教工作的实际，不断丰富和发展。[②]

六、宗教工作的本质是群众工作

在2015年的中央统战工作会议上，习近平总书记明确指出，宗教工作的本质是群众工作。在2016年全国宗教工作会议的讲话中，他进一步强调，要把能不能把广大信教群众团结在党和政府周围作为评价宗教工作

---

① 习近平：《在全国宗教工作会议上的讲话》，参见人民网：http://politics.people.com.cn/nl/2016/0423/c1001-28299513.html。（阅读时间：2017年9月20日）

② 孙春兰：《深入学习贯彻习近平总书记重要讲话精神，扎实做好新形势下宗教工作》，《中国宗教》，2016年第8期。

成效的根本标准。[①] 这一重要论断深刻揭示了宗教工作的本质，明确了评价宗教工作的根本标准，指明了宗教工作的着力方向。要团结好信教群众，首先要正确看待信教群众。群众性是宗教的主要特征之一，宗教的存在以群众的参与为基本前提。我国信教群众已近 2 亿，在人口中的比例并不大，但绝对数量不算小。恩格斯说："宗教是由那些本身感到宗教的需要，并且懂得群众对宗教的需要的人创立的，而那些组成学派的哲学家通常不是这样。"[②] 共同的宗教信仰是联系广大信教群众的精神纽带，宗教团体则是他们联系的组织纽带。作为一种现实社会力量，任何政党、任何政治家都不能轻视。离开群众来谈论宗教工作，犹如无源之水、无本之木。

统战工作要坚持党的领导，宗教工作要讲政治。团结好信教群众，不能搞无原则的团结，必须加强社会主义核心价值观的思想引领，使他们自觉团结凝聚在党和政府周围。

七、坚持党的宗教工作基本方针关键是在"导"上下功夫

中国共产党宗教工作基本方针，经历了一个正反两方面经验积累、逐步完善的曲折过程。中国共产党成立之初即确立了宗教信仰自由政策。1949 年新中国成立前夕中国人民政治协商会议第一届全体会议通过具有临时宪法性质的《共同纲领》第五条规定，中华人民共和国人民有宗教信仰的自由。1954 年《宪法》继承了这一条款。但 1957 年后，受以阶级斗争为纲的影响，宗教工作中"左"的错误逐渐滋长，特别是在"文革"中，宗教工作曾被取消。"文革"结束后，宗教工作的正确方针政策逐步得到恢复，并且在实践中不断丰富和发展。1982 年，中共中央 19 号文件系统

① 孙春兰：《深入学习贯彻习近平总书记重要讲话精神，扎实做好新形势下宗教工作》，《中国宗教》，2016 年第 8 期。

② 恩格斯：《布鲁诺·鲍威尔和原始基督教》，《马克思恩格斯文集》第三卷，北京：人民出版社，第 593 页。

总结了新中国成立以来宗教工作正反两方面的历史经验，在肯定宗教还将长期存在的基础上，科学阐明了中国共产党对宗教问题的基本观点和基本政策。这份影响深远的纲领性文件包含了宗教工作基本方针各要点的理论雏形。

1991年江泽民同志在全国宗教工作会议座谈中指出，政府应依法对宗教事务进行管理，同年中央下发的6号文件《中共中央、国务院关于进一步做好宗教工作若干问题的通知》对这一提法加以肯定和阐发。1993年，江泽民同志在全国统战工作会议上的讲话中指出："在宗教问题上我也想强调三句话：一是全面、正确地贯彻执行党的宗教政策，二是依法加强对宗教事务的管理，三是积极引导宗教与社会主义社会相适应。"[①]此后，全国的宗教工作反复强调"长期坚持三句话，经常抓好三件事（讲政策、抓管理、促适应）"。2001年江泽民同志在全国宗教工作会议上的讲话中，将坚持独立自主自办原则作为工作要点与前面提到的三句话并列，至此宗教工作"四句话"的内容被提炼出来。2002年党的十六大报告第一次将"四句话"放在一起做了完整表述："全面贯彻党的宗教信仰自由政策，依法管理宗教事务，积极引导宗教与社会主义社会相适应，坚持独立自主自办的原则。"[②]2003年，中共中央有关文件开始将这四句话明确为党的宗教工作基本方针，并把第三句与第四句次序做了调换。[③]

2006年胡锦涛同志在第二十次全国统战工作会议的讲话指出，做好新形势下的宗教工作，关键是要全面理解和认真贯彻党的宗教工作基本方

① 中共中央文献研究室综合研究组、国务院宗教事务局政策法规司：《新时期宗教工作文献选编》，北京：宗教文化出版社，1995年，第253页。

② 中共中央文献编辑委员会：《江泽民文选》第3卷，北京：人民出版社，2006年，第554页。

③《全面贯彻党的宗教工作基本方针 国家宗教局副局长王作安答本刊记者问》，《中国宗教》，2007年第11期。

针，落实《宗教事务条例》。媒体在报道中提到了胡锦涛同志的这一重要论述，这是中央领导第一次公开谈到宗教工作基本方针。2007 年党的十七大报告号召“全面贯彻党的宗教工作基本方针”，并写入党章。2012 年党的十八大报告沿用了这种表述。

2016 年习近平总书记在全国宗教工作会议上的讲话中，进一步指出党的宗教工作基本方针的“四句话”是一个有机整体，前三句是重大政策和原则，最后一句是根本方向和目的。强调坚持党的宗教工作基本方针关键是要在“导”上想得深、看得透、把得准，做到“导”之有方、“导”之有力、“导”之有效，牢牢掌握宗教工作主动权。① 这一重要论述深刻阐释了党的宗教工作基本方针的内在逻辑和辩证关系，指明了贯彻落实党的宗教工作基本方针的着力方向，具有丰富的内涵和现实针对性。坚持“导”，是因为宗教长期性、群众性、民族性、国际性、复杂性的特征和宗教社会作用的两重性。“不审势即宽严皆误。”②“导”不是简单的“引导”或“疏导”，而是坚持保护合法、制止非法、遏制极端、抵御渗透、打击犯罪的原则。③

习近平总书记对“导”的目标与方向作出了指示：积极引导宗教与社会主义社会相适应，是要引导信教群众热爱祖国、热爱人民，维护祖国统一，维护中华民族大团结，服从服务于国家最高利益和中华民族整体利益；拥护中国共产党领导、拥护社会主义制度，坚持走中国特色社会主义道路；积极践行社会主义核心价值观，弘扬中华文化，努力把宗教教义同中华文化相融合；遵守国家法律法规，自觉接受国家依法管理；投身改革开放和

① 习近平：《习近平谈治国理政》第二卷，北京：外文出版社，2017 年，第 302 页。

② 孙春兰：《深入学习贯彻习近平总书记重要讲话精神，扎实做好新形势下宗教工作》，《中国宗教》，2016 年第 8 期。

③ 王作安：《宗教工作关键在“导”》，《学习时报》，2016 年 8 月 8 日。

社会主义现代化建设，为实现中华民族伟大复兴的中国梦贡献力量。①习近平总书记的重要讲话对宗教工作基本方针的阐述更加详细、准确、全面，便于全党和全国各级政府更好地领会和执行，是中国特色社会主义宗教理论达到新高度的一个重要标志。

八、坚持我国宗教中国化方向

在2015年召开的中央统战工作会议上，习近平总书记首次提出积极引导宗教与社会主义社会相适应，必须坚持我国宗教中国化方向。在2016年全国宗教工作会议上习近平总书记对此作了深入系统的论述，指出积极引导宗教与社会主义社会相适应，一个重要的任务就是支持我国宗教坚持中国化方向。要用社会主义核心价值观来引领和教育宗教界人士和信教群众，弘扬中华民族优良传统，用团结进步、和平宽容等观念引导广大信教群众，支持各宗教在保持基本信仰、核心教义、礼仪制度的同时，深入挖掘教义教规中有利于社会和谐、时代进步、健康文明的内容，对教规教义作出符合当代中国发展进步要求、符合中华优秀传统文化的阐释。②

2017年10月党的十九大报告重申："全面贯彻党的宗教工作基本方针，坚持我国宗教的中国化方向，积极引导宗教与社会主义社会相适应。"③这一重要论述把握了宗教发展的基本规律，明确了新时代我国宗教工作的着力重点，是积极引导宗教与社会主义社会相适应在文化认同层面的深化和扩展。④

---

① 习近平：《习近平谈治国理政》第二卷，北京：外文出版社，2017年，第302页。

② 习近平：《在全国宗教工作会议上的讲话》，人民网：http://politics.people.com.cn/nl/2016/0423/c1001-28299513.html，2016年4月23日。（阅读时间：2017年9月20日）

③ 习近平：《决胜全面建成小康社会，夺取新时代中国特色社会主义伟大胜利——在中国共产党十九次全国代表大会上的报告》，北京：人民出版社，2017年，第40页。

④ 曾传辉：《坚持我国宗教中国化方向重在深化文化认同》，《宗教学研究》，2017年第5期。

九、明确提出处理宗教问题的基本原则

江泽民同志在2001年全国宗教工作会议上，首次完整地提出："依法管理宗教事务的要旨，是保护合法，制止非法，抵御渗透，打击犯罪。"[①]2006年胡锦涛同志在第二十次全国统战工作会议上指出，要坚持依法管理宗教事务，保护合法，制止非法，打击犯罪，确保宗教活动规范有序进行。[②]

2014年5月28日至29日习近平总书记在第二次中央新疆工作座谈会上的重要讲话，首次提出处理宗教问题的基本原则，就是保护合法、制止非法、遏制极端、抵御渗透、打击犯罪。原来的16字要旨新增了4个字——"遏制极端"，被重新定义为"处理宗教问题的基本原则"。这20字的基本原则，由保护正当权益向防治负面活动力度逐步增强，体现了中央对当前宗教极端势力、宗教渗透方面的严峻形势的正确判断和下大力气解决宗教极端思想渗透的决心。[③]

2017年国务院公布了新修订的《宗教事务条例》，对这"20字"内容以国家法令的形式加以肯定，名称亦变更为"宗教事务管理原则"，表明宗教工作正在朝向全面法治化的轨道大步迈进。

十、既要促进包括宗教在内的文明交流互鉴，又要积极开展反宗教极端、反邪教渗透、反恐怖主义的国际合作

2014年3月27日习近平总书记在联合国教科文组织总部的演讲中阐

---

① 江泽民：《论宗教问题》，《江泽民文选》第3卷，北京：人民出版社，2006年，第386页。

② 新华社2006年7月12日电：《胡锦涛出席全国统战工作会议并发表重要讲话》，新浪网：http://news.sina.com.cn/c/2006-07-13/09209448286s.shtml。（阅读时间：2017年10月1日）

③《习近平在第二次新疆工作座谈会上的讲话》，新华网：http://news.xinhuanet.com/photo/2014-05/29/c_126564529.htm。（阅读时间：2017年9月20日）

述了世界上不同文明应当交流互鉴的主张，指出：“文明因交流而多彩，文明因互鉴而丰富。文明交流互鉴，是推动人类文明进步和世界和平发展的重要动力。”[①]他以佛教在中国化中传播发展等为例说明：当今时代，人类生活在不同文化、种族、肤色、宗教和不同社会制度所组成的世界里，各国人民形成了你中有我、我中有你的命运共同体。[②]“我们应该推动不同文明相互尊重、和谐共处，让文明交流互鉴成为增进各国人民友谊的桥梁、推动人类社会进步的动力、维护世界和平的纽带。”[③]

2014 年 5 月 21 日，习近平总书记在上海召开的亚洲相互协作与信任措施会议第四次峰会上的讲话中再次向与会各国倡议，通过召开亚洲文明对话大会等方式，推动不同文明、不同宗教交流互鉴、取长补短、共同进步。[④]2017 年 5 月 14 日，习近平总书记在“一带一路”高峰论坛开幕式主旨演讲中再一次重申了不同文明开放包容对“一带一路”倡议的重要意义。[⑤]

另一方面，习近平总书记也高度重视宗教极端主义、恐怖主义对国家安全的严重危害。2014 年他在亚洲相互协作与信任措施会议第四次峰会上的讲话中指出：“亚洲安全问题极为复杂，既有热点敏感问题又有民族宗教矛盾，恐怖主义、跨国犯罪、环境安全、网络安全、能源资源安全、重大自然灾害等带来的挑战明显上升，传统安全威胁和非传统安全威胁相互交织，安全问题的内涵和外延都在进一步拓展。”[⑥]“对恐怖主义、分裂主义、极端主义这‘三股势力’，必须采取零容忍态度，加强国际和地区合作，

---

① 习近平：《习近平谈治国理政》，北京：外文出版社，2015 年，第 258 页。

② 习近平：《习近平谈治国理政》，北京：外文出版社，2015 年，第 261 页。

③ 习近平：《习近平谈治国理政》，北京：外文出版社，2015 年，第 259 页。

④ 习近平：《习近平谈治国理政》，北京：外文出版社，2015 年，第 359 页。

⑤ 习近平：《习近平谈治国理政》第二卷，北京：外文出版社，2017 年，第 506−517 页。

⑥ 习近平：《习近平谈治国理政》，北京：外文出版社，2015 年，第 355 页。

加大打击力度，使本地区人民都能够在安宁祥和的土地上幸福生活。”[①]

2014年9月12日，习近平总书记在上海合作组织成员国元首理事会第十四次会议上的讲话中向与会各国呼吁：“我们要标本兼治、多措并举、协调一致地打击‘三股势力’。当前，应该以打击宗教极端主义和网络恐怖主义为重点，着力铲除、封堵恐怖极端思想的根源和传播渠道，加强对其渗透的防范和监控，避免其受外部势力操控，破坏地区安全稳定，制造社会动乱。”他倡议：“中方建议本组织商签反极端主义公约，研究建立打击网络恐怖主义行动机制，定期举行贴近实战的联合反恐演习，推动联合反恐力量建设。”[②]2017年10月在党的十九大报告中，习近平总书记在阐述有效维护国家安全战略时指出：“严密防范和坚决打击各种渗透颠覆破坏活动、暴力恐怖活动、民族分裂活动、宗教极端活动。”[③]

改革开放以来，鼓励宗教界积极开展国际友好交流和抵制宗教渗透一直是党在处理宗教方面对外关系上的政策两翼。党的十八大以来提出“一带一路”倡议，中国成为全球化的坚定捍卫者和有力推动者，在此大背景下“文明交流互鉴—国际反恐合作”成为处理宗教方面国际关系政策的新两翼，极大提高了战略高度，体现了周密谋划、提前布局、主动防御的大国担当。

十一、共产党员要做坚定的马克思主义无神论者

早在2013年8月19日全国宣传思想工作会议上的讲话中，习近平

① 习近平：《习近平谈治国理政》，北京：外文出版社，2015年，第355页。

② 习近平：《在上海合作组织成员国元首理事会第十四次会议上的讲话》（2014年9月12日），新华网：http：//news.xinhuanet.com/world/2014-09/12/c_1112464703.htm。（阅读时间：2017年9月21日）

③ 习近平：《决胜全面建成小康社会，夺取新时代中国特色社会主义伟大胜利——在中国共产党十九次全国代表大会上的报告》，北京：人民出版社，2017年，第49—50页。

总书记就指出，在我们党员、干部队伍中，信仰缺失是一个需要引起高度重视的问题。在一些人那里，有的以批评和嘲讽马克思主义为“时尚”、为噱头；有的精神空虚，认为共产主义是虚无缥缈的幻想，“不问苍生问鬼神”，热衷于算命看相、求神拜佛，迷信“气功大师”；有的信念动摇，把配偶子女移民到国外、钱存在国外，给自己“留后路”，随时准备“跳船”；有的心为物役，信奉金钱至上、名利至上、享乐至上，心里没有任何敬畏，行为没有任何底线。[①] 习近平总书记在2016年全国宗教工作会议的讲话中指出，共产党员要做坚定的马克思主义无神论者，严守党章规定，坚定理想信念，牢记党的宗旨，绝不能在宗教中寻找自己的价值和信念。要加强对青少年的科学世界观宣传教育，引导他们相信科学、学习科学、传播科学，树立正确的世界观、人生观、价值观。[②]

2015年10月12日公布的《中国共产党纪律处分条例》第五十五条、第五十八条等对党员参与、组织利用宗教和迷信活动从事破坏活动的情况规定了处分办法。2016年10月27日中共中央公布的《关于新形势下党内政治生活的若干准则》规定：党员不准搞封建迷信，不准信仰宗教，不准参与邪教，不准纵容和支持宗教极端势力、民族分裂势力、暴力恐怖势力及其活动。[③]

这些规定表明，中国共产党党员要自觉地在思想上保持理想信念不变，保持思想觉悟的先进性，不信仰宗教，更不能参加宗教活动。党员干部不

① 习近平：《在全国宣传思想工作会议上的讲话》（2013年8月19日），人民网：http://theory.people.com.cn/nl/2017/0110/c409653-29011887.html。（阅读时间：2017年9月21日）

② 习近平：《在全国宗教工作会议上的讲话》（2016年4月22日），人民网：http://politics.people.com.cn/nl/2016/0423/c1001-28299513.html。（阅读时间：2017年9月20日）

③《关于新形势下党内政治生活的若干准则》，新华网：http://news.xinhuanet.com/politics/2016-11/02/c_1119838382.htm。（阅读时间：2017年9月20日）

仅要坚持马克思主义无神论，还要积极宣传马克思主义无神论，帮助人民群众特别是青少年正确看待自然现象、社会现象和人的身心关系，正确对待生老病死、吉凶祸福等人生际遇，树立科学的世界观、人生观、价值观。[①]

上述各要点具有层层递进的逻辑关系：第一、二点阐述宗教工作的重要性，第三、四点阐述如何看待宗教，第五至第十一点阐述如何对待宗教。习近平新时代中国特色社会主义思想关于宗教工作的内容十分丰富深邃。本文只是书生之见，千虑一得，难免片面和肤浅，权当抛砖引玉，希望与同行共勉，共同深入学习，全面把握。

① 王作安：《做好宗教工作必须讲政治》，《中国宗教》，2017 年第 7 期。

马克思主义宗教观中国化的理论创新与实践探索

谭德贵[①]

马克思主义宗教观是马克思主义哲学的重要组成部分，是无产阶级政党对宗教的认识及处理宗教问题的方法。十月革命一声炮响，给我们送来了马克思主义，从此，中国共产党开始了从理论与实践上继承与发展马克思主义的历程。其中，对马克思主义宗教观的探索，也经历了曲折和坎坷，坚持和发展了马克思主义学说，形成了中国化的马克思主义宗教观，在中国革命和社会主义建设中发挥了巨大的作用，为我们今后继承和发扬马克思主义提供了宝贵的经验。本文试图就马克思主义宗教观在中国革命和社会主义建设理论与实践的继承与发展，做出分析，总结其中的理论成果与历史经验，并且对于今后的马克思主义宗教观的发展提出一些思索，以求教于方家。

一

毛泽东思想是马克思主义基本原理与中国具体实际相结合的产物，而在把马克思主义宗教理论应用于解决中国革命和建设中的宗教问题实践中，形成了毛泽东思想的宗教观，其主要内容表现了以毛泽东同志为代表

---

① 谭德贵，中国社会科学院世界宗教研究所研究员。本文原载于《马克思主义哲学论丛》，2019 年第 2 期。收入本书时略有修订。

的中国共产党第一代中央领导集体的宗教观。

毛泽东同志生长在一个周围很多人具有宗教信仰的时代，而在他开始读书、接触新的文化时，他的思想发生了变化。学生时代的毛泽东读了很多西方文化的书籍，后来他回忆道："自从一八四〇年鸦片战争失败那时起，先进的中国人，经过千辛万苦，向西方国家寻找真理。洪秀全、康有为、严复和孙中山，代表了在中国共产党出世以前向西方寻找真理的一派人物。那时，求进步的中国人，只要是西方的新道理，什么书也看。向日本、英国、美国、法国、德国派遣留学生之多，达到了惊人的程度。国内废科举，兴学校，好像雨后春笋，努力学习西方，我自己在青年时期，学的也是这些东西。这些是西方资产阶级民主主义的文化，即所谓新学，包括那时的社会学说和自然科学，和中国封建主义的文化即所谓旧学是对立的。"① 在此期间，毛泽东开始对旧有的信仰进行全面的反思，已经具有了无神论思想。在北京期间，他结识了中国第一批马克思主义者，开始阅读宣传马克思主义和十月革命的《新青年》等进步书刊。"在我第二次游北京期间，我读了许多关于俄国革命的书。我热烈地搜寻一切那时能找到的中文的共产主义文献。使我对马克思主义建立起完全的信仰，接受了马克思主义唯物史观的正确理论。从此以后，从没动摇，到了1920年夏天，在理论上，也在行动上，我成了一个马克思主义者了。"② 这样的心路历程在我党第一代领导人中非常具有代表性，反映了他们转变为一名马克思主义的信仰者的过程。在以后的革命斗争实践中，毛泽东逐步建立了中国化的马克思主义宗教观。

新民主主义革命时期，毛泽东同志强调同宗教界人士及信教群众组成

① 《毛泽东选集》第4卷，北京：人民出版社，1991年，第1469—1470页。

② 李锐：《毛泽东同志的初期革命活动》，北京：中国青年出版社，1957年，第119页。

统一战线，说明信教不等于不反对帝国主义、封建主义、官僚资本主义，但是要对此加以引导，使信教群众能够加入反帝、反封建的斗争中。早在1934年1月，于瑞金召开的第二次全国苏维埃代表大会所通过的《中华苏维埃共和国宪法大纲》，第十三条就明确规定“中华苏维埃政权以保证工农劳苦民众有真正的信教自由为目的，绝对实行政教分离的原则”[①]。同年10月，中央红军长征途经相关区域时，就开始对广大藏民及宗教人士宣传抗日救国的主张，并且在1936年5月通过了《关于喇嘛和喇嘛寺的暂行条例》。这是我党制定的最早的，并且是将马克思主义同中国实际相结合的一个在宗教方面的条例。其中特别强调政教分离、信仰自由；喇嘛不能干涉政府的行政，但喇嘛有参加政权的权利。由于执行了正确的宗教政策，为藏族同胞所拥护，他们对红军的长征出人出物，有力地支持了我党的战略大转移。

新中国成立后，1951年，毛泽东同志在中央政治局一次扩大会议上提出，必须继续坚持统一战线，对“知识分子，工商业界，宗教界，民主党派，民主人士，必须在反帝反封建的基础上将他们团结起来，并加以教育”[②]。他从统一战线的立场出发，多次强调宗教教义中与马克思主义哲学的共同点，如原始佛教中的平民色彩、强调的“众生平等”的教义等。通过这样的表述，对于团结众多的宗教信仰者起到了很好的作用。

毛泽东同志特别重视对宗教问题的社会调查，毛泽东思想的宗教观继承和贯彻了马克思主义的基本观点，对于无产阶级政权宗教工作的理论及经验做了总结，在我党历史上第一次系统论述了在中国革命和社会主义建设的伟大事业中，如何做好宗教工作的问题，形成了完备的科学的体系，是我党对于马克思主义宗教观的伟大的理论创新和实践发展。

① 《民族问题文献汇编》，北京：中共中央党校出版社，1991年，第208页。

② 《毛泽东文集》第6卷，北京：人民出版社，1999年，第146页。

二

在党的十一届三中全会召开以后，党中央又系统地总结了新中国成立以来在宗教问题上的正反两个方面的经验教训，坚持马列主义、毛泽东思想，恢复了我党对宗教问题的正确方针与政策。

邓小平同志作为中国共产党第二代中央领导集体的核心，在改革开放之初，即构建有中国特色的社会主义理论，而他的宗教观是中国化马克思主义宗教观的重要部分。他在对于马克思主义宗教观的实践中，提出了很多独到的见解，为改革开放中如何更好地制定宗教政策和构建我党的宗教理论，奠定了基础。

首先，经历过十年动乱，很多的干部群众对于宗教在社会主义制度之下是否能够起到积极作用，显得比较迷惘和怀疑。所以，邓小平同志早在1979年2月，就推动中共中央批准中央统战部《关于建议为全国统战、民族、宗教工作部门摘掉“执行投降主义路线”帽子的请示报告》，撤销了对李维汉同志的不实指责。[①] 同年6月15日，邓小平同志在中国人民政治协商会议第五届全国委员会第二次会议上又说：“我国各兄弟民族经过民主改革和社会主义改造，早已陆续走上社会主义道路，结成了社会主义的团结友爱、互助合作的新型民族关系。各民族的不同宗教的爱国人士有了很大的进步。”[②] 这是邓小平同志对于当时宗教形势的一个判定，在这个判定的基础之上，邓小平同志开始了对宗教工作的一系列拨乱反正，使得宗教工作重新走上了正途。

其次，在1982年3月29日，邓小平同志亲自审阅并同意中共中央书记处会议提出的《关于我国社会主义时期宗教问题的基本观点和基本政策》和《中共中央关于印发〈关于我国社会主义时期宗教问题的基本观点和基

---

① 《新时期宗教工作文献选编》，北京：宗教文化出版社，1995年，第1页。

② 《邓小平文选》第2卷，北京：人民出版社，1994年，第186页。

本政策〉的通知》[①]，并于31日，作为中央19号文件下发。这是一个历史性的文献，恢复和澄清了马克思主义宗教观的基本原则，实现了党在宗教工作指导思想上的拨乱反正。

党的十三届四中全会以来，以江泽民同志为主要代表的中国共产党人，根据国际格局的深刻变化，结合我国宗教方面的新情况，对社会主义时期的宗教问题，从理论到实践进行了多方面的积极探索。江泽民同志指出："从国内外形势的发展变化出发，科学分析宗教问题，深刻认识宗教问题的特殊复杂性，正确把握宗教的活动规律，是我们做好宗教工作的前提。"[②]

江泽民同志认为，宗教问题有别于其他的社会问题，从本质上看，它是一个群众工作，而做好宗教工作就要做好广大的信教群众的工作，同时也是处理好民族团结工作的一个方面。在我国社会主义建设中，信教群众也是建设中国特色社会主义的积极力量，所以，"做好宗教工作，关系到保持党同人民群众的血肉联系，关系到推进两个文明建设，关系到加强民族团结、保持社会稳定、维护国家安全和祖国统一，关系到我国的对外关系"[③]。把这一问题上升到一个新的高度，是对马克思主义宗教观的一大发展。

在运用马克思主义哲学对宗教进行解析和研究之后，江泽民同志进一步指出，宗教在人类历史上，对于社会的发展曾产生过正反两方面复杂的影响，在不同的社会阶段和社会制度之下，宗教的社会作用是有着巨大差别的。在此认识的基础上，江泽民同志提出："利用宗教教义、宗教教规和宗教道德中的某些积极因素为社会主义服务。"[④]这是我党在宗教问题

① 《邓小平思想年编》，北京：中央文献出版社，2011年，第808页。

② 《江泽民文选》第3卷，北京：人民出版社，第372页。

③ 《江泽民文选》第3卷，北京：人民出版社，第381—382页。

④ 《十四大以来重要文献选编》（上），北京：人民出版社，1996年，第518页。

上以实事求是、与时俱进的态度对宗教问题认识的深化与发展，丰富和发展了中国特色社会主义宗教理论。

党的十六大以来，以胡锦涛同志为主要代表的中国共产党人，继续推进宗教工作的理论创新与实践创新，在党的十六届六中全会上，胡锦涛同志特别指出："全面贯彻党的宗教信仰自由政策，依法管理宗教事务，坚持独立自主自办的原则，积极引导宗教与社会主义社会相适应、加强信教群众同不信教群众、信仰不同宗教群众的团结，发挥宗教在促进社会和谐方面的积极作用。"这是我党求实创新、与时俱进的科学精神的体现，是对马克思主义宗教观的理论创新。

胡锦涛同志在2007年12月18日中共中央政治局集体学习中指出："正确认识和处理宗教问题，切实做好宗教工作，关系党和国家工作全局，关系社会和谐稳定，关系全面建设小康社会进程，关系中国特色社会主义事业发展。我们要从这样的战略高度，充分认识做好新形势下宗教工作的重要性。"同时提出了三点具体的工作意见。一是要坚持党的宗教工作基本方针。发挥宗教界人士和信教群众在促进经济社会发展中的积极作用，关键是要把党的宗教工作基本方针贯彻好、落实好。二是要加强信教群众工作。做好信教群众工作是宗教工作的根本任务。要坚持以人为本，最大限度地把信教群众团结起来，把他们的智慧和力量凝聚到实现全面建设小康社会、加快推进社会主义现代化的共同目标上来。三是要加强宗教教职人员队伍建设。要加大培养、选拔、使用工作力度，努力造就一支政治上靠得住、学识上有造诣、品德上能服众的合格宗教教职人员队伍。

这是坚持以马克思主义基本原则为指导方针，结合我国当时的具体形势所做出的论断，进一步丰富和发展了中国特色社会主义宗教理论。

三

党的十八大以来，以习近平同志为核心的党中央从坚持和发展中国特色社会主义的战略高度，把宗教工作置于党治国理政工作全局的重要位置，以全新的视野深化对宗教和宗教工作规律的认识，提出了一系列新理念新举措，回答了新时代怎样认识宗教、怎样处理宗教问题、怎样做好党的宗教工作等重大理论和实践问题，体现了我们党对宗教问题和宗教工作认识的新高度和新境界，极大地丰富和发展了中国特色社会主义宗教理论。

2015 年 5 月，习近平总书记在中央统战工作会议上提出："积极引导宗教与社会主义社会相适应，必须坚持我国宗教中国化方向。"2016 年 4 月，习近平总书记在全国宗教工作会议上，明确提出了中国特色社会主义宗教理论。习近平总书记指出，做好新形势下宗教工作，就要坚持和发展中国特色社会主义宗教理论。

在党的十九大报告中，习近平总书记指出，要全面贯彻党的宗教工作基本方针，坚持我国宗教的中国化方向，积极引导宗教与社会主义社会相适应。这为做好新时代宗教工作提出了根本要求，指明了努力方向。这是在对我党自新中国成立以来宗教工作的理论与实践进行总结的基础上，做出的科学论断。

2021 年全国宗教工作会议上，习近平总书记指出，要完整、准确、全面贯彻党的宗教信仰自由政策，尊重群众宗教信仰，依法管理宗教事务，坚持独立自主自办原则，积极引导宗教与社会主义社会相适应。强调必须深刻认识做好宗教工作在党和国家工作全局中的重要性，必须坚持党对宗教工作的集中统一领导，必须坚持和发展中国特色社会主义宗教理论，必须坚持党的宗教工作基本方针，必须坚持我国宗教中国化方向，必须坚持把广大信教群众团结在党和政府周围，必须构建积极健康的宗教关系，必须支持宗教团体加强自身建设，必须提高宗教工作法治化水平。即宗教工作"九个必须"。为做好新时代党的宗教工作指明了前进方向，提供了根本遵循。

结语

综上所述，在长期的革命与建设及改革开放的实践中，我党把马克思主义宗教观的基本原理同我国宗教的实际情况和时代特点相结合，形成了中国特色社会主义宗教理论，体现了坚定的原则性，以及实事求是、与时俱进的智慧与担当。正如习近平总书记于 2018 年在纪念马克思诞辰 200 周年大会上的讲话中指出的："理论的生命力在于不断创新，推动马克思主义不断发展是中国共产党人的神圣职责。"在新时代新征程上，中国特色社会主义宗教理论为我们做好宗教工作，尤其是加快中国特色宗教学建设，提供了不竭的智慧源泉和动力。

从文明交流互鉴角度认识和理解佛教

——学习《习近平在联合国教科文组织总部的演讲》

魏道儒①

2014年3月27日，国家主席习近平在巴黎联合国教科文组织总部发表演讲，系统、全面、深刻地向全世界阐释了中国自己的文明观。②这个高瞻远瞩、胸怀广阔、思想深刻、内容丰富的演讲具有重要历史意义和划时代现实意义，为我们认识人类文明的性质，认识文明交流互鉴的价值、动力和前提指示了方向。在这个重要演讲中，有一段文字集中论述了佛教：

> 佛教产生于古代印度，但传入中国后，经过长期演化，佛教同中国儒家文化和道家文化融合发展，最终形成了具有中国特色的佛教文化，给中国人的宗教信仰、哲学观念、文学艺术、礼仪习俗等留下了深刻影响。中国唐代玄奘西行取经，历尽磨难，体现的是中国人学习域外文化的坚韧精神。根据他的故事演绎

---

① 魏道儒，中国社会科学院世界宗教研究所研究员，中国社会科学院学部委员，中国社科院佛教研究中心主任。本文原载于《世界宗教文化》，2014年第3期。

② 按，本文所引相关演讲文字，均来自《习近平在联合国教科文组织总部的演讲》（2014年3月27日），新华社。http://www.xinhuanet.com/politics/2014-03/28/c_119982831_2.htm。

的神话小说《西游记》，我想大家都知道。中国人根据中华文化发展了佛教思想，形成了独特的佛教理论，而且使佛教从中国传播到了日本、韩国、东南亚等地。

这是习近平主席关于一种宗教篇幅最长的论述，对我们从文明交流互鉴角度认识和理解佛教有着重要指导作用和启迪意义。

第一，佛教文化与中国固有文化交流互鉴，使中华文明更加丰富多彩。

在佛教信仰群体内部，“佛教”最早被定义为释迦牟尼佛的“说教”，并且认为这些“说教”都记录在“经藏”和“律藏”中。这个古老定义虽然有很大的局限性，但强调了佛教起源于古代印度的史实，突出了释迦牟尼作为创教者的权威地位，符合佛教信众的崇拜需求，所以长期获得公认，甚至影响到现代人们对佛教的认识和理解。我们今天所说的“佛教”，是指起源于古代印度，并且在不同国家、地区和民族中流行了2500多年的一种世界性宗教；我们今天所说的“佛教文化”，内容包括2500年来广大信教群众创造的所有佛教精神产品和物质产品。我们这样定义“佛教”“佛教文化”，既与古老的定义不矛盾，又更符合佛教发展的事实。

习近平主席指出：“人类创造的各种文明都是劳动和智慧的结晶。每一种文明都是独特的。”相对于中华文化，产生于古代印度社会的佛教文化确实十分独特。在佛教到来之前，中华大地上还没有类似佛教这样以共同信仰为纽带，遵守相同道德规范和生活制度的宗教团体。从宗教实践的多样性方面考察，佛教带来了与教团组织相联系的独特生活方式、修行方式和传教方式。仅以其中的戒律规定和禅定修习为例，初来乍到就引起当时中国社会各阶层的关注和效仿。把佛教与中国本土的道家、儒家乃至诸子百家相比较，我们可以从多方面找出其鲜明的特点、显著的差异、难以调和的对立和矛盾。我们完全可以说，域外佛教与中华固有文化之间差别大于共性，不同点多于相同点。佛教对生命现象考察之系统全面，对人的精神活动分析之细致周密，为消除人生苦难设计的方案之繁多，都是中国古代各种哲学、思想流派所不能相比的。佛教精致的概念体系，系统的信仰学说，独有的世界观、人生观和价值观，对于中国各族人民来说都是崭新的、闻所未闻的，自然产生了强大吸引力和持久影响力。在两千多年的时间里，不知道有多少中国人从佛教文化中找到了人生智慧，汲取了精神营养，感受了心灵慰藉。即便到了近代，也有不少志士仁人努力从中国佛学中寻找拯救民族、振兴中华的思想武器和精神动力。佛教为中国社会带来了新的宗教理论和实践，为中华文化增添了新鲜要素，从根本上改变了中国社会的宗教格局。仅从佛教基本理论方面考察，直到今天，佛教中盛行的诸如缘起学说、般若学说、涅槃学说、唯识学说、业报轮回学说等等，其关键内容或者核心要素，都是原创于古印度社会，带有浓郁的古印度宗教文化色彩。

马克思在《〈黑格尔法哲学批判〉导言》中说过："理论在一个国家实现的程度，总是决定于理论满足这个国家的需要的程度。"从唐代开始，中国被认为是大乘佛教最兴旺发达的国度，这就充分表明了中国各阶层民众对佛教的需要程度、中华文化对佛教文化的需要程度。佛教从多方面适应中国社会，有利于解决中国社会的许多问题，有利于充实、补充中华民族在信仰追求、精神寄托、知识探索等方面的一些不足和欠缺，所以逐渐为中国社会所接受，为中华文化所吸纳。中华文化对佛教文化的包容、接受和吸纳，体现了中华文化固有的海纳百川特性。正因为几千年来中华文化始终具有吸收外来文化的心胸和气魄，才能够不断丰富自己、充实自己、完善自己、发展自己，实现自身的博大精深、丰富多彩和生生不息。佛教在中国的发展历程，就体现了中华文化的这些特点。文明因交流而多彩，文明因互鉴而丰富。佛教文化融入中华文明的史实，就是对这个论断的最好诠释。

第二，具有中国特色的佛教文化不仅是中华文化不可分割的有机组成部分，而且是集中华文化发展之大成的一种独特宗教文化形态。

习近平主席指出：“佛教同中国儒家文化和道家文化融合发展，最终形成了具有中国特色的佛教文化。”中国佛教区别于其他国家、地区和民族佛教的一个重要标志，就是中国佛教多方面吸收儒家文化和道家文化，深深打上了儒家和道家的烙印。这是佛教能够在中国社会扎根、成长的前提条件。迄今为止，把佛教视为中华文化中不可分割的有机组成部分已经是人们的共识，已经成为常识，几乎不会受到质疑。然而，这只是认识和理解佛教的一个方面。另一个方面，我们还应该认识到，经过佛教与儒家文化和道家文化的长期融合发展、长期交流互鉴，中国佛教文化具有集中华文化发展之大成的特点和地位。

佛教从公元前后传入汉朝的政治中心开始，就与儒家和道家结下不解之缘。佛教与中国本土两教之间的关系，从总的方面讲，与近代中外文明交流互鉴的情况类似，“有冲突、矛盾、疑惑、拒绝，但更多是学习、消化、融合、创新”。儒释道三教关系在中国封建社会的发展历程，可以粗略划分为两个大的阶段：第一阶段，从汉代到唐代，三教在斗争和融合中相互适应、相互协调，最终在中国社会形成三足鼎立的格局；第二阶段，从宋代到清代，三教以相互学习、借鉴和吸收为主，相互斗争、排斥和冲突退居次要地位，最终成为中华文化难以彼此分离三大支柱，具有了荣辱与共、生死相依的命运联系。在这段漫长发展演变进程中，儒释道既致力于突出各自的个性特征，又致力于充分吸收另外两家的文化来充实自己，从而在多方面形成了你中有我、我中有你的水乳交融状态。如果剔除唐宋以来儒教、道教中的佛教成分，后两者就会面目全非，反之亦然。三教之外无正教，孔子、释迦、老子之外无圣人，不仅为清代统治阶级所提倡，也为各阶层的大多数民众所接受。

中国特色佛教的形成过程，是与儒释道三教融合的进程相一致的。在三教中，儒教几乎始终制约着佛教在中国发展的进程和方向。域外佛教能够发展成为中国佛教，隋唐时代能够形成具有中国特色的佛教宗派，禅宗最终成为中国佛教的代名词，禅成为中国佛学的特色，根本原因就在于“中国人根据中华文化发展了佛教思想，形成了独特的佛教理论”。

从佛教方面考察，佛教吸收道家和儒家思想从其初传中国就开始了，此后一直没有中断过，并且越到后期越深入。从宋代开始，禅宗作为中国佛教的代表，从更广阔的领域融合中国传统文化。儒道两家的经典、学说，已经成为禅宗新经典中不可或缺的内容。在禅宗创造的新经典中，弘扬佛学、禅学总是与弘扬儒学、道学、诸子百家以及整个中华文化联系在一起。到了宋代以后，中华文化的各个部分、各个分支几乎没有不在佛教文化中显露身影的。佛教正是经过对中华文化如此兼容并蓄、如此全方位的接受，甚至在融摄中华固有文化过程中不惜违背和曲解域外佛教的一些根本观念，才使中国佛教最终成为集中华文化发展之大成的一种独特宗教文化形态。

第三，中国佛教文化深刻影响了中华文化的各个方面，显示了文明交流互鉴的巨大作用和辉煌成就。

中华文化成就了佛教，中国佛教又具有了旺盛的生命力、强大的适应力和悠久的影响力。正如习近平主席所说：“具有中国特色的佛教文化，给中国人的宗教信仰、哲学观念、文学艺术、礼仪习俗等留下了深刻影响。”

佛教在中国人的“宗教信仰”和“哲学观念”两方面留下深刻影响，意味着佛教的信仰、思想和观念进入到中国人的精神活动领域，这样一来，具有中国特色的佛教文化也就渗透到与中国人精神活动有关的各个方面，包括物质文明和精神文明的各个方面。

两千多年来，在不同历史时期、不同地方和不同民族中，佛教影响中华文化具体方面的先后次序和深浅程度是不一样的。然而，到今天为止，我们发现，当列举佛教影响中华文化的具体方面时，尽管已经列举了诸如哲学、宗教、民间信仰、文学、艺术、建筑、中医、民俗、伦理等等，但总有列举不够详尽、不够全面的感觉。原因就在于，经过两千年的水乳交融，佛教文化几乎在中华文化的所有方面留下了影响，留下了印记。这种情况表明，中国佛教已经在改变中华固有文化的某些风貌甚至某些精神方面发挥了巨大作用，使整体中华文化更为厚重，更为多彩，更为博大。我以前将这种现象概括为佛教文化在中华文化体系中具有“广覆盖”的特点，现在从人类文明交流互鉴的角度来考察，可以体会到文明交流互鉴所产生的作用和影响有多么惊人。如果剔除包括汉传佛教、藏传佛教和南传佛教在内的整体中国佛教文化，就很难认清中国传统文化的基本面貌和基本精神。

第四，中国人始终以和平方式进行佛教文化传播和交流互鉴，做出了特殊贡献，取得了伟大成就，创造了惊人奇迹，为当今世界各种文明之间建立联系提供了可资学习、借鉴的样板。

中国人对世界佛教文化交流互鉴做出的巨大贡献包括两个方面，其一是把域外佛教文化传到中国，这是求法取经的方面；其二是把中国佛教文化传到其他国家，这是弘法传经的方面。

从三国的朱士行到明朝的官僧，中国人的求法取经历史延续了一千多年，历代西行者出于求取真经、解决佛学疑难问题、促进本国佛教健康发展、瞻仰圣地等不同目的，或者自发结伴，或者受官方派遣，怀着虔诚的宗教感情，勇敢踏上九死一生的险途。人的信仰可以有不同，但是在历代数以千计的西行者身上表现出的那种热爱祖国，为了真理和事业不畏艰险，百折不挠，甚至勇于献身殉道的坚韧精神，始终是推动一个民族发展的不竭精神动力，始终值得赞美和弘扬。

习近平主席阐释文明交流互鉴时提到的唐代玄奘，就是历代西行求法者之一，他无愧为中国人学习域外文化的最杰出代表之一，无愧为人类文明交流互鉴历史上最有贡献的人物之一。玄奘在整个中印文化交流史上做出了三个方面特殊贡献。第一，为祖国赢得盛誉，增进了中印人民的了解和友谊。他在古印度求学期间，曾被那烂陀寺推为十大德之一，地位尊崇，享誉五印。戒日王对他特别敬重，于641年在曲女城为他召开规模空前的五印度论师大会，届时到会的国王有18位，僧众3000余人，各级官员、婆罗门和诸派沙门2000余人，那烂陀寺僧千余人。由于他作为论主在大会上表现出的学问精湛，被誉为“大乘天”和“解脱天”。这种盛誉在整个中印交流历史上是从来没有过的。第二，把古印度佛典翻译为汉文介绍到中国，同时又把中国典籍传到古印度。玄奘于贞观十九年（645）返回长安，此后20年间，先后译出大小乘经论75部，1335卷，这个译经数量占到唐代译经总数的一半，相当于中国千年翻译佛教经典总数量的六分之一。玄奘兼通梵汉，把古代佛经翻译水平提升到新的高度。他还把《老子》和《大乘起信论》译为梵文，托人传入古印度。第三，把自己亲见的110国和传闻的28国情况记录下来，撰成《大唐西域记》12卷，该书至今仍然是研究当时古印度和中亚史的最重要著作。玄奘在中印文化交流史上的贡献，远远超出了宗教信仰的范围。

从隋唐开始，中国从最大的佛教输入国逐渐转变为最大输出国，千余年间，中国人持续把“佛教从中国传播到了日本、韩国、东南亚等地”。历代到国外弘法者在传播佛教的同时，也把中国的物质文明、精神文明弘扬开来，推动了中华文明与亚洲其他地区文明的交流互鉴。中国人向国外弘法传经延续时间之长、参与人数之多、事迹之感人、成效之巨大，几乎可以与西行求法运动相提并论。向国外传经送宝与求法取经一样，是整个世界佛教文化交流史上光辉灿烂的阶段，可以作为人类文明交流互鉴取得伟大成就的一个典范。当佛教在起源地湮没无闻的时候，中国始终是当时世界上佛教最大的兴盛地和输出地。没有中国人在丰富佛教文化方面的特殊成就，没有中国人在传播佛教文化方面的特殊贡献，很难想象佛教能够成为这样一种世界性宗教。

无论佛教从古印度传播到中国，还是从中国传播到日本、韩国和东南亚等地区，都与政治干预、经济掠夺和文化殖民没有任何关系，都是以和平方式进行。在成功的传教者中，绝大多数人是以其佛学精湛、道德高尚、善于劝导和感化人而赢得信众。这种始终以和平方式进行的佛教文化交流互鉴，为当今世界各种文明之间建立联系提供了可资学习、借鉴的样板。

总结中国人在佛教文化交流互鉴中创造的丰功伟绩，在今天有着特殊重要的现实意义。正如习近平主席所说："没有文明的继承和发展，没有文化的弘扬和繁荣，就没有中国梦的实现。"继承佛教文化中的精华部分，推动佛教思想文化与时俱进发展，促进佛教文化在践行社会主义核心价值观方面发挥积极作用，是与实现中国梦密切联系的。随着我国经济社会不断发展、综合国力不断提升、对外交流不断扩大，作为集中华文化发展之大成的中国佛教文化必将焕发出更加蓬勃的生命力，在人类文明交流互鉴中发挥重要作用。

从文化自信的角度理解儒家思想

——学习习近平总书记关于中华优秀传统文化的系列论述

张宏斌[①]

党的十七大报告中提到："中华民族伟大复兴必然伴随中华文化繁荣兴盛。要充分发挥人民在文化建设中的主体作用，调动广大文化工作者的积极性，更加自觉、更加主动地推进文化大发展大繁荣，在中国特色社会主义的伟大实践中进行文化创造，让人民共享文化发展成果。"[②]党的十八大报告则指出："文化是一个国家、一个民族的灵魂。文化兴国运兴，文化强民族强。没有高度的文化自信，没有文化的繁荣兴盛，就没有中华民族伟大复兴。要坚持中国特色社会主义文化发展道路，激发全民族文化创新创造活力，建设社会主义文化强国。"[③]

---

① 张宏斌，中国社会科学院世界宗教研究所副研究员，本文原载于《世界宗教研究》，2019 年第 5 期。本文借鉴了作者主持的中央社院课题 ZK20170408《文化自信与民族复兴》部分内容，以及作者论文《儒教重建之文化向路的思考》（《儒道研究》第三辑，2013 年，社会科学文献出版社）。

② 胡锦涛：《高举中国特色社会主义伟大旗帜，为夺取全面建设小康社会新胜利而奋斗——在中国共产党第十七次全国代表大会上的报告》，北京：人民出版社，2007 年。

③ 中共中央文献研究室：《十八大以来重要文献选编》（上），北京：中央文献出版社，2014 年。

从这些论述可以看出，党的十七大报告谈文化，重点在“文化繁荣”；党的十八大报告谈文化，集中在“文化软实力”。与繁荣联系在一起的文化主要是指与物质产品相对应的精神产品，其所关涉的是文化产业问题。与“软实力”联系在一起的文化，主要是指被作为“权力”使用的思想观念或意识形态叙事，其所关涉的是国际政治领域里话语权的博弈争夺问题。

党的十九大报告里面强调：“文化自信是一个国家、一个民族发展中更基本、更深沉、更持久的力量。必须坚持马克思主义，牢固树立共产主义远大理想和中国特色社会主义共同理想，培育和践行社会主义核心价值观，不断增强意识形态领域主导权和话语权，推动中华优秀传统文化创造性转化、创新性发展，继承革命文化，发展社会主义先进文化，不忘本来、吸收外来、面向未来，更好构筑中国精神、中国价值、中国力量，为人民提供精神指引。”[①] 从上面的论述可以看出来，党的十九大报告的要点之一则是“文化自信”，并且与“中华民族伟大复兴”联系在一起：“没有高度的文化自信，没有文化的繁荣兴盛，就没有中华民族伟大复兴。”作为自信之对象、复兴之依凭的文化，是古圣先贤和革命先行者关于生活生命的信条和智慧，是五千年苦难辉煌所成就的山河岁月、故国家园。因此，习近平总书记指出：“不忘历史才能开辟未来，善于继承才能善于创新。优秀传统文化是一个国家、一个民族传承和发展的根本，如果丢掉了，就割断了精神命脉。我们要善于把弘扬优秀传统文化和发展现实文化有机统一起来，紧密结合起来，在继承中发展，在发展中继承。”[②] 他同时又说：

① 习近平：《决胜全面建成小康社会夺取新时代中国特色社会主义伟大胜利——在中国共产党第十九次全国代表大会上的报告》，http://news.xinhuanet.com/2017-10/27/c_1121867529.htm。

② 习近平：《在纪念孔子诞辰2565周年国际学术研讨会暨国际儒学联合会第五届会员大会开幕会上的讲话》（2014年9月24日），http://www.xinhuanet.com/politics/2014-09/24/c_1112612018.htm。

“要坚持古为今用、以古鉴今，坚持有鉴别的对待、有扬弃的继承，而不能搞厚古薄今、以古非今，努力实现传统文化的创造性转化、创新性发展，使之与现实文化相融相通，共同服务以文化人的时代任务。”[①] 在这里，文化概念的使用推进到了文化哲学的层次，获得或者说被赋予了文明的意涵，具有了方法论的意义。

一、儒家思想是中华文明的主干，是中华优秀传统文化的核心部分

《论语·卫灵公》：“斯民也，三代之所以直道而行也。”夫子亦曰：“周鉴于三代，郁郁乎文哉，吾从周”“由三代以上，治出于一”，三代之治、三代之史，大都合而言之，其意在于标明三代是一个一以贯之的文明连续体。三代的礼乐文明是一个庞大的体系，覆盖国家社会的方方面面。《礼记·坊记》曰：“礼者，因人之情而为之节文。”《正义》曰：“夫礼者，经天纬地，本之则太一之初。原始要终，体之乃人情之欲。”《礼记·曲礼上》曰：“夫礼者，所以定亲疏、决嫌疑、别异同、明是非是也。”《左传·隐公十一年》曰：“礼，经国家，定社稷，序民人，利后嗣者也。”古人之言表明了“礼”经国、济民的原则、标准以及基本的社会功能。

雅野、风俗、朝觐、聘问、宫室、郊庙、衣服、饮食无不在“礼乐文明”的涵盖之下。礼乐文明作为中华传统文明精神的代表，凝聚了人们的共同信仰，成为普通民众日常生活价值原则，形成了一种自然的生活常态和精神积淀。如果说礼乐制度诚如欧阳修所言三代以上是治出于一，政治本质上自然形成了一个信仰的共同体，礼乐融入社会、政治，乃至人事的方方面面，合洽一如，无有明显的分野的话，那么进于周末，礼乐文明分崩离析，

① 习近平：《在纪念孔子诞辰2565周年国际学术研讨会暨国际儒学联合会第五届会员大会开幕会上的讲话》（2014年9月24日），http://www.xinhuanet.com/politics/2014-09/24/c_1112612018.htm。

制度层面涣然冰消，文化、学术诸子蜂起、百家竞鸣时，事实上也正如先贤所言，治出于二了。“治出于二，官师政教不合于一”“君师分而治教不能合于一，气数之出于天者也”。[①]气数之出于天者，自然是无法回转的，君师两分，文化系统与政治系统灿然两分，政治与宗教泾渭之线渐明。

政治上，在纷乱的战国争雄之后由秦完成了统一，而文教秩序则是无法顺利达成。尽管秦王以吏为师、焚书坑儒，以图达到文化与政治秩序的合一。但是秦朝的施政以及方式则完全不能让人接受，“利禄官爵，抟出于兵”，一切都成为军事的附属，“燔诗书而明法令，别黑白而定于一尊”，以权力为中心而强力推行政令，“无书简之文，以法为教；无先王之语，以吏为师”，事事不法古，而取“政”出一切。不止于此，秦朝的文化与政治合一的暴力强制，与一以贯之的礼乐文明主体精神背道而驰，其短命亦在情理之中。

而后的汉朝则一方面“收孤秦之弊”，在秦朝所奠定的新体制的基础上，不只收孤秦之弊，而且也继承秦的大量遗产；另一方面“承圣王之烈”，来建立其正统的合法性，并渐渐恢复礼乐制度。[②]汉朝所建立的礼乐制度并不是三代意义上制度的翻版，它顺应时代重新建立了礼乐形式，而在精神上也能贯之一脉相承的主体精神。礼乐制度在周末轰然崩塌之后，诸子百家各持一说，但基本关怀都在建构新的人间秩序，非纯知识学术的关怀。有的推崇尧舜禹三王，以夏道为学习对象，这是墨家。有的鄙夷三代的权力政治，遥想伏羲、神农时代自然无为下人的纯真生命，这是道家。有的认为时易世变，古圣王不足法，主张尊君卑臣、依法而治，建立更严密的

① 章学诚：《文史通义原道上》，北京：中华书局，2004 年。

② 王健文：《奉天承运——古代中国的“国家”概念及其正当性基础》，台北：东大图书公司，1995 年，第 273 页。

政治社会体系，这是法家。[①]儒家则是向往古代圣王之制，尤其倾慕周代礼乐，乃以尧舜、夏商周三王为张本，又聚焦在周代的旧有封建秩序上。

余英时先生在《士与中国文化》一书中言道："从孔、孟、荀到汉代，儒教的中心任务是建立一个新的文化秩序。孔子以前的中国大传统是所谓三代的礼乐，即《论语·为政》所说'周因于殷礼，殷因于夏礼'的文化系统。这个系统在春秋时代已陷于'礼崩乐坏'的局面，但仍然向往周代盛世的礼乐秩序；他一生最崇拜的古人则是传说中'制礼作乐'的周公。所以他说周监于二代，郁郁乎文哉！吾从周。"但是孔子深知礼是随着时代的变动而必然有所损益，"从周"也绝不能理解为完全恢复周公的礼制，从其或继周者，百世可知也的话来看，他不过是主张继承周文的精神以推陈出新而已。他理想中的文化秩序是"道之以政，齐之以礼"，显然理想秩序是道之以政、齐之以礼，是继周而加以损益之所在。[②]一方面儒家承继了礼乐传统，整理了古代经典；另一方面又在承继与整理之际将一种新的精神贯注于旧传统之中。[③]这种文化理想在董仲舒时得以实现。

汉朝重新建构的儒教体系一方面为现实统一作出了理论奠基，为统治者所接受，并大力广之，反促进了这种文化的承传；另一方面，以三代损益一以贯之的"道"灌注自己的理想王道，既规束了统治者，又为自己的理据树立了标杆权威。在理想与现实之间布满了张力，为合理的理想的政治文化秩序点出了通途，开辟了政治与文化、国家与社会之间合理运作和平衡的蹊径。可以说，儒家承载和传承了以六经为主体的历史文化传统和国家民族精神，是天下国家观念和社会有序秩序建构的源泉。

---

① 见王健文主编：《政治与权力》，北京：中国大百科全书出版社，2005年，第128页。

② 余英时：《士与中国文化》，上海：上海人民出版社，2009年，第128页。

③ 余英时：《士与中国文化》，上海：上海人民出版社，2009年，第128页。

习近平主席在纪念孔子诞辰2565周年国际学术研讨会开幕式上的讲话中指出："中国传统文化，尤其是作为其核心的思想文化的形成和发展，大体经历了中国先秦诸子百家争鸣、两汉经学兴盛、魏晋南北朝玄学流行、隋唐儒释道并立、宋明理学发展等几个历史时期。从这绵延二千多年之久的历史进程中，我们可以看出这样几个特点。一是儒家思想和中国历史上存在的其他学说既对立又统一，既相互竞争又相互借鉴，虽然儒家思想长期居于主导地位，但始终和其他学说处于和而不同的局面之中。"[①]二千余年的历史长河，儒家与其他学说校短量长，切磋琢磨，砥砺共进，对中华文明产生了深刻影响，是中国传统文化的核心组成部分。

二、儒家思想是建构当今中华文化的要素之一

习近平总书记在庆祝中国共产党成立95周年大会上的讲话中指出："在5000多年文明发展中孕育的中华优秀传统文化，在党和人民伟大斗争中孕育的革命文化和社会主义先进文化，积淀着中华民族最深层的精神追求，代表着中华民族独特的精神标帜。"[②]2019年6月20日，教育部举行发布会，教育部教材局介绍了普通高中课程方案、课程标准及教材的修订情况。各学科课标进一步强化社会主义核心价值观教育、中华优秀传统文化、革命文化和社会主义先进文化教育等内容。

习近平总书记强调："对我们共产党人来说，中国革命历史是最好的营养剂。多重温我们党领导人民进行革命的伟大历史，心中就会增添很多正能量。"革命文化的实质就是红色文化。党的十八大以来，习近平总书记多次对党的红色气质发表讲话，强调"红色基因不能变，变了就变了

① 习近平：《在纪念孔子诞辰2565周年国际学术研讨会暨国际儒学联合会第五届会员大会开幕会上的讲话》（2014年9月24日），http://www.xinhuanet.com/politics/2014-09/24/c_1112612018.htm。

② 习近平：《在庆祝中国共产党成立95周年大会上的讲话》（2016年7月1日），http://www.xinhuanet.com/politics/leaders/2021-04/15/c_1127333691.htm。

质”“我们的红色江山永远不变色”“保证革命先辈们用鲜血和生命打下的红色江山代代相传”。红色文化是我们党在革命、建设和改革中形成的宝贵精神财富。习近平总书记强调，要把红色资源利用好、把红色传统发扬好、把红色基因传承好。

什么是红色基因，什么是红色传统，就是“不忘初心”的“初心”，和“牢记使命”的“使命”。近代中国人民开展一系列反帝反封建的伟大斗争，无数仁人志士以挽救民族危亡为己任，进行了不屈不挠的斗争。习近平总书记提出中国梦，讲中华民族伟大复兴，讲人民的幸福就是执政的目标和责任。就是在对外争独立的任务完成后、建国大业完成后，救国党成为执政党，人民的幸福成为权力使用的目的。所以，党的十九大报告说：“我国是一个由56个民族组成的大家庭，处理好民族问题、做好民族工作，是关系祖国统一和边疆巩固的大事，是关系民族团结和社会稳定的大事，是关系国家长治久安和中华民族繁荣昌盛的大事。”中国梦是近代以来仁人志士的共同追求。中华民族这个概念本身具有涵摄性，而不是排斥性。尊重历史的连续性就是在建构历史的整体性，也是在扩大自己的历史基础。在社会多元、地域广阔的中国，从整体上协调把握的重要性是不言而喻的。

社会主义先进文化是面向现代化、面向世界、面向未来，民族的、科学的、大众的文化，具有鲜明的时代性。早在1940年，毛泽东同志就提出了新中国的文化纲领，即建立中华民族的新文化。新中国成立以来，社会主义先进文化建设依据时代的发展不断向纵深推进，取得丰硕成果，极大地丰富了人民群众的精神文化生活，增强了中国人民的文化自信。[①]时至今日，社会主义的先进文化浓缩为社会主义核心价值观。2014年10月15日，习近平总书记在文艺工作座谈会上指出：“我们要在全社会大力弘

① 徐茂华：《增强社会主义先进文化自信》，《人民日报》，2017年4月28日。

扬和践行社会主义核心价值观，使之像空气一样无处不在、无时不有，成为全体人民的共同价值追求，成为我们生而为中国人的独特精神支柱，成为百姓日用而不觉的行为准则。要号召全社会行动起来，通过教育引导、舆论宣传、文化熏陶、实践养成、制度保障等，使社会主义核心价值观内化为人们的精神追求、外化为人们的自觉行动。”[①] 富强、民主、文明、和谐是国家层面的价值要求，自由、平等、公正、法治是社会层面的价值要求，爱国、敬业、诚信、友善是公民层面的价值要求。

中国传统文化以儒家为主干，在其他学说齐头并进的过程中也始终处于主导地位。陈寅恪先生曾说：“儒者在古代本为典章学术所寄托之专家。李斯受荀卿之学，佐成秦治。秦之法制实为儒家一派学说之所附系。中庸之‘车同轨、书同文、行同伦’为儒家理想之制度，而于秦始皇之身，而得以实现之也。汉承秦业，其官制法律亦袭用前朝。遗传至晋以后，法律与礼经并称，儒家周官之学说悉采入法典。夫政治社会一切公私行为，莫不与法典相关，而法典实为儒家学说具体之实现。故两千年来华夏民族所受儒家学说之影响，最深最巨者，实在制度法律公私生活之方面，而关于学说思想之方面，或转有不如佛道二教者。”[②] 如陈寅恪先生所言，由于儒家周官之说采入法典，法典为儒家学说具体的体现，两千年来，儒家影响最深最巨者集中在制度法律公私生活等层面。至于今日，民间的传统不仅在一定程度上护持了儒家的传统，而且儒家作为一套文化思想，已经渗透在人们的观念、行为、习俗思维方式、感情状态之中，自觉地或不自觉地成为人们处理各种事物、关系和生活的指导原则，亦即构成了这个民族

① 习近平：《在文艺工作座谈会上的讲话》（2014 年 10 月 15 日），http://www.xinhuanet.com/politics/2015-10/14/c_1116825558.htm。

② 陈寅恪：《冯友兰中国哲学史下册审查报告》，《金明馆丛稿二编》，北京：生活·读书·新知三联书店，2001 年，第 283 页。

某种共同的心理状态和性格特征。①

习近平总书记在党的十九大报告中强调："文化是一个国家、一个民族的灵魂。文化兴国运兴，文化强民族强。没有高度的文化自信，没有文化的繁荣兴盛，就没有中华民族伟大复兴。"并指出："中国特色社会主义文化，源自于中华民族五千多年文明历史所孕育的中华优秀传统文化，熔铸于党领导人民在革命、建设、改革中创造的革命文化和社会主义先进文化，植根于中国特色社会主义伟大实践。"

三、儒家思想文化的现代转型是中华优秀传统文化创造性转化、创新性发展的关键

习近平总书记在党的十九大报告中指出："坚持社会主义核心价值体系。必须坚持马克思主义，牢固树立共产主义远大理想和中国特色社会主义共同理想，培育和践行社会主义核心价值观，不断增强意识形态领域主导权和话语权，推动中华优秀传统文化创造性转化、创新性发展，继承革命文化，发展社会主义先进文化。"革命文化、社会主义先进文化、中华优秀传统文化如同鼎之三足，缺一不可。

儒家思想是中华优秀传统文化的重要组成部分，是华夏礼乐文明精神的忠实继承者和发扬者。而儒家之所以屹立千年、生生不息，正在于其时移世易则备变，适应时代以自我更新和调适，能够化解各种异流冲击、同化各种资源，并将其导化入礼乐文明的大系中来。诚如习近平总书记在纪念孔子诞辰 2565 周年国际学术研讨会暨国际儒学联合会第五届会员大会开幕会上的讲话中指出的那样："儒家思想和中国历史上存在的其他学说都是与时迁移、应物变化的，都是顺应中国社会发展和时代前进的要求而不断发展更新的，因而具有长久的生命力。儒家思想和中国历史上存在的

① 李泽厚：《中国古代思想史论》，北京：人民出版社，1985 年，第 34 页。

其他学说都坚持经世致用原则，注重发挥文以化人的教化功能，把对个人、社会的教化同对国家的治理结合起来，达到相辅相成、相互促进的目的。”

儒家学说以及在君主制时代所确立起来的礼法等制度随着帝制的崩解，出现了前所未有的危机，余英时先生认为，曾经支配着日常的社会生活、人伦关系的儒家规范，之后被改变了。杜瑞乐先生则以为，旧式的儒家实践，无论是礼仪方面的还是身体践行层面的，事实上都转变成了某种抽象的诉求，变成一种可有可无的东西，人们仅在口头上认为它很重要，可究其实而言，它却成了某种次要角色，几乎无关紧要。[①]一言以蔽之，无论如何言说和批判，儒家以及儒家思想不得不面临着现代性的问题。

正面应对危机，正视现代性的问题，使得儒家不是复兴的问题，而是重建的问题。西风东渐以来，中国社会曾长期处在西方强势话语的境域之中，政治制度、科学技术以至知识的分类、学科的分科等无一不着有西方的痕迹。无论是如胡适的西化派认为“我们样样不如人”[②]，还是文化保守派所谓的“吾家自有”等等，都无法逃脱西化的影响，区别也仅在于主动的归化或是被动的适应。早期新儒家的几位代表人物各自努力进行了回应。诸如梁漱溟是企图修补和拯救那个已经处于消解中的传统社会及其文化，并与之一起进入这个时代；熊十力试图运用传统的慧识来回应人们在科技时代所遭遇的问题；牟宗三不仅了解现代的问题，而且了解现代社会和现代精神，在理性的层面进入了现代等等。[③]不自觉地陷入完全西化和

① 杜瑞乐：《儒家经验与哲学话语》，载刘东编：《中国学术》第十四辑，北京：商务印书馆，2003 年，第 5 页。

② 见《胡适论学近著·介绍我自己的思想》：“我们自己百事不如人，不但物质机械上不如人，不但政治制度不如人，并且道德不如人，知识不如人，文学不如人，音乐不如人，艺术不如人，身体不如人。”见欧阳哲生编：《胡适文集（5）》，北京：北京大学出版社，1998 年。

③ 郑家栋：《牟宗三》，台北：东大图书公司，2000 年，第 58 页。

现代性的泥淖，良知的“自我坎陷”开出民主与科学也好，道德主体转出知性主体、政治主体开出“新外王”也罢，概莫能外。而今天重建传统文化就是要维护自己的个性，给自己和自己的前途定位，为民族的发展方向和生活原则提供合法性依据。[①] 也就是进行创造性转化、创新性发展。

“中华优秀传统文化是中华民族的精神命脉，是涵养社会主义核心价值观的重要源泉，也是我们在世界文化激荡中站稳脚跟的坚实根基。增强文化自觉和文化自信，是坚定道路自信、理论自信、制度自信的题中应有之义。”[②] 从文化自信命题的提出，到它与道路自信、理论自信、制度自信之关系的确立，文化论已然实现了向文明论的拓展，文化、文明与国家民族的精神生活方式相依存，与国家、民族的生命历程相伴随，而道路、制度与理论正是在这样的关系中被开创、被选择、被总结升华，积淀深厚，潜力无限。

① 张汝伦：《现代中国思想研究》，上海：上海人民出版社，2001 年，第 180 页。

② 习近平：《在文艺工作座谈会上的讲话》（2014 年 10 月 15 日），http://www.xinhuanet.com/politics/2015-10/14/c_1116825558.htm。

四、坚持我国宗教中国化方向

历史必然性与文化创新性

——关于坚持我国宗教中国化方向的理论逻辑及实践路径

郑筱筠[①]

一、坚持我国宗教中国化方向是新时代中国特色社会主义发展的必然要求

坚持我国宗教中国化方向是习近平总书记关于宗教工作的重大创新论断，是新时代党的宗教工作重要内容。

2015年5月，习近平总书记在中央统战工作会议上强调指出要“积极引导宗教与社会主义社会相适应，必须坚持中国化方向”。2016年4月在全国宗教工作会议上，习近平总书记再次重申“引导宗教与社会主义社会相应，一个重要的任务就是支持我国宗教坚持中国化方向”。2017年在党的十九大报告中，习近平总书记提出“要全面贯彻党的宗教工作基本方

① 郑筱筠，中国社会科学院世界宗教研究所所长、研究员，中国社会科学院大学世界宗教研究系主任，中国宗教学会会长，教育部宗教学教育指导委员会主任委员，中国社会科学院宗教研究智库副理事长，中国社会科学院习近平新时代中国特色社会主义思想研究中心研究员，中国社会科学院邪教问题研究中心研究员。本文原载于《世界宗教文化》2020年第6期，本文为国家社科基金重大项目“‘一带一路’沿线东南亚国家宗教治理经验及治理模式研究”项目（16AZJ001）、中国社科院国情调研项目“中国（云南）与越南跨境民族经济社会文化研究”项目、中国社科院邪教问题研究中心项目阶段性成果。

针，坚持我国宗教的中国化方向，积极引导宗教与社会主义社会相适应”。习近平总书记的系列讲话也为我国宗教中国化的未来提供了以下几个需要考虑的重要视角，即宗教与国家最高利益、中华民族整体利益、中华优秀传统文化及当代中国社会发展和谐一致。从这个层面上说，宗教中国化的提出超出任何一个群体自身的利益，着眼于整个中国社会的和谐稳定、文化的繁荣发展，这种考量既立足于历史视角，同时也与社会文化发展的整体格局和趋势息息相关。当前中国特色社会主义进入新时代，开启了全面建设社会主义现代化国家新征程，因此，坚持我国宗教中国化方向既是我国宗教工作及信徒信仰实践的重要指南及方向，也成为中国宗教学研究的重要课题。

二、历史必然性和文化创新性是坚持我国宗教中国化方向的理论逻辑

（一）历时性与共时性的统一

从世界宗教历史的角度来看，宗教本土化是一个宗教传播的历史过程，这是一个进行时，而不是完成时，这是世界宗教发展的规律。另一方面，宗教的本土化，或者说本色化、处境化问题不是中国特有的现象，是世界上许多地方现时发生和进行的现象。这是一种历时性与共时性的统一。世界性宗教在传播过程中，一直在与传入地的文化进行交流，形成了各自的特点。基督教自产生之际就开始向世界各地传播，从传播学和历史学的角度来看，基督教的传播就是一个不断与传入地区的文化进行对话、撞击、交流、融合的过程。亚洲有基督教本土化现象，非洲、美洲、欧洲都有自己的基督教，基督教之所以是一个世界性宗教，正是因为其在世界分布范围甚广，在不同的地区都有分布，最终成为一个世界性宗教。

从中国宗教历史演变的进程来看，既有道教等本土自发产生的宗教，也有佛教、基督教、伊斯兰教等外来的宗教。这些外来的宗教由不同的人

以不同的方式传入中国本土，在中国落地生根。其传入的时间有长有短，因而本土化的过程有长有短，程度亦有不同。但无论开始于何时何地，当它们不是作为侨民文化，而是以第二代、第三代、第N代本土信徒为载体时，它们就已经进行了本土化，即作为一种文化元素与中国文化的其他元素相互影响、相互作用。这个过程也是历时性与共时性的统一，因为不仅是这些宗教处于历史的演化中，中国社会也在不断地演变发展。所以，坚持我国宗教中国化方向，既是历史的必然，也是正在进行时的现实必然。

（二）多元共生与文化积淀

拥有多元共生精神气质的中华文明为不同宗教的演进提供了丰厚的文化沃土，也为坚持我国宗教中国化方向提供了厚实的落地平台。就中国宗教而言，各大宗教结合自身的历史和现实，积极探索坚持中国化方向的具体实践路径。在中国宗教分布格局中，各宗教具有不同的特点。故在坚持我国宗教中国化方向的进程中，既表现出鲜明的共同性特点，但也具有差异性特征，因此也形成了我国不同宗教中国化的具体实践路径。其间具有多元共生、兼容并蓄精神气质的中华文明为宗教文化提供了对话、沟通、融合的平台和途径。宗教自产生伊始，就始终处于不断扩容的动态过程中，宗教的中国化是一个历史进程，是一个不断推进的宗教现象和发展进程。古往今来，各宗教在融入中华主流文化、扎根中华文化沃土的历史进程中既有成功经验，也有深刻教训。在长期的历史中，中国各大宗教在其传播过程中，都形成了各具特色的格局，也形成了各宗教相互关联的宗教整体格局，且具有鲜明时代特色的中国化经验和模式。

历史经验表明每一个历史阶段的宗教中国化都是该时段的时代文化精神沉淀。例如，隋唐佛教各大宗派的出现就是佛教中国化的重要里程碑。古印度佛教传入我国，至两晋南北朝时，各种佛教经典大量译出，译经者在译出经典后又聚徒传授，因而养成了讲习经论之风，此风在南朝尤为盛行。由于僧众所习经典不同，遂形成了不同的佛教学派。从南朝末年开始，一些佛教学派逐渐和某一特定的世俗统治集团相依托，又与日益发展、巩固的寺院经济相结合，形成不同的文化群体，学派遂演变成宗派。最早的佛教宗派肇始于陈、隋之际，多数的佛教宗派则形成于隋唐时期。

基督教中国化也是一样。“基督教中国化”的议题古老而常新，由于基督教在华的传播时断时续、跌宕起伏，其中国化的历程也复杂多变。早在唐朝景教入华，就已经拉开了基督教“中国化”的序幕。唐朝《大秦景教碑》就真实地记录了景教传入唐朝时的境况。后来，基督教不同派别在不同历史时段先后传入，但都未能得到较长时间的广泛传播。在20世纪初期，基督教又传入中国，在我国边疆少数民族地区传播。在当代，尤其是改革开放以来，基督教在我国的传播又发生变化。上述历程也表明宗教在中国的传播在不同的历史阶段有其独特的时代脉络和理论逻辑。可以说，我国宗教中国化的历史进程呈现为波浪式发展脉络，每一波的进程都使宗教文化为整体的中国社会文化增添新的文化元素和文化积淀，同时又为下一波的宗教中国化提供了背景、土壤和经验。

（三）文化涵化与文化浸润

宗教中国化既是一项复杂艰巨的系统工程，也是一个不断发展和深化的文化历史过程。在西方文化人类学中有一个文化“涵化”（acculturation）的范畴。所谓文化“涵化”涉及的是“异文化”输入某国或某地时，在当地发生的当地文化与外来文化相互作用的过程。人们通常认为文化涵化的形式有接受、适应、反抗三种。W.A. 哈维兰在他编写的《人类学》中，提出考察文化涵化的四个维度：“涵化有许多可变因素，包括文化差别程度；接触的环境、强度、频率以及友好程度；接触的代理人的相对地位；何者处于服从地位，流动的性质是双方相互的还是单方面的。”[①]我国有学者将文化的接触或涵化可能导致的结果概括为六种：（1）取代，即以前存在的文化因子或因子丛被来自异民族的另一因子或因子丛取代，代行其功能，并产生一定的结构性变化；（2）整合，即发生接触的不同族群之间的不同文化因子或因子丛相互混融，形成新的因子丛或制度；（3）附加，即来自异族群的文化因子或因子丛被增添到原有的文化体系中，这有时会导致结构变迁，但有时也不会；（4）没落，即一方或双方在文化接触中逐渐丧失原有文化体系或其中的实质性部分；（5）创新，即在文化接触中主动、积极地适应变迁中的环境，从而产生出新的文化因子或因子丛来满足新的社会文化需求；（6）抗拒，即由于变迁过程来得十分迅速或发生接触的双方差异过大，以至于一方不能接受这种变迁，从而造成相互间的排斥或弱势者对强势者的抗拒。[②]

文化“涵化”的理论观点虽然有助于我们理解深入推进我国宗教中国化理论实践范式，但我们不能生搬硬套，简单地将坚持我国宗教的中国化方向理解为就是个文化涵化的过程。首先，文化涵化的过程有不同的动因，也有不同的结果。第二，不同宗教文化系统间的相互作用和影响不仅构成了文化的涵化进程，而且是更大社会文化系统整合进程的组成部分。文化涵化涉及的是不同文化系统（尤其是本土文化与外来文化）之间的关系，其中有接触、传播、移入，也有交流、互渗、嫁接，还有重估、反思、改造、重铸。但是如果不是站在外来文化的视角而是站在主体文化的视角，那么一个社会不仅仅有文化的涵化，还有更重要的文化整合。文化整合是指社

① ［美］威廉·哈维兰（W.A.Haviland）：《当代人类学》，王铭铭等译，上海人民出版社，1987年。

② 宇晓：《瑶族的汉式姓氏和字辈制度——瑶汉文化涵化的一个横断面》，《贵州民族研究》，1995年。

会主动组织内部外部的文化资源，在求同存异的基础上，将多元子系统的价值观转化为社会的共同价值观，即来自于多元的价值观但又高于多元的价值观；文化整合不是取消诸文化子系统的相对独特性，而是在承认诸文化子系统共存共生的同时认同社会共同的价值观，并使之成为全社会绝大多数成员都认同的理念。文化整合过程可以分为四个阶段：探索期、碰撞期、整合期以及创新期。碰撞期是跨文化系统进行文化整合的实施阶段，也就是文化整合开始执行的阶段，这一阶段往往伴随着一系列社会治理措施的出台（值得注意的是，文化冲突的高潮可能发生在碰撞期，也可能发生在整合期）。整合期是指不同的文化子系统逐步达到协调、融合的过程，这也许是一个较长的过程。创新期是指在文化趋向同化的基础上，跨文化整合，创造出新的文化。然而探索、碰撞、整合、创新这 4 个时期，既表现为历时性的演进阶段，又是共时性的一个事物的几个方面。探索本身就在接触和碰撞，而整合的扬弃本身也少不了创新。反过来说，创新本身就是探索，就是对话，就是以新的形态实现整合。

从文化涵化到文化整合的理论追溯和分析，可以使我们对坚持我国宗教的中国化方向、如何看待和实践坚持我国宗教的中国化方向，有了更全面的理解和把握。在此我还想强调中华传统文化在进行文化整合时的一个重要机制：这就是“文化浸润”。中华传统文化对不同文化系统的影响和吸纳，虽然也有狂风暴雨式的文化对冲，但更多的时候是春雨润地无声的潜移默化。狂风暴雨虽然摧枯拉朽，但也会带来泥石流等灾害；而“浸润”机制中的春雨和土地是一种外在育新环境的营造，嫩芽（新的生命）则在春雨后破土而出。以观音信仰中国化历程为例，观音信仰出现于古印度佛教体系，随着古印度文化传播到中亚、东亚及东南亚等地，并对这些国家和地区的佛教文化艺术系统产生了深刻而久远的影响，成为横跨半个亚洲的信仰。就观音信仰而言，其中国化历程就是观音信仰系统在中华文明丰厚的历史文化沃土中不断形成和演变的。“观音信仰在中土弘传是一个漫长而复杂的演化过程。目前国内一般学者认为，观音信仰是自鸠摩罗什于姚秦弘始八年（406）译出《妙法莲华经》后，随《妙法莲华经》在社会上的流行而逐渐为人熟知。到南北朝梁代才开始盛行，后来流传到唐代，得到唐文宗（在位时间为827—840年）的极力尊崇。然而观音信仰得到较快发展，这表明中土文化有强大的兼容并蓄力量。宋代以后，观音菩萨形象几乎妇孺皆知，而在明清以后，观音信仰逐渐民间化、民俗化，并成为大乘佛教最为普遍的菩萨信仰。如果从观音信仰理论层面来剖析其流行的原因的话，可以发现其原因是复杂的，有其佛教系统内部本身的原因，更重要的是因为它契合了中土以儒家文化为主要支柱的传统文化主张。”① 此外，观音信仰在很多少数民族地区也广为流传。与传统的汉传观音信仰体系相比，“云南大理的观音信仰……还表现出与当地本主崇拜相互融合、相互影响、相生相长的特征。”② 这是其在传播过程中与当地文化融合的文化创新性之表现。

总之，宗教中国化的理论逻辑表明，坚持我国宗教中国化方向既是一项复杂艰巨的系统工程，也必然是一个不断深化的历史进程，是一个文化创新过程。因此，还需要我们不断探索新方法，实践新路子。

三、守正创新、固本培元的文化创新力是坚持我国宗教中国化方向的实践内生动力

在中国宗教分布格局中，各宗教各具特色。故各大宗教在坚持宗教中国化方向的进程中，既表现出鲜明的共同性特点，但也具有差异性特征，

---

① 详参郑筱筠：《跨界与融合：佛教与民族文化的云南叙事》第二章《佛教与云南观音形象研究》，北京：中国社会科学出版社，2015年，第123—127页。

② 详参郑筱筠：《跨界与融合：佛教与民族文化的云南叙事》第二章《佛教与云南观音形象研究》，北京：中国社会科学出版社，2015年，第91页。

因此也形成了不同的具体实践路径。在深入推进宗教中国化的实践过程中，各宗教都在积极探索“怎么化”的新方法和“化什么”的新内容，逐渐形成了新模式和实践路径，这主要表现在以下几个方面：

首先，固本培元，建设中国特色宗教思想体系和制度规范，用社会主义核心价值观引领，以中华优秀传统文化浸润宗教。宗教对人们的影响主要是思想、价值观体系的影响，要想从更广范围、更深层次实现中国化目标，就必须使宗教思想中国化居于统领和基础地位。

在历史发展进程中，中国佛教建立了独具特色的中国宗教思想和制度规范，并向东传播，影响了日本和韩国佛教体系的建立。中国伊斯兰教方面，“明末清初二百年间，是从域外传入中国内地的伊斯兰教的‘定’时期。其间，外来的伊斯兰教发生的一大深刻变化，是在本土化、民族化过程中增添了中国元素，确立了‘以儒诠经’‘以儒释教’的发展方向。本土化、民族化实质上也是中国化的一种表述。在此进程中，兼通儒、道、佛、伊四教的中国穆斯林知识精英发挥了极为重要的作用。”[①] 另外，例如天主教传入我国开始，就主张天主教经典的翻译介绍。“早在 1305 年，孟高维诺就在寄回欧洲的信中，表示已将《新约》和《圣咏》译成了鞑靼人所使用的语言（蒙文）。”[②] 明末清初，天主教传教士围绕着将拉丁文的 Deus 翻译成“上帝”“天主”“陡斯”的激烈争论，甚至引起了长达 300 年的“中国礼仪之争”。而新教方面，自明末清初让·巴塞翻译部分《新约圣经》以来，直到 19 世纪 20 年代马礼逊和马希曼两个《圣经》译本出现，乃至后来英美传教士之间在修订马礼逊译本过程中出现的关于 God 和 Spirit 等中译名之间的分歧，可以说，《圣经》的翻译工作虽多由外国传教士开展，

① 吴云贵：《从刘智〈天方典礼〉看伊斯兰教中国化的路径方式》，《世界宗教研究》，2019 年第 3 期。

② 顾卫民：《中国天主教编年史》，上海：上海书店出版社，2003 年，第 22—39 页。

但是这些译经工作以及上述天主教、基督新教的译名之争本身便是一种中国化的努力尝试。

近年来，各宗教结合时代特征和要求，通过开展佛教三大语系讲经交流、道教玄门讲经、伊斯兰教新编“卧尔兹”演讲比赛、天主教本地化建设、基督教中国化探讨等活动，赋予了宗教教义教规新的时代内涵，已经形成一批思想建设新成果。

其次，守正创新，总结经验，创新载体方式，多措并举夯实基层实践，加强基层社会治理。爱国宗教团体是我国宗教中国化的直接落实者。近年来，在党政有关部门的正确引导下，各宗教在基层的探索实践取得了重要进展。尤其是佛教、道教加强道风建设，在治理商业化问题方面取得一定成效。因此，可以在全国选择社会影响力较大的省份，树立榜样，发挥其示范性作用，讲述坚持我国宗教中国化方向的故事，扩大社会影响力。

第三，推动宗教文化与社会主义先进文化、优秀文化的深度融合。宗教文化包括宗教典籍、宗教音乐、宗教礼仪、宗教建筑、宗教习俗等，范围十分广泛，内在与外在兼有。古往今来，各宗教在融入中国主流文化、扎根中华沃土的历史进程中都形成了各自的特色。

第四，做好宗教人才培养工作，以人才培养强化宗教中国化之本，这是坚持我国宗教中国化方向的立身之本。对于宗教界人才培养工作，虽然各宗教已经初步形成自己的人才培养机制，有的还有相对成熟的院校教育系统，有自己的办学经验和模式。但目前总体来看，还存在一些短板，还需要进一步办好宗教院校，培养一支政治上靠得住、宗教上有造诣、品德上能服众、关键时起作用的宗教教职人员队伍，以人才培养强化宗教中国化之本。

第五，坚持我国宗教中国化方向，还需不断提升宗教事务治理体系和治理能力现代化。我们应该关注到宗教事务治理体系中不同层面的差异化特点。基层城乡的宗教事务治理仍然是弱项。未来应该着力完善基层社区和乡村宗教事务治理体系，夯实社区和乡村宗教事务治理基础，探索基层宗教事务治理经验，推动基层社会治理体系和治理能力现代化，沿着法治、德治、善治的阶梯逐步提升。

当前我国正面临世界百年未有之大变局和中华民族伟大复兴的战略全局，机遇与挑战并存。中国宗教在全球化的思潮中，如何在坚持我国宗教中国化方向过程中，守正创新，固本培元，在全球化的进程中积极适应社会，也是一个极大的挑战。但无论如何，历史必然性和文化创新性是其理论发展逻辑和实践路径的内在动力。

综上所述，我国宗教中国化发展的理论逻辑和实践路径表明，我们必须坚决贯彻以习近平同志为核心的党中央关于宗教工作的决策部署，运用马克思主义立场、观点、方法分析宗教问题，以习近平新时代中国特色社会主义思想为指导，把广大信教群众紧紧团结在党的周围，同心同德，顽强奋斗，为全面建设社会主义现代化国家、实现中华民族伟大复兴而奋斗。同时，我们也要意识到，坚持我国宗教中国化方向既是一项复杂艰巨的系统工程，也是一个不断发展和深化的历史过程，还需要我们不断探索新方法，实践新路子，需要我们坚持守正创新、固本培元的文化创新动力，建立有深度而广泛的文化交流机制，宣传坚持我国宗教中国化方向的各项方针政策，对症下药，“因教施策”与树典型、交流经验并举，深入挖掘中国宗教文化和历史遗存背后蕴含的哲学思想、人文精神、价值理念、道德规范等，推动中华优秀传统文化创造性转化、创新性发展，更要揭示其中蕴含的中华民族的文化精神、文化胸怀和文化自信，夯实与世界文明交流互鉴的文化基石，共建人类命运共同体。

旧课题与新理论

——研究“佛教中国化”的脉络

魏道儒[①]

改革开放以来，“佛教中国化”逐渐成为我国学术界研究佛教文化乃至中国传统文化领域中的一个热点。直到现在，这个热点不仅没有消退迹象，而且在中国特色社会主义宗教理论引导下继续向纵深发展。本文拟围绕四个方面的问题，对研究“佛教中国化”的主要脉络进行梳理、分析和说明。[②]

一、“佛教中国化”问题溯源

在人类文明交流互鉴的历史长河中，任何一种流传广泛、影响深远、生命力旺盛的宗教文化体系，总会为了适应新流行地的社会、政治、经济和文化而产生一系列变化。这些变化可以是积极主动的，也可以是消极被动的；可以是形式上的、外在面貌方面的，也可以是本质上的、内在精神

① 魏道儒，中国社会科学院世界宗教研究所研究员，中国社会科学院学部委员，中国社科院佛教研究中心主任。本文原载于《内蒙古师范大学学报》（哲学社会科学版），2021 年第 2 期。

② 根据不完全统计，涉及“佛教中国化”方面研究的著作数十部、论文数百篇。本文不能对学术界的整个研究历程进行全景式概括和论述，只能围绕几个重要问题进行梳理、分析和说明。

方面的；可以通过和平方式进行，也可以采用战争手段推动。宗教在传播过程中呈现的这种变化是世界性的规律，古今中外，概莫能外。学术界从不同角度研究这种变化，分别称之为宗教的“本土化”“民族化”“在地化”等，其含义并没有本质区别。

以佛教为例，在大约2600年的时间里，佛教从地方宗教发展成为亚洲宗教，进而成为世界宗教，就不断进行着“本土化”“民族化”“在地化”的过程。《世界佛教通史》把“佛教的本土化”作为一个重要问题来研究，在该书的“总序”中谈到了课题承担者的最初思考：

> 佛教本土化是指佛教为适应所传地区的社会、民族、政治、经济和文化而发生的一切变化，既包括信仰、教义方面的变化，也包括组织、制度方面的变化。在有佛教流传的国家和地区，佛教本土化过程涉及社会的各个方面，从经济基础到上层建筑都会受到影响。从帝王到庶民的社会各阶层，包括信仰者和非信仰者、支持者和反对者、同情者和厌恶者都会不同程度地参与进来，对佛教本土化进程的深度、广度以及前进方向施加影响、发挥作用。正因为佛教本土化的出现，才使佛教在流传地有可能扎根、生长，才使当今世界各地区的佛教有了鲜明的民族特色。[①]

这里讲述的佛教在古印度以外各个国家和地区的“本土化”，自然也包括我们国家。佛教在中国的“本土化”“民族化”“在地化”，就是“佛教的中国化”。从20世纪80年代开始，研究“佛教中国化”逐渐成为佛教文化乃至中国传统文化领域中的一个热点，历久不衰。这个研究之所以兴起并长期持续，既有受国外学者影响的因素，也有佛教研究工作循着自

① 魏道儒主编：《世界佛教通史·总序》，北京：中国社会科学出版社，2015年，第2页。

身内在规律深入发展的缘由。不过，最直接的动因，乃是时代发展对学术界重新认识和理解佛教，进而重新认识和理解中国传统文化的呼唤。正如冯友兰 1985 年在“中国文化讲习班”讲授《中国哲学的特质》中所说：“在振兴中华，建设有中国特色的社会主义的伟大事业中，有些工作，我们必须要做的，就是对中国的文化遗产做一番摸底的工作，摸摸它的底。”[①]

在国内外学术界，绝大多数学者承认存在佛教中国化的过程，持否定意见的学者很少，其中，专门论述不存在佛教中国化，并且影响比较大的学者是牟宗三。他指出，佛教“虽处在中国社会中，因而有所谓中国化，然而从义理上说，他们仍然是纯粹的佛教，中国的传统文化生命与智慧之方向对于他们并无多大的影响，他们亦不想会通，亦不取而判释其同异，他们只是站在宗教底立场上，尔为尔，我为我。因而我可说，严格讲，佛教并未中国化而有所变质，只是中国人讲纯粹的佛教，直称经论义理而发展，发展至圆满之境界。……即使如禅宗之教外别传、不立文字，好像是中国人所独创，然这亦是经论所已含之境界，不过中国人心思灵活，独能盛发之而已。其盛发之也，是依发展之轨道，步步逼至者，亦非偶然而来也。何尝中国化？”[②]

佛教在中国出现了变化，这就是“中国化”，并不是在中国佛教义理中已经完全找不到古印度佛教义理的影子了才算“中国化”。如果真的出现这种情况，那就不是“佛教中国化”的问题了，而是“佛教”变成另一种宗教的问题了。另一方面，历史事实表明，没有“义理”（也可以称为“佛学”，包括佛教思想、学说、教义、信仰等）上的中国化，就不会产生其

① 其所以要对中国文化“摸底”，就是因为对中国传统文化认识不一致，“各人有各人的说法”。“摸底”就是重新认识。中国文化书院讲演录编委会编：《论中国传统文化》，北京：生活·读书·新知三联书店，1988 年，第 139 页。

② 牟宗三：《佛性与般若·序》，台北：学生书局，1984 年，第 4 页。

他方面的中国化。与牟宗三基本同时代的学术前辈吕澂就是重点在“义理”层面强调中印佛教的区别，也就是强调佛学中国化。他指出：“所谓中国佛学，既不同于中国的传统思想，也不同于印度的思想，而是吸取了印度学说所构成的一种新说。”[①] 在他看来，“中国佛学的根子在中国而不在印度。”[②]

改革开放以来，在重新认识中国文化的大背景下，承认存在“佛教中国化”过程基本上是学术界的共识。随着研究“佛教中国化”的学者不断增加，探讨的范围也越来越广泛，涉及的内容也越来越丰富。大致说来，研究工作从探讨思想教义向制度礼仪、文学艺术等方面不断拓展，从探讨佛教中国化的具体过程向性质、规律和结果等方面拓展。截止到 2015 年，学术界所有的相关探讨都是在“宗教本土化”范式下进行，也就是在“外来宗教中国化”的视域中进行。在“坚持我国宗教的中国化方向”理论指导下考察“佛教中国化”，是从 2015 年以后开始的。

二、佛教中国化过程

几十年来，学者们一般都认为佛教中国化是一个漫长复杂的历史过程，但是在认定这个过程开始和结束的时间方面，产生了几种不同的观点。梳理学术界联系佛教流传中国的整个过程讨论“佛教中国化”的实况，我们可以大致归纳出三个方面的观点，权且称之为“两个时期说”“一个时期说”和“三个时期说”。

第一，“两个时期说”。这种观点认为，整个中国佛教发展史可以分为两个时期，一个是佛教中国化时期，开始于佛教初传中国的西汉末年，基本结束于隋唐；另一个是与之相对的中国佛教持续发展时期。开始于两宋，一直到现代。

---

① 吕澂：《中国佛学源流略讲》，北京：中华书局，1979 年，第 1 页。

② 吕澂：《中国佛学源流略讲》，北京：中华书局，1979 年，第 4 页。

学术界普遍认为，佛教中国化开始的标志，是佛教经典的翻译。方立天认为："佛典翻译的过程也就是佛教中国化的过程。佛典的翻译不仅表现在文字形式上的变化，而且也涉及某些思想内容的变化。"① 现在，学术界的一个基本共识是：记载最早的佛经翻译史实是公元前 2 年的大月氏使者口授《浮屠经》事件。所以，可以说佛教传入中国之初就开始了中国化的过程。至于认定"佛教中国化基本结束于隋唐时期"，其标志是中国特色的佛教宗派相继成立。

对于从汉到唐的佛教中国化时期，有学者进行了更细致的阶段划分。许抗生认为，佛教的中国化曾经在历史上经历了一个漫长的岁月。这一过程大致经过了这样三个阶段：第一阶段是东汉时期，第二阶段是魏晋南北朝时期，第三阶段是隋唐时期。② 在他看来，东汉时期"这样的佛教中国化自然是一种低级的肤浅的中国化"，因为，这个时期的佛教信众是用"黄老道术来解释佛教，以融合（确切地说是迎合）中国固有文化，常常是牵强附会的，并未能真正懂得佛教的意义"。③ 第三阶段"是佛教中国化的极其重要的时期，或可称为佛教中国化的成熟时期"④。

既然认为隋唐时期佛教中国化的过程基本结束，那么，如何称呼与"佛教中国化"时期相对应的宋代以后的时期呢？学者的意见并不一致，有的学者直接称之为"中国佛教的持续发展时期"⑤。有的学者称为"中国化佛教"时期："佛教在西汉之际开始传入中国，其后，受中国古代经济、政治和传统文化的影响，逐步走上中国化的道路，隋唐之后，佛教与中国

① 方立天：《中国佛教》，北京：中国人民大学出版社，2012 年，第 118 页。

② 许抗生：《佛教的中国化》，北京：宗教文化出版社，2008 年，第 218—219 页。

③ 许抗生：《佛教的中国化》，北京：宗教文化出版社，2008 年，第 3 页。

④ 许抗生：《佛教的中国化》，北京：宗教文化出版社，2008 年，第 13 页。

⑤ 杨曾文：《唐五代禅宗史》，北京：中国社会科学出版社，1999 年，第 1 页。

文化相融合，进一步演化成中国化佛教。”[①]也就是说，前一个阶段，是“印度佛教的中国化”时期；后一个阶段，是“中国化的佛教”时期。[②]

尽管主张“两个时期说”的学者之间还有小的分歧意见，但在基本方面是一致的。这种观点的实质在于：把佛教中国化过程只作为中国佛教自身总过程中的一个阶段，而且只是一个前期阶段，在佛教中国化完成之后，就可以认定“佛教是已经被中国化的宗教”[③]。从研究佛教的方法论角度讲，这种观点表明，运用“宗教本土化”范式并不能解决中国佛教发展史上出现的所有问题，因为，有些要捕捉、要认识、要解决的问题，并不是出现在佛教中国化的过程中，而是出现在佛教已经中国化的过程中。

第二，“一个时期说”。这种观点认为，佛教中国化的历程就是中国佛教的演进历程，这两者在时间上是重合的，或者说一致的。换句话说，一部中国佛教的历史，就是一部佛教中国化的历史。

方立天认为，佛教“在隋唐时代走完了中国化的历程，随后是在中国化的基础上继续前进，使其中国化的程度越来越强烈”。既然如此，那么隋唐之后本质上还是佛教中国化的时期。这就是说，佛教中国化的历程本质上就是中国佛教演进的历程。至于佛教中国化的阶段划分，他在同一篇文章中提出了两种见解。第一种见解，他认为，佛教中国化的轨迹大约可以分为四个时期：汉代——佛道时期；魏晋南北朝——佛玄时期；隋唐——创宗时期；五代以后——三教合一时期。[④]第二种见解，他认为，佛教中国化是一个渐进的过程，整个过程大体上可以分为三个阶段：第一个阶段是汉代；第二个阶段，大体上是魏晋南北朝时期；第三个阶段，是隋唐至

① 赖永海：《中国佛教文化论》，北京：东方出版社，2014 年，第 27 页。

② 赖永海：《中国佛教文化论》，北京：东方出版社，2014 年，第 43 页。

③ 楼宇烈：《佛教中国化的启示》，《中国宗教》，2016 年第 10 期，第 34 页。

④ 方立天：《中国佛教》，北京：中国人民大学出版社，2012 年，第 105—117 页。

明清时代。[①] 实际上，既然把佛教中国化的历史与中国佛教发展的历史相等同，按照王朝更替划分阶段，有多种观点并存也是不足为奇的。学者们也恰恰是这样做的。洪修平认为，从理论上看，佛教中国化的过程大致经历了三个阶段：第一，开始阶段（从佛教初传到两晋时期）；第二，完成阶段（从南北朝到隋唐五代）；第三，佛教中国化表现出新特点（从北宋到近代）。[②] 潘桂明的《中国佛教思想史稿》有着大致相同的看法。[③]

既然把佛教中国化历程等同于中国佛教发展的历程，那么，“佛教中国化的途径和方式”实际上也就是“中国佛教发展的途径和方式”。方立天认为：“从思想方面来说，翻译经典、讲习经义、编纂佛典和判教创宗，就是佛教中国化的基本途径和基本方式。”[④] 其实，这也可以说是中国佛教思想发展的途径和方式。从研究佛教的方法论角度讲，这种观点就是表明，“宗教本土化”范式对于解决研究中国佛教中遇到的问题具有“全覆盖”的功能。

第三，“三个时期说”。这种观点认为，佛教在中国的流行可以划分为三个阶段，第一个阶段是“古印度佛教在中国”阶段，第二个阶段是“佛教中国化”阶段，第三个阶段是“中国佛教发展”阶段。

按照这种观点，佛教初传阶段本质上是“古印度佛教在中国的阶段”，或者直接称为“侨民宗教”阶段，所谓“佛教在初入中国时，是典型的侨

① 方立天：《中国佛教》，北京：中国人民大学出版社，2012 年，第 122 页。

② 洪修平：《佛教的中国化与僧肇的哲学思想》，《复旦大学学报》，1988 年第 4 期。

③ 潘桂明：《中国佛教思想史稿》，南京：凤凰出版传媒集团、江苏人民出版社，2009 年，“作者的话”第 2 页。该书把中国佛教思想史分为汉魏两晋南北朝、隋唐五代、宋元明清近代三卷论述。

④ 方立天：《中国佛教》，北京：中国人民大学出版社，2012 年，第 117 页。

民宗教”[①]。或者说，“两汉之际佛教初传，基本还是外族人的宗教；本土人士无论是宫廷贵族，还是一般民众，基本是把佛教当作外来信仰和方术来接受的”[②]。孙昌武把中国佛教历史划分为四个阶段：第一个阶段是两汉至两晋，为中国佛教“草创时期”；第二个阶段是南北朝，为佛教逐步实现中国化时期；第三个阶段是隋唐到两宋之际，为佛教中国化完成期；第四个阶段是两宋之际以后“一直延续到如今”，是“中国佛教发展时代”。作者的这四个阶段分期主要借鉴了日本学者镰田茂雄的观点。[③]这个观点实际上是把“佛教中国化”时期细分为“逐步实现中国化”和“中国化完成”两个时期，与前述的三个阶段划分并没有本质的区别，因此可以归类在“三个时期说”之中。

与前面讲的“两个时期说”和“一个时期说”相比较，“侨民宗教”或“草创时期”的佛教，不属于佛教进入了“中国化”时期，而是属于佛教进入中国化阶段之前的一个时期。在这种观点看来，佛教中国化的历程不仅不等于中国佛教发展的历程，更不等于佛教流行中国的全过程。从研究中国佛教方法论的角度讲，这种观点表明，运用“宗教本土化”范式只适用于研究大约从魏晋到两宋之际这个阶段的佛教。

三、佛教中国化的本质、规律与结果

对于佛教中国化过程的本质、规律和结果，学者们从不同方面、不同角度来认识和论述。

佛教中国化的过程，本质上就是古印度佛教转变为中国佛教的过程。在这个漫长的历史过程中，儒家、道家文化是促动佛教中国化作用最大的

① 张雪松：《汉魏两晋南北朝佛教史卷》，第 55 页。见季羡林、汤一介总主编：《中华佛教史》，太原：山西出版传媒集团、山西教育出版社，2014 年。

② 孙昌武：《中国佛教文化史》第一册，北京：中华书局，2020 年，第 64 页。

③ 孙昌武：《中国佛教文化史》第一册，北京：中华书局，2020 年，第 64—65 页。

两个因素，这是绝大多数学者的共识。但对于把佛教中国化直接称为“儒化”和“道化”的观点，有学者认为不是很确切。实际上，这些方面的不同观点并没有本质差别，只是在论证儒家文化或道家文化对佛教的影响或浅或深方面有差异而已。

关于佛教中国化的规律问题，方立天是将其和其“特点”联系起来考虑的。他认为：佛教中国化是一个双向选择的过程，“这种双向选择结果的具体形式是”：“排斥与退让”“转变与同化”“渗透与吸取”“融合与重构”。关于佛教中国化的命运，他指出：“在中国古代，佛教中国化的程度愈高，流传就愈久；同时，佛教愈中国化，也就愈丧失其独立存在的意义。”① 这两种命运也是相辅相成的。楼宇烈在总结“佛教中国化的历程”时认为：“佛教本土化的过程中，呈现出了文化交流的两个根本规律：一个是外来文化的自适性，一个是本土文化的包容性。”②

关于佛教中国化涉及的内容、最终产生的结果，也就是所谓“中国化”“化”什么和“化”到什么程度的问题，十年前讨论比较少，洪修平的观点比较有代表性。他认为：“佛教的中国化，一方面不应该违背佛教的基本立场、观点和方法，同时又应该在探讨和解决中国的社会和人生问题中，吸收中国传统思想文化的内容和方法，为适应中国社会的需要而有所发展、有所创新，并通过中国化的语言和方式表达出来，这种既不同于中国传统文化，又有别于印度宗教文化的佛教，就是中国化的佛教。”③

2015 年之后，学者们对这个问题的观点略有不同。杨曾文借用毛泽东《反对党八股》中讲的“现在许多人在提倡民族化、科学化、大众化了，这很好。但是‘化’者，彻头彻尾彻里彻外之谓也”一句，认为“中国各

① 方立天：《中国佛教》，北京：中国人民大学出版社，2012 年，第 122—125 页。

② 楼宇烈：《佛教中国化的启示》，《中国宗教》，2016 年第 10 期，第 34 页。

③ 洪修平、孙亦平：《惠能评传》，南京：南京大学出版社，1998 年，第 4 页。

个宗教，包括佛教在内，把握时代走向，进一步适应和融入社会，实现‘彻头彻尾彻里彻外’的中国化”[1]。楼宇烈认为：“‘化’并不是彻底地‘化’掉，而是适应一个环境，不与本土的文化、政治发生冲突，那么，不管是保留理论特色还是实践特色，都是允许的。”[2]

关于佛教在中国化过程中自身发生的变化，笔者曾总结四条：其一，使佛教具有了崭新的外在风貌和内在精神；其二，佛教理论固有的重视神异灵迹、鼓励厌世情绪以及容忍自残行为等非理性成分大幅度减少，倡导“正信”和反对盲从逐渐成为自觉的认识和行动；其三，全面吸收作为主流意识形态的儒家政治伦理体系，坚持以儒家原则处理与王权、社会的关系；其四，一些重要的佛教理念被重新诠释，被赋予新意，成为不仅在佛教内部流行，而且为社会广泛接受的思想。同时，中国化的佛教与中国固有文化的关系也发生了三个方面的改变，第一，佛教文化影响中国文化的各方面；第二，佛学构成了中华学术文化思想发展链条上不可替代的关键环节；第三，佛教与儒道两家形成了荣辱与共的联系。[3] 中国人根据中华文化丰富了佛教思想，形成了独特的佛教理论，这既是中国佛教的宝贵精神财富，也标志着中华文化的丰富和发展。

四、佛教中国化与坚持我国宗教的中国化方向

2015 年 5 月，在中央统战工作会议上，习近平总书记强调，积极引导宗教与社会主义社会相适应，必须坚持我国宗教的中国化方向；2016 年 4 月，习近平总书记在全国宗教工作会议上发表重要讲话，进一步对坚持我国宗教中国化方向作了深入系统的阐述。

---

① 杨曾文：《佛教中国化和禅宗》，《佛学研究》，2017 年第 1 期，第 34 页

② 楼宇烈：《佛教中国化的启示》，《中国宗教》，2016 年第 10 期，第 34 页。

③ 魏道儒：《佛教思想融入中华文化基因》，《中国社会科学报》，2018 年 2 月 23 日，第 6 版。

坚持我国宗教的中国化方向，首先有很强的现实针对性。在国际国内形势深刻变化、国内社会转型思想多元化背景下，有的宗教出现了一些与中国化方向相背离的倾向和苗头，因此，必须强调坚持我国宗教的中国化方向，必须坚持用社会主义核心价值观引领，用中华优秀传统文化浸润。同时，也要发挥宗教界的积极性和主动性，使宗教界自觉推进宗教中国化。应该需要注意的是，坚持我国宗教的中国化方向是以推动宗教更好地适应新时代中国特色社会主义社会为目的，并不是要“改造宗教、改变信仰”。坚持我国宗教的中国化方向既是发展中国特色社会主义的必然要求，是我国宗教健康传承的内在要求，也是对我国宗教优良传统的进一步弘扬。

坚持我国宗教的中国化方向是中国共产党总结新中国成立以来宗教工作的成功经验作出的科学论断，是党的宗教工作的新理念新思想新战略，这不仅对政府的宗教事务管理有指导意义，同时，对于深化历史研究也有指导意义。在此之前探讨“佛教中国化”，是运用“宗教本土化”范式进行研究，是在探讨世界各大宗教生存和演进的普遍规律下的研究，是对佛教在历史上形成的中国化优良传统进行分析、归纳和总结，主要是学术性的、理论性的探讨。在新的形势下，我们应该注意到，任何一种中国宗教，无论是外来的还是本土的，都毫无例外地要走中国化道路，坚持中国化方向。在坚持我国宗教的中国化方向新理论指导下研究佛教中国化这个“旧课题”，其考察的视野更为宽广，其探讨的内容更为丰富，其针对性、实践性、政治性、创新性也更为强烈。

坚持我国宗教的中国化方向是中国特色社会主义宗教理论的重要内容，最近两年在这个方面探讨的文章数量增加比较快，课题设置也明显增多。当然，这些还是比较初步的研究工作。未来研究佛教中国化，应该以中国特色社会主义宗教理论为指导，给这个“旧课题”赋予新意，把坚持我国宗教的中国化方向思想贯彻到学术研究的始终。结合自己的研究工作实践和体会到的一些问题，对以后的研究工作有几点初步思考。

第一，进一步用唯物史观指导研究工作。几十年来，在研究佛教中国化方面，学者们运用唯物主义的观点和方法指导研究工作，取得了显著成果，同时，也还有需要加强的方面。在运用“宗教本土化”范式进行研究的过程中，对中国特色的社会形态演进于佛教中国化进程的多方面重要影响考虑不够。社会形态学说是马克思唯物史观的一个重要内容，坚持唯物史观的社会形态学说，考察中国特色的社会形态变迁对佛教中国化的作用，应该是以后应该加强的方面。

第二，充分借鉴和吸收以前重要的有价值的研究成果，在此基础上不断推进学术进步。改革开放以来，学术界在研究佛教中国化方面已经取得了丰硕成果，如果对以前重要的有价值的成果完全抛开、完全不闻不问、重起炉灶，是很难把有关“佛教中国化”课题研究推上新台阶的。以后的研究，应该是在已有基础上的继续前进。针对以前“佛教中国化”研究工作的精细化研究不够、笼统论述比较多的不足，要加强在不同专业方面进行系统研究。

第三，注重把解决“本土化”和“现代化”两个问题结合起来考虑。学术界以往运用“宗教本土化”范式研究佛教中国化，佛教的“现代化”成为与“本土化”并列的两个问题。也有学者认为某些宗教主要是解决“中国化”问题、某些宗教主要是解决“现代化”问题。在坚持我国宗教的中国化方向指导下研究，有利于把“本土化”与“现代化”两个问题结合起来，避免分割和对立。因为，我国宗教的中国化方向既包括“本土化方向”也包括“现代化方向”。

第四，重视强化国家认同、政治认同、文化认同在“佛教中国化”研究工作中的重要性。在新时代坚持我国宗教的中国化方向，要求重视强化国家认同、政治认同、文化认同，加强民族团结、维护国家统一的文化意识；

要求更深入挖掘教义教规中有利于社会和谐、时代进步、健康文明的内容；要求对教规教义做出符合当代中国发展进步要求、符合中华优秀传统文化的阐释。相对于我们以前运用“宗教本土化”范式研究佛教中国化，这无疑为研究工作的深入和提高指明了方向。

第五，注重开发可以为全球共享的文化价值。坚持我国宗教的中国化方向理论指导进行佛教中国化研究，也要重视在全球化背景下掌握我国佛教话语权的意识，开发中国特色佛教文化中蕴含的可以为全球共享的价值。笔者曾经以弥勒文化为例，提出：“在当今世界局势处于巨变时期，倡导全球共享弥勒文化中的重要思想和理念，有利于激发其他国家人民对中国文化的感情共鸣，有利于推进人类命运共同体建设。”①

① 魏道儒：《弥勒文化及其全球共享价值》，《世界宗教文化》，2018 年第 6 期，第 1 页。

坚持佛教中国化方向的历史根源与时代意义

纪华传[①]

佛教中国化堪称人类文明交流互鉴的典范。佛教作为外来文化传入中国以后，在思想义理、组织制度和信仰形态等方面不断地调整和发展，逐步适应了中国政治、经济、文化、社会习俗各个方面，融入中国社会之中，成为中国传统文化的重要组成部分。然而关于佛教中国化，在学术界存在着不同的观点。有人认为，佛教就是佛教，不存在佛教中国化问题；有人把佛学中国化等同于佛教中国化，认为隋唐时期已经完成了佛教中国化；还有人甚至有“去中国化”的倾向，否定中国佛教传统，主张回归古印度佛教源头。上述观点，对于佛教中国化问题存在着程度不同的错误认识，与坚持我国宗教中国化方向的要求不一致。因此在新的历史形势下，研究佛教中国化的历史根源与时代发展，既有深刻的理论价值，亦有重要的现实意义。

一、佛教中国化的原因探析

佛教中国化过程既是佛教不断适应中国社会的过程，同时也是中华文化对外来的佛教文化创造性吸收和发展的过程，这是毋庸置疑的。外来的

① 纪华传，中国社会科学院世界宗教研究所研究员，佛教研究室主任。本文原载于《世界宗教文化》，2017 年第 5 期。

佛教文化之所以能够成功实现中国化，一方面是由于佛教与中国文化在思想精神上有相通之处，二者都具有包容或宽容的精神；另一方面佛教满足了当时中国社会的需要，其传入中国以后，丰富和发展了中国文化，在辅助国家治理方面也发挥着独特的作用。

第一，佛教与中国文化在精神上有相通之处。

佛教中国化的前提是中国文化中的包容精神。佛教之所以能够顺利地中国化，首先与中华文化中“和而不同”，以及“己所不欲，勿施于人”“厚德载物”的开放包容精神是分不开的，这是文明交流互鉴的基础。《礼记·中庸》中有：“万物并育而不相害，道并行而不相悖。”《周易》载：“天下一致而百虑，同归而殊途。”西周末年的思想家史伯说：“夫和实生物，同则不继。以他平他谓之和，故能丰长而物归之；若以同裨同，尽乃弃矣。故先王以土与金、木、水、火杂，以成百物。”（《国语·郑语》）孔子也讲：“君子和而不同，小人同而不和。”（《论语·子路篇》）上述思想无不体现出中国人的思维方式，即求同存异、尊重彼此的差异性，由此形成了多元文化共存、和合相处的包容精神。道家与道教的基本经典《道德经》中讲的“道法自然”的无为思想和“知常容，容乃公”的思想，也体现出一种虚怀若谷和兼容并包的精神。道教的性命双修理论、贵己养生的主张和行善济世的实践等，更容易成为与佛教相互补充、相互认同和彼此吸纳的思想资源。正是儒道等文化中的这种包容精神及思想内容，使中华民族更容易以开放的胸怀吸纳外来的文化，丰富和发展了自己的民族文化。

佛教之能够成功实现中国化，还与佛教自身建立在缘起理论基础上的圆融平等、慈悲利他、中道智慧与净心行善等思想是分不开的。佛教的缘起理论所揭示的是自然世界、人类社会一切事物和现象相互依存、和合共生的关系，是佛教宽容、慈悲和平等的精神赖以建立的基础。所谓缘起，就是指一切事物和现象，都是因为种种因缘条件和合而成立，没有独立自存和永恒不变的事物。一切事物和现象都是互相依存、和合共生的，所以人与人、人与大自然都处在相互依赖、相互联系之中。同样，不同民族、不同国家、不同宗教共存于这个世界中，也是存在着千丝万缕的联系。只有尊重不同民族的文化和他们的宗教信仰，承认不同地域间的文明差异，尊重彼此的价值，才能减少文明的隔膜和宗教冲突。佛教的缘起理论及其圆融平等、慈悲利他等思想对于增进不同文明的交流互鉴、缓解因宗教间的不宽容而带来的冲突和暴力，具有积极的意义。

第二，佛教满足了当时中国社会的需要。

佛教中国化第二个原因是佛教满足了当时中国社会的需要，在辅助国家道德教化方面发挥了积极的作用。中国历史上的帝王以及佛教高僧、居士在论述儒释道三教关系时，首先强调三教的思想及社会作用的差异性，指出三家之间的互补作用，即儒家治世、道家治身、佛家治心。南宋孝宗皇帝制《原道辩》说："以佛治心，以道治身，以儒治世。诚知心也、身也、世也，不容有一之不治，则三教岂容有一之不立。"①北宋云门宗学僧契嵩在指出儒教排佛之误时，强调儒家与佛教"同归于治"："儒佛者，圣人之教也，其所出虽不同，而同归于治。儒者，圣人之大有为者也；佛者，圣人之大无为者也。有为者以治世，无为者以治心。……儒者欲人因教以正其生，佛者欲人由教以正其心。"由此他得出结论说："故治世者非儒不可也，治出世非佛亦不可也。"②元代佛教居士刘谧在其《三教平心论》中也努力调和儒释道三教，认为儒教端正纲常、示明人伦，道教崇尚清虚无为，佛教则舍伪归真、自利利他，各有其价值和任务，缺一不可。特别强调，佛教与道教并不相违背，皆教人舍恶趋善，可以有助于世教，使天

① 刘谧：《三教平心论》卷上，《大正藏》第52册，第781页。

② 契嵩：《镡津文集》卷八，《大正藏》第52册，第686页。

下坐致太平。明末高僧莲池袾宏也说："儒佛二教圣人，其设化各有所主，固不必歧而二之，亦不必强而合之。何也？儒主治世，佛主出世。"[①]中国历史上由于儒家思想在思想文化领域占据绝对支配地位，所以佛教一方面肯定儒家在治理社会（即"治世"）方面有着佛、道二教所不可替代的作用，同时又强调佛教在安定社会人心、劝人向善方面有着独特的作用。

如上所述，佛教与中国文化在精神上有相通之处，并且满足了中国社会一定时代之所需，佛教在中国的传播过程中，深受中国文化的影响，在政治、经济、文化、制度、民俗等诸多方面主动调适，逐渐适应了中国社会，成为中国传统文化的有机组成部分。

二、佛教中国化的本质及内容

从中国佛教史来看，佛教中国化的本质就是佛教与中国社会相适应。佛教中国化的内容主要表现在：政治上主动与中国政治文化传统相适应，在思想上与儒道等固有的文化相互融合吸收，在僧团组织制度方面适应了传统的农耕文明，在信仰形态方面适应了民众的需求，在文化传播方面促进了中国与周边国家的文化交流和友好往来。

第一，在政治上适应中国社会，形成了佛教爱国爱教的优良传统。古印度的种姓制度、婆罗门至上等观念，使得其神权高于王权，然而中国历史上神权则一直从属于王权之下。佛教传入中国以后，首先需要解决的问题之一就是如何适应新型的政治文化传统，这直接影响到佛教在中国的生存和发展。历代帝王也认识到佛教的传播在一定程度上有助于稳定社会和国家政权。因此，大多数封建帝王也愿意在其权力能够掌控的范围内保护和支持佛教的发展，但是同时也将佛教纳入了国家事务管理体系之中，并专门针对佛教中的有些事务建立相应的管理机构和相关制度，形成了具有

① 朱时恩：《居士分灯录》卷上，《卍新纂续藏经》第86册，第576页。

中国化特色的管理制度，其内容主要包括僧官制度、试经度僧制度、度牒制度、僧籍制度等等。与此同时，佛教也主动调适，形成了“庄严国土，利乐有情”的爱国爱教思想。佛教的爱国爱教思想，主要反映在“报国王恩（或国土恩）、报众生恩”的慈悲利他精神中。在封建帝制时代，国王即是国家的代表，社会安定、人民安居乐业，都需要有国家的治理。若无国家，不但无法抵御外患，国内人民的生命也没有保障。所以报国王恩，说明佛教与国家之间的关系，就是要尊重贤明的君王对国家的治理，勤修善行，以佛法辅助社会教化。所谓报众生恩，就是佛教认为，世间因缘无尽，一切众生犹如自己的父母，应当时刻常思报答。《华严经》说：“一切众生而为树根，诸佛菩萨而为花果，以大悲水饶益众生，则能成就诸佛菩萨智慧花果。”这说明佛教的利益与人民的利益是一致的。中国佛教不仅在思想上有着“庄严国土、利乐有情”的理想，而且通过实际行动，实践着大乘菩萨“报恩度苦”“忘我利他”的积极精神，涌现出大量抵御外侮、除暴安良的爱国主义事迹，为国家社会作出了贡献。

第二，佛教义理中国化，即在文化上与儒道等固有的文化相互融合吸收，丰富和发展了中国文化。佛教传入中国，在与固有的儒、道思想相互吸收融合过程中，逐渐成为传统文化的重要组成部分。从中国思想史发展看，佛教虽然在哲学思想上曾对儒家、道教提出过批评，儒家、道教在政治生活和伦理道德方面对佛教也进行过抨击，但总体上是三者互相借鉴和学习的过程。佛教积极吸纳了儒家和道教的东西，使自己适应于中国的文化环境，并且以其独特的伦理道德观念、哲学思想体系，丰富了中国传统文化的内涵。佛教义理中国化最重要的内容体现在中国人对古印度大乘佛教的自觉选择与吸收。大乘佛教中六度、四摄、四无量心等菩萨利他的思想，以及布施、持戒、忍辱、精进、禅定、智慧等六度的修行方法，大乘佛教“众生无边誓愿度”“不为自己求安乐，但愿众生得离苦”的大悲誓愿，以及认为成佛的根本在于救度众生，即为利益众生而发心成佛，与中国文化中积极进取的精神亦相契合。大乘佛教的世间与出世间圆融无碍的思想，以及菩萨不离众生积极进取的精神，在具有浓厚出世倾向的古印度并未形成风气，却在传入中国以后得到了发扬光大。受大乘佛教世间与出世间圆融统一思想的影响，华严宗的理事圆融、天台宗的烦恼即菩提，无不肯定了现实人间对于修行的重要意义。尤其是禅宗中的“佛法在世间，不离世间觉”以及“平常心是道”的思想，将高深的佛法贯彻于平常的日用生活之中，与儒家“极高明而道中庸”的精神具有一致性。

第三，僧团制度中国化，即在僧团组织制度方面适应了中国传统的农耕文明，形成独具特色的农禅并重的传统。僧团制度是指在中国佛教僧团中，于戒律之外，由佛教界领袖所制订的丛林管理制度，其中影响最大的是禅宗清规。在中国佛教史上曾出现过道安所订僧尼规范等，后来百丈怀海禅师始创的禅林清规成为中国佛教的主体性制度，形成了“一日不作，一日不食”的农禅并重的优良传统，这也是中国佛教制度的一大特色。从中国历史上看，禅宗清规对维系佛教的存在发挥了重要的作用，保证了僧众在丛林中正常而清净的生活，维持了佛教僧团的稳定。

第四，佛教信仰的中国化，即在信仰形态方面适应了民众的需求，形成了中国佛教内容丰富的菩萨信仰。菩萨信仰与大乘佛教有着直接的联系，是中国佛教的一个重要特色，反映了中国传统的价值取向。古印度佛教中有众多的崇拜对象，如佛、菩萨、阿罗汉，在中国佛教中，菩萨信仰逐渐成为信仰崇拜的重要对象，在中国佛教中占有殊为重要的地位，其中一个重要原因就是受到儒家“兼济天下”精神的影响，也就是古代印度来华的高僧经常说的“震旦有大乘气象”。在中国佛教中，逐渐形成了以观音、文殊、普贤、地藏为代表的四大菩萨信仰体系，分别代表了大乘佛教的悲、智、行、愿四大精神，在此基础上，相应形成了普陀山、五台山、峨眉山和九华山四大名山道场，对于中国佛教信仰形态产生重要影响。尤其是观音菩萨的信仰千百年来早已广泛流传，一些地方甚至有“家家弥陀佛，户户观世音”的说法，观音菩萨慈悲救世的精神在中国深入人心。

第五，在文明交流和佛教文化传播方面，促进了中国与周边国家的文化交流和友好往来。佛教自传入中国以后，在两千多年的时间中，曾有无数来自南亚、东南亚、中亚的佛教徒到中国传法，带来大量经典及其他文物。在中国历史上，也有很多中国僧人到古印度等地求法取经，涌现出大批西行求法的高僧，如法显、玄奘、义净等，不仅在中国佛教史上占有重要地位，而且在中外文化交流史乃至世界文化史上也占有重要地位。印度佛教在13世纪以后逐渐消亡，中国被视为佛教的第二故乡，成为北传佛教的中心，中国佛教僧人又将大乘佛教传至韩国、日本、越南等周边国家。如唐代著名的律宗高僧鉴真应请赴日传法，成为日本律宗的祖师。这些异邦传法的高僧，作为和平的使者，既弘传了佛教思想和中国文化，又传递中国佛教徒维护和平的信念和要求和平的声音，使得佛教文化成为联系和沟通这些国家的重要纽带和桥梁。

总之，没有佛教中国化，就没有今天的中国佛教；换言之，如果没有中国文化对佛教的影响和佛教自身对中国社会的努力调适，就没有辉煌灿烂的中国佛教。佛教在中国历史上的发展，既没有影响以儒家为代表的传统中国文化主体地位，相反却丰富和发展了中国传统文化，以其辅助教化、安定社会民心的独特作用，真正融入中国文化之中，并对中华民族精神的铸造产生了重要的影响。

三、坚持佛教中国化方向，积极践行社会主义核心价值观

从中国历史上看，佛教中国化的过程就是佛教不断与中国社会相适应的过程，宋元明清以后，佛教依然随着社会的变迁而不断地调适，不断深入中国人生活的各个方面。因此不能把佛学中国化等同于佛教中国化，而

认为隋唐时期已经完成了佛教中国化，更不能否定中国佛教传统，主张回归古印度佛教源头。佛教作为中华优秀传统文化的重要组成部分，在今天应该继续坚持佛教中国化方向，以社会主义核心价值观为引领，积极与社会主义社会相适应，不负时代，发挥其应有的积极贡献。

首先，佛教与社会主义核心价值观在精神上是相通的。党的十八大报告首次以 12 个词概括了社会主义核心价值观，包括分为三个层面：即国家层面的价值目标：富强、民主、文明、和谐；社会层面的价值取向：自由、平等、公正、法治；公民个人层面的价值准则：爱国、敬业、诚信、友善。中国佛教爱国爱教的传统，与“庄严国土，利乐有情”的思想、“报国土恩，报众生恩”的实践，和这些都有相通之处。具体在公民层面而言，爱国自不待言，佛教的安分守己、谨守本分与菩萨的进取精神即是敬业；佛教的深信因果、不妄语戒就是诚信；菩萨的慈悲利他就是友善。而且佛教中以“无我”思想为基础的慈悲利他思想，即“不为自己求安乐，但愿众生得离苦”的菩萨精神，与共产党员大公无私、全心全意为人民服务有相通之处。

党的十八大报告指出：“优秀传统文化凝聚着中华民族自强不息的精神追求和历久弥新的精神财富，是发展社会主义先进文化的深厚基础，是建设中华民族共有精神家园的重要支撑。”习近平总书记在 2014 年中共中央政治局集体学习时指出，培育和弘扬社会主义核心价值观必须立足中华优秀传统文化，要认真汲取中华优秀传统文化的思想精华和道德精髓，使中华优秀传统文化成为涵养社会主义核心价值观的重要源泉。

从实践上看，佛教在社会道德、经济生活、文化习俗等各个方面，都可以在社会主义社会建设中发挥积极的作用。佛教界坚持佛教中国化方向，践行社会主义核心价值观，其主要内容是努力弘扬和实践人间佛教思想。人间佛教思想源于 20 世纪二三十年代，是由太虚法师针对明清以来中国佛教严重脱离现实的社会人生、充斥着死后及鬼神等低俗迷信倾向等而提出来的，成为影响深远的佛教内部革新运动。随着赵朴初居士及佛教界高僧大德的努力推动，人间佛教思想已成为中国佛教思想上的共识和主流。人间佛教思想的出现，就是要改革佛教不适应时代社会的内容，尤其是要革除在历史上形成的鬼神化、迷信化等内容。在当今时代，尤其要反对商业化等弊端，倡导佛教有利于社会发展的健康、文明、积极向上的内容，更好地发挥佛教文化建设、道德实践、慈善事业等积极的社会作用。

总之，佛教是中华优秀传统文化的重要组成部分，作为传统文化资源，具有历久而弥新的鲜活生命力。在新的时代，应该继续深入推进佛教中国化，在社会主义核心价值观的引领下，对佛教教规教义作出符合当代中国发展进步要求、符合中华优秀传统文化的阐释。

伊斯兰教中国化的五条路径

李林[①]

伊斯兰教中国化是中国穆斯林在历史进程中自我选择的道路、方向和命题，具体含义主要包括政治认同、社会整合和文化融通三大层面。本文在总结历史经验的基础上，从五个方面展开讨论。

一、爱国爱教——政治认同的中国化

中国穆斯林政治认同的特点可概括为“爱国爱教相统一”，重在两者统一。此特点非一朝一夕形成，而是历经几个历史阶段积淀而来，先后出现过四种典型理论。

（一）认主与忠君

一般认为，明清时期中国穆斯林通过“二元忠诚论”来构建政治认同，即同时强调顺从真主与忠于君主，所据多出自王岱舆《正教真诠·真忠》里的话：

> 夫忠于真主，更忠于君父，方为正道，因其源清，而无不清矣。或即忠于君父，而不能忠于真主者，直为异端。何也？因其拜张拜李，祈佛祈神，头头是主，岂能忠于一乎。

① 李林，中国社会科学院世界宗教研究所伊斯兰教研究室主任、研究员。本文原载于《世界宗教文化》2020 年第 3 期。

> ……须知大本真忠，始自天子，盖君不能自君其君，惟主能与其为君。所谓天子不能以天下与人，天与之也。故君父之忠为宝，臣子之忠为金，交友之忠为银。忠名虽一，其实不同。人必认主而后心正，心正而后忠真。万善之根，皆自此忠而发，须能中节，其礼方备。因人生住世，有三大正事：乃“顺主”也、“顺君”也、“顺亲”也。凡违兹三者，则为不忠、不义、不孝矣。然而事有重轻，义有差等，君亲岂得与之同等。兹至大之伦，至极之忠，不可不知也。①

“二元忠诚”的当代解读是否完全成立，还有做进一步学术探讨的余地，理由有三：

其一，从文本看，原文似并无突出“二元”之意。王岱舆强调的是，忠君与念主有等差之别。在“顺主”“顺君”“顺亲”人生“三大正事”中，“顺主”居于首位。文中说“事有重轻，义有差等，君亲岂得与之同等”，显然是将忠君摆在第二位。封建时代，君亲之前仍有天地，这在当时不算悖逆。

其二，在理论上，“二元忠诚”的解读未能更进一步，反而回到了不彻底的中间阶段。若以“二元忠诚”解读“义有差等”，其实是回到了“墨氏则二本而无分”的老路，必然面临这样的问题：“二元”之中是否有主次之分？假如事事相等，反而事事不等。如此一来，“二元忠诚”又重新回到问题，在理论上不进反退。当然，如果我们越过文本，仅就今天的现实来看，“二元忠诚论”有其现实意义。明清时期的顺主与忠君是一致前提下的顺承关系，而现代国家的政治认同并不一定要从信仰层面寻求依据，而是宗教信仰者同时兼具公民身份，顺从真主与忠于国家可以表现为一致

---

① （明）王岱舆：《正教真诠》下卷《真忠》，《清真大典》第 16 卷，合肥：黄山书社，2005 年影印本（同治十二年锦城宝真堂藏版重刊本），第 116、117 页。

前提下的并行关系。可见，用“二元忠诚论”解读明清时代的汉文译著未必符合当时事实，但如果用它来解读现代社会却体现出一定合理性。不过，在此想强调的是，在解读文本时尽可能读出文本原意，不以今测古。

其三，从思想脉络看，王岱舆之所以没有采用平行方式来解决认主与忠君之间的张力，而是以伦理义务的等级与差别来解决顺主与忠君的关系，应该是受到了宋明理学的影响。王岱舆称“事有重轻，义有差等”，颇符合宋明理学的“理一分殊”之旨。宋儒程颐认为“理一分殊”之分殊乃“本分”“义务”，即“差等之义”。[①] 宋明理学是明清两代的主流意识形态，明清时期的汉文译著家号称“学通四教”。王岱舆应对“理一分殊”之说应相当熟稔，故能结合中国穆斯林“认主与忠君”而有所发明。根据“义有等差”，提出人生“三大正事”“顺主”“顺君”“顺亲”之中，顺主为头等大事。其理由是，“因其源清，而无不清矣”，而这正符合《西铭》“老幼及人”之旨。仁爱须由爱吾老幼而推及他人，忠诚自然也须由忠于真主而推及忠于君主。本正方能源清，如此推己及人，义务次序才能层层递进，一一实现。

可见，明清时期中国穆斯林政治认同中国化绝不只是如何“忠君”这么简单，而是要处理好“顺主”与“忠君”的关系。王岱舆从宋明理学的“理一分殊”出发，成功地构建了一套中国伊斯兰教的政治认同理论，这套理论被后来的汉文译著家继承与发扬。

（二）天道与人道

清代刘智延续了王岱舆“统之以一”的思路，以天道与人道的“一以贯之”阐释认主与忠君的统一，化解了两者之间可能存在的张力。

盖君为有相之主，主为无相之君。念主天道之首功，念君

---

①《杨龟山集》卷 16 附《伊川答论（西铭）》，引自《钦定四库全书》。

人臣之首行，两念不忘，则天道人道，一以贯之矣。[①]

显然，刘智在使用材料、解释角度等方面都有所更新。王岱舆采用宋明理学“理一分殊”来实现认主与忠君的统一，而到了刘智这里却出现了一些新说法，比如“真主在大地上的影子”。刘智在《天方典礼择要解》中论及君臣之道时，以“君者，主之影”，来论证穆斯林忠于君主的合法性。这不是刘智的新发明，而是来自伊斯兰世界的通行做法。

自从阿拔斯王朝的第八位哈里发穆尔台绥穆拉（833—842年在位）起，每一位哈里发的名字后面都加上一个尊号，其中包括“真主在大地上影子”（Zill Allāhll ‘ala al–ard），一直到奥斯曼哈里发帝国的末期，此类称号仍在使用。比起王岱舆先贤，刘介廉掌握的阿拉伯文、波斯文材料更丰富，运用起来也更得心应手，故能援引伊斯兰世界的通行理论来阐释认主与忠君的统一。

除了思想认识以外，刘智还从礼法角度完成了天道人道的“一以贯之”。刘智将礼法分为两部分：“天道五功”与“人道五典”。人与真主的联系通过天道五功体现，人与人的关系体现为人道五典。五功与五典共同组成了礼法，而礼法则是“一切事工之条例”“勤德敬业者所取法”[②]。

从王岱舆到刘智的变化，反映出中国穆斯林构建政治认同乃是一个动态的过程，根据所处的时代、所掌握的材料、所面对的命题，经由不同的学者之手而不断发展变化，愈加丰富。

（三）爱国与爱教

近代以来，伴随着民族国家的兴起，中国穆斯林的国民意识开始觉醒。

① （清）刘智：《天方典礼择要解》卷十二《臣道》，《清真大典》第15卷，合肥：黄山书社，2005年影印本（天津图书馆藏清康熙四十年杨斐菉刻本），第133页。

② （清）刘智：《天方典礼择要解》卷一《原教篇》，《清真大典》第15卷，第64页。并请参阅吴云贵：《从刘智〈天方典礼〉看伊斯兰教中国化的路径方式》，《世界宗教文化》，2019年第3期。

1906年，爱国报人丁宝臣（名国珍）创办了当时伊斯兰教第一份白话文报纸《正宗爱国报》，其长兄丁竹园（名国瑞，号子良）为清末最早倡导白话文的先驱，撰有《爱国质言》一文，解明爱国真意，倡导爱国精神：

> 今日我们所希望于我们中国人的，是愿以后爱本国。须搜寻出以前不爱本国的病根子来，不爱国的病根子去净，爱国的精神，自然就生出来了。
>
> 爱字，是人人心中所固有的，对于各事各物，尚有爱情，何况是覆载我、生养我的祖国呢？一丝一粒，尚且爱惜，何况这物产丰富的大地山河呢？
>
> 况且我们祖宗埋在中国，我们本身生在中国，吃的是中国土产，饮的是中国水泉，骨肉手足亲戚朋友，全在中国。我们的中国不好到极处，总算是自己的家。①

如果说《爱国质言》表达了中国穆斯林的爱国意识，那么，1907年留东清真教育会编《醒回篇》的发刊词足以证明中国穆斯林的国民意识已具雏形："人非国家不存立，非父母不生活。此孝于亲，忠于国，所以为人子之天职，国民之义务。"②

抗日战争使中国穆斯林的国民意识得到极大的锻炼，最终塑造成型，标志是"爱国爱教"成为穆斯林群体的共识。《月华》第10卷第一期慷慨陈词："我回教民众身在中国，中国即为我之国家，国亡家破，宗教安能完整。"有识之士充分认识到爱国与爱教的统一性："国之不存，教将安附？"因此，"保国即是保教，爱国即是爱身""兴教不忘救国，救国

---

① 丁竹园：《爱国质言》，《竹园丛话第二集》,《回族典藏全书》第120册，兰州：甘肃文化出版社；银川：宁夏人民出版社，2008年，第193、194、198页。

② 留东清真教育会编:《醒回篇》，王希隆点校，兰州：兰州大学出版社，1988年，第47页。

乃能兴教”[①]。因为，“国若不存，身危随之。身既危殆，教胡能完！”[②]更有人将爱国与爱教、爱人与爱世融为一体：“爱国即所以爱教，爱教即所以爱人，爱人即所以爱世。”[③]1938 年中国回民救国协会谱写了《中国穆士林抗敌曲》，表达出当时穆斯林的抗日爱国热忱：

起来吧！中国的穆士林，举起我们的宝剑，发出我们的吼声，贯彻爱国的品德，负起保族的使命，认清我们的敌人日本。它施放无情的炮火，它残杀我们的国民，要把中华一口并吞，我们决不受它的侵凌。穆士林！前进！前进！[④]

《中国回教救国协会青年服务团工作总结报》“引言”明确表达出伊斯兰教徒就是中华民族一分子的“国民意识”：

我们伊斯兰（回教）教徒，既为中华民族一分子，自然义不容辞、责无旁贷地各尽其能，各竭其力地共负起在大时代“抗战建国”艰巨的责任。抗战以后，教中先进或赴杀敌疆场，或奔走呼号，为国效劳；或向近东友邦揭露倭贼暴行，阐扬抗战的意义……我们这群回教青年，既是国民的一分子，同时也受

① 王孟扬：《救国与兴教》，摘自《中国回教救国协会会刊》1939 年第 1 卷第 4 期，王正儒、雷晓静主编：《回族历史报刊文选·抗战卷》（上），银川：宁夏人民出版社，2012 年，第 258 页。

②《伊斯兰学友会抗日宣言》，摘自《月华》1931 年第 3 卷第 35 期，王正儒、雷晓静主编：《回族历史报刊文选·抗战卷》（上），银川：宁夏人民出版社，2012 年，第 376 页。

③《为抵抗层出不穷的压迫应准备实力抗战》，摘自《天方学理月刊》1933 年第 5 卷第 11—12 期，王正儒、雷晓静主编：《回族历史报刊文选·抗战卷》（上），银川：宁夏人民出版社，2012 年，第 387 页。

④《中国回教救国协会会刊》1938 年第 2 期，引自邱树森：《中国回族史》，银川：宁夏人民出版社，第 931 页。

了古兰经的昭示，应该驱逐敌人出境，恢复国土。[①]

可见，“中国穆斯林的爱国热忱，从未因宗教信仰而削弱，反而得到加倍鼓舞，每每在民族国家兴亡的重大关头，爆发出惊人力量。”[②]中国穆斯林的国民意识也在中华民族的奋斗和复兴中得以塑造成型。

（四）国法与教法

20世纪上半叶以来，穆斯林遵守所在国家的法律，已成为中国穆斯林的共识。民国时期，学者马以愚将遵守国法上升到“主命”的高度：“而回教人遵从所在国家法令，固属天命也。”[③]

当代中国穆斯林对如何协调国法与教法的关系做出了新的发展。2008年出版的中国伊斯兰教协会组织编写的全国经学院统编教材提出，伊斯兰教法主要可分为两个方面：一是调整人与真主之间的关系，二是调整人与人之间的关系。人与真主的关系在教法中体现为伊斯兰教的宗教信仰与宗教功课；而人与人的关系在教法中则体现为教法对于民事、商事、刑事以及诉讼程序等方面的规定。教法所规定的人与真主的关系是永恒的，而教法关于人与人关系的规定可灵活变更。[④]

这一理论阐明了，在政教分离的前提下中国穆斯林如何继续坚持爱国爱教的政治认同，也就是国家保障公民的宗教信仰自由以及少数民族的传统文化和生活习惯，调整人与人关系的社会规范则以国家法律为准，国家建立完善宗教事务治理体系和治理能力，保障信教群众的合法权益，以法

①《中国回教救国协会青年服务团工作总结报》，引自中国南方回族古籍丛书编委会：《中国南方回族古籍资料选编》（下），南宁：广西人民出版社，2013年，第198页。

② 李林：《教法随国论：伊斯兰教法中国化的本土经验与普遍意义》，《文化纵横》，2018年第1期。

③ 马以愚：《中国回回教史鉴》，银川：宁夏人民出版社，2000年，“例言”第2页。

④ 中国伊斯兰教协会全国经学院统编教材编审委员会编：《伊斯兰教教法简明教程》，北京：宗教文化出版社，2008年，第9页。

治化促进中国化。

二、华化内化——社会身份的中国化

伊斯兰教自唐高宗永徽二年（651）传入中国，历经唐、宋、元、明、清、民国与中华人民共和国等五个时期，其整体社会身份相应经历了四个阶段的演变，即化外之民、化内臣民、国民以及现代公民。除了臣民、国民这套“整体社会身份”以外，中国穆斯林在融入地方社会过程中往往还需要一套“集体社会身份”。“集体社会身份”的出现，说明中国穆斯林社会身份的中国化进入深入阶段。因为只有具备了这种集体身份，分散在各地的穆斯林群体，才能作为一个社会单元融入地方社会，参与地方活动。在传统社会中各地穆斯林群体最常见的集体身份有两类：一为宗族，一为寺坊。

（一）宗族

广西《傅氏宗谱》称：“吾始祖弘烈公由江西进贤游宦来粤，为广西提督军门，与广西巡抚马公雄镇于明末清初同时殉难尽忠。”[①] 子孙遂在桂林等地繁衍，传十三世，而宗祠、族谱尚在阙无，深以为憾，故于光绪年间至民国期间多次筹商捐资修谱。

《傅氏宗谱》列有《规则十条》包括：聚会、值年、储蓄、序派、添丁、教育、扫墓、拜主、墩宗、睦族。萧公权在《中国乡村——19世纪的帝国控制》一书中，将宗族活动总结为以下几项，包括：（1）编撰、修订族谱；（2）祭祖，修建祠堂，管理祭地和祖坟；（3）周济族人；（4）对年轻人的教育；（5）惩罚犯罪，解决争端；（6）自卫。[②] 稍加对比，不难发现，《傅氏宗谱》所列宗族活动，与清代晚期各地乡村的宗族活动，基本一致。

---

① 《傅氏宗谱》，怀德堂族众编订，民国二十七年孟春吉日，木刻本。引自中国南方回族古籍丛书编委会：《中国南方回族古籍资料选编》（上），南宁：广西人民出版社，2013年，第30页。

② 萧公权：《中国乡村——19世纪的帝国控制》，张皓、张升译，北京：九州出版社，2018年，第396页。

《傅氏宗谱》列有《规则十条》里，第四条“序派”规定，一族之内，长幼有序，尊卑有别，这显然来自儒家宗法制度。第八条“拜主”，所述为伊斯兰教的拜主五功，但立论之本并非单纯出于宗教，而是从追思祖先、慎终追远，引申出拜主之必然。这些文字显然出自东部地区深受儒家文化熏陶的穆斯林之手。可见，同为论述拜主五功，宗族后人与宗教人士在角度、旨趣等方面颇为不同。宗教人士论述拜主五功，多以真主创世之恩，申明拜主之当然。之所以出现这样的差异，除了知识背景之外，还与社会身份有关。不同地方的穆斯林群体参与地方社会的集体身份不同，东南穆斯林群体多重宗族身份，而西部地区的穆斯林群体多重寺坊身份。

一般认为，东南地区的穆斯林受到儒家思想和宗法制度影响更大，而西北地区的穆斯林更易受到宗教信仰的影响。这个说法或许可从社会身份的角度有所佐证。在广东、福建和江西等南方地区，宗族势力往往较大，宗族是当地最有影响力的群体身份。受此影响，当地穆斯林群体也注重通过修族谱、建祠堂等行为，构建自身的宗族身份。而在西部一些地区，宗族的影响较小，故当地穆斯林群体参照系不是南方的宗族，而是西北社会较常见的基层单位“里坊”，故将宗教认同与地方社会融为一体，构建了以“寺坊”为标志的社会身份。

（二）寺坊

寺坊即以礼拜寺为中心、聚合周围村庄街巷的穆斯林自然界成的地缘组织。[①] 寺坊不仅是一种空间划分，也意味着一种社会身份，西安地区至今还将居住在回坊的穆斯林称为“坊上人”。寺坊制度的原型可以追溯到唐宋时期的蕃坊。勉维霖认为，寺坊大体上产生和形成于元代，在社或坊的基础上形成。“社”是元代社会的基层组织，世祖至元七年（1270）起

① 勉维霖：《中国回族伊斯兰宗教制度概论》，银川：宁夏人民出版社，1997 年，第 190 页。

在全国城乡普遍建社。而在城市中，社设于坊之下。萧公权认为，“社”既是祭祀单位，也是农业赈灾单位，最后演变为行政单位和基层组织。[①]有了“社”，才能说明白“坊”的由来。实际上，寺坊的很多特征都与社相似。

（1）社和寺坊都是社会单位。社与社之间是平行关系，与之类似，传统的寺坊之间通常互不隶属，格底目即老教尤为明显。每个寺坊自成一个独立行教单位，各自为政。寺坊常见有两种形式：单一寺坊型和复合寺坊型。单一型即一坊一寺，复合型则是指一坊多寺。比较简单的复合型寺坊通常是一个大坊内设有一座大寺即“海乙寺”以及几座小寺即“稍麻寺”。无论单一型寺坊还是复合型寺坊，实则仍是以坊为主，多寺则是为了满足使用需要。

（2）社和寺坊都有宗教含义。社的最早含义就是向土地神和谷神举行祭祀活动的单位，“二十五家为一社”。明太祖在1368年（洪武元年）岁末下旨，每社修建一个祭坛，作为祭祀土地神和谷神的场所。寺坊则是以清真寺为中心，围绕宗教场所和宗教功能展开其他活动。

（3）社和寺坊都是地方公共事务的中心，并承担道德教化功能。传统上各寺坊也承担着道德劝诫的功能，过去各坊都有成文或不成文的坊规，作为一种乡规民约，要求全体穆斯林遵守执行。坊规内容一般包括：虔诚信主，遵经尊圣，遵守教法教规；禁酒、禁赌、禁烟、禁谣邪等。有的寺坊还就一些专门事项，如提倡婚姻轻彩礼、俭办丧事、选聘掌教等颁定坊规。[②]清康熙四十九年，因云南发生沙金“行左道”一案，汉文译著家马注制定坊规戒律十条，报请官府颁行云南各地穆斯林寺坊施行，包括：一、端学习；二、择教领；三、敦礼让；四、助婚丧；五、清常住；六、待远客；

① “社”的功能演变，参见萧公权：《中国乡村：19世纪的帝国控制》，第51—53页。

② 勉维霖：《中国回族伊斯兰宗教制度概论》，第213页。

七、厚师礼；八、惧蒙童；九、洁饮食；十、重丧礼。[①]

社与寺坊所不同之处主要表现为：社的规模相对统一，而寺坊穆斯林居民户数多寡不一。元世祖忽必烈要求农村中每50户组成一社，明太祖曾规定每100户组成一社。寺坊的规模无法如“社”一般，整齐划一。大寺坊穆斯林多达千百户，小寺坊甚至只有三五十户，一户穆斯林通常属于寺坊。社与寺坊不同的原因在于，社是国家治理环节中一个相对正式的基层单位，国家需要依靠社，进行祭祀、赈灾、教化、税收乃至行政等方面工作，而寺坊是一个相对自然形成的共同体。乾隆年间，清政府曾经试图在西北穆斯林聚居地区推行乡约制度，但最终未能成功。现在看来，其中一个重要原因就在于寺坊和里坊虽表面相近，但形成机制、组织构成等存在根本不同。寺坊是自然形成的社会组织，而社是人为划定的基层组织。寺坊形成的动力来自于当地穆斯林群希望作为一个社会单元在地方社会中拥有一席之地，因此只要满足社会单位、宗教单元和道德教化中心的功能就足矣。因此，自然形成的寺坊与作为基层行政和税收单位的社，在功能和规模上都有较大差别。在封建时代，如将寺坊改造为行政基层单位，势必对寺坊进行大规模改造。不仅寺坊大小要变化、居民要迁置，还需要对清真寺数量进行相应地增减。如果不改造则寺坊和里坊的差别必然导致行政成本过高，最终必然无法维持。这也说明自然形成的寺坊更符合地方穆斯林群体的社会定位，所以直到今天“坊上人”还是一些地方穆斯林群体一直乐于保有的身份符号。

三、由俗而礼——宗教制度的中国化

伊斯兰宗教制度的中国化可概括为“教随人定，法顺时行”。教法的地位，通常由穆斯林在特定社会的身份确定，乃“教随人定”；而教法的实行，

① （清）马注：《清真指南》卷十《左道通晓》，《清真大典》第16卷，合肥：黄山书社，2005年影印本（同治九年广州濠畔街清真寺重刻本），第874—880页。

根据时代变迁而有所变化、有所变通、有所损益，乃“法顺时行”。

（一）教随人定

宗教事务治理的方式实则与宗教群体的身份息息相关。比如，在是否允许穆斯林“依其俗而治”的问题上为什么元代要比之前的唐宋时期似乎更保守了，一定要收回穆斯林群体在行政司法、婚姻户籍、财政税收等方面的自主权？当时国法与教法之间的典型冲突体现于以下三大事件：一、开膛法与断喉法之争。至元十六年（1279），有八里灰回回进京贡海青，皇帝赐食，贡使不受。元世祖大怒，下诏规定今后不得以断喉法宰羊。二、“禁回回抹杀羊做速纳”。至元十六年（1279）朝廷发布一道敕令“禁回回抹杀羊做速纳”。此法令同时见于《元典章》卷57《刑部卷》之十九“禁回回抹杀羊做速纳”条。三、罢回回哈的司属。至大四年（1311）元仁宗下令“罢回回哈的司属”，皇庆元年（1312）又下令“回回哈的”不得再过问司法诉讼。《通制条格》卷第二十九《僧道》“词讼”条亦载有相关内容。

一种解释，穆斯林地位论。此说主张唐宋穆斯林社会地位高，而元朝时穆斯林地位低，故对待伊斯兰教法态度有异。事实上，穆斯林在元代政治地位颇高。白寿彝认为：“无论在元代之中央政府或地方政府，回教人均有参与并扮演重要之角色。”① 涌现了一批回回人宰相、大臣。据《元史，宰相表》《新元史 · 宰相年表》记载，回回人在元朝朝廷担任重要职务者，合计有：右丞相1人、左丞相3人、平章政事11人、右丞1人、参知政事1人。又据《元行省丞相平章政事年表》及《新元史 · 行省宰相年表》记载，回回人在地方政府任要职者数量有：丞相3人、平章政事23人、左右丞3

① 白寿彝：《元代回教人与回教》，李兴华、冯今源：《中国伊斯兰教史参考资料选编（1911—1949）》（上册），银川：宁夏人民出版社，1985年，第175页。

人、参知政事 3 人。[①] 此外，按照元朝定制，回回人可充任各路同知、达鲁花赤。仅镇江路一地，元世祖至文宗时期的 21 任达鲁花赤中有回回 5 人，所属录事司和各县达鲁花赤中回回人占据 1/3 以上。[②] 元朝有国仅 80 余年，从上述记载，可见当时回回人政治人物之盛。

另一种解释，身份变更论。即由于中国穆斯林本土化程度的加深。唐宋时期移居中国的穆斯林蕃客属于“化外之民”，数量不多，因此最有效的办法是任命蕃长，“依其俗而治”，但随着穆斯林中国化程度加深，其社会身份成为“化内臣民”以后，在管理模式和司法权限都要随之调整，以管理臣民的方法管理。《元史》卷 102《刑法志》载：“诸哈的大师止令掌教念经，回回人应有刑名、户婚、钱粮、词讼并从有司问之。”[③] 元代国法与教法之争的直接后果是教法无权再干预与穆斯林有关的刑名、户婚等行政司法事务，只能在个人信仰和宗教功修等范围内发生影响，背后原因则与中国穆斯林群体的社会身份变化有直接关系。

（二）法顺时行

在传统社会，礼法化是伊斯兰教法中国化的主要途径。因以“礼法化”实现“宗教与名教”“教法与礼法”的会通性要求，这是宗教扎根中国社会的一个必经步骤。明清时期，回儒学人多以“礼法”一词指称伊斯兰教法，然其内容不局限于五伦八德等伦理规范，往往首列信仰功修。汉文译著四大家之一马德新曾撰《礼法启爱》十三章，依次为：原礼篇、沐浴篇、礼拜篇、聚礼篇、会礼篇、殡礼篇、课赋篇、斋戒篇、朝觐篇、婚礼篇、乳亲篇、出妻篇、立誓篇。其中，前九篇皆围绕伊斯兰教基本功修展开。《礼

① 白寿彝：《元代回教人与回教》，李兴华、冯今源：《中国伊斯兰教史参考资料选编（1911—1949）》（上册），银川：宁夏人民出版社，1985 年，第 175—177 页。

② 杨怀中：《伊斯兰与中国文化》，银川：宁夏人民出版社，1995 年，第 93 页。

③《元史》卷一零二《志五十・刑法一》，北京：中华书局，1976 年标点本，第 9 册，第 2620 页。

法启爱》篇首《原礼篇》明言：

> 凡我同人，当以礼法为先务。礼法不明，则修身无术。夫未有五功既失，而百行能立者也。①

这里所说的“礼法”主要指伊斯兰教的“五功”而言。在“天道五功人伦要事”，首重“天道五功”，即宗教功修，其次才是社会关系、人伦典范，与儒家所说的“礼法”有所不同，体现为人伦之外，首重天道。

四、经学系传——教职人员的中国化

伊斯兰教传入中国已经1300余年，形成了中国独有的“中国伊斯兰传统”，而经堂教育是其主要支柱。经堂教育影响深远，它不仅培养了大批宗教教职人员和经学人才，解决了“人”的问题，而且为伊斯兰教在思想文化方面的本土化奠定了基础，解决了“经”的问题。经堂教育与汉文译著先后有别，经堂教育在先，汉文译著在后，而非同步并行。因为只有先解决了“人”的问题，才能有人来解经，从而解决“经”的问题。经堂教育在各地发展演变过程中，逐步形成了各自的中心和特点。

（1）陕西学派：以冯养吾、张少山为代表，以精研认主学、《古兰经》注为特点。庞士谦阿訇概括陕西学派特点，说“陕西派之学，重精而专”。陕西派有往往专攻一门者。例如，讲述认主学的，专授认主学而不讲其他。②（2）山东学派：山东派之学重“博而熟”，以常志美、李延龄、舍起灵等为代表，以讲授阿、波文十三本经、注重苏菲哲学见长，先后出现的著名经师有：海思福、李正光—李希真、杨仲明、王静斋、马芝兰、

① （清）马德新：《真德弥维·礼法启爱合编》卷二《礼法启爱·原礼篇》，《清真大典》第15卷，合肥：黄山书社，2005年影印本（光绪二十五年成都敬畏堂刻本），第378页。

② 庞士谦：《中国回教寺院教育之沿革及课本》，李兴华、冯今源：《中国伊斯兰教史参考资料选编（1911—1949）》（下册），银川：宁夏人民出版社，1985年，第1026页。

张子文—李廷相、马松亭等。（3）云南学派：以马德新、马联元为代表，以改进经堂教育、主张阿汉经书并授为特点。至于十三本经，各地说法略有差异，通常包括：

《连五本》（Asās al-'Ulūm，变字学）、《遭五》（Daw'al-Misbāh，《明灯发微》，文法简介）；

《满俩》（Malla' Jāmi，《文法汇宗》，文法学）、《白亚尼》（Balāgh，《修辞捷要》，修辞学）；

《尔嘎业德》（Sharh al-'aqā'id，《教心经注》，认主学）、《伟嘎业》（Sharh al-Wiqāyah，《卫道经解》，教法学）；

《胡托布》（Khutab，《圣谕详解》，圣训学）、《艾尔百欧》（Arba'ūn，《圣谕玄旨》，圣训四十段）；

《米诺哈吉》（Minhj，《回经字汇》，波斯文法）、《古丽斯塔》（Gulistān，《真境花园》，波斯经典）、《米尔萨德》（Mirsād al-'Ibād，《归真要道》，性理学）；

还有两本挂幛子，《拉马尔特》（Ashi，《昭元秘诀》，性理学）、《古雷阿》（Mushaf，《古兰经》）。[①]

目前，伊斯兰教宗教人才培养的困难集中表现在以下三个方面：（1）传统断层。精通传统经学的老一辈经师逐渐逝去，继承者如凤毛麟角。（2）后继乏人。阿訇生活清苦，不少青年特别是大城市的青年不愿再去学经当满拉。（3）教材匮乏。传统经学教育的教学方式、文献教材，亟待整理和更新。

如果我们把今天宗教传承中出现的困难，和 20 世纪上半叶兴办穆斯

① 参见米长茂：《中国伊斯兰教寺院经堂教育》，杨湛山主编、马银平编审：《山东伊斯兰文史论选读》，北京：中国文史出版社，2005 年，第 19 页。同时感谢冯峰、王伟帮助整理。

林新式教育加以比较，不难发现，今天的问题和当时基本一致，集中在教师待遇、学生素养和教材不足等三方面。[①] 马坚是当时为数不多能够看到问题本质的人，因他既熟悉传统经堂教育，又熟悉新式教育，并有国外留学经历，故能看得透彻。他指出，当时穆斯林教育种种问题的关键在于宗教教育与国民教育的目标存在差异：

> 我们既是回教的信徒，又是中国的国民，我们应该认清回教信徒所应尽的义务，也应该认清中国国民所应尽的义务。回教信徒的义务是明了回教教义与教律的大纲和回教史的概要……中国国民的义务是认识中国的语言文字、历史地理、国际地位，和国民的权利义务。[②]

宗教教育与国民教育的现代分化，是理解当前宗教教育困境的关键所在。相关的问题其实早在20世纪上半叶就已初露端倪，当时的有识之士通过兴办新式教育缓解了这一矛盾。但根本而言，此问题无法通过单纯兴办宗教教育或单纯兴办国民教育而得到解决。到了20世纪下半叶，宗教人才培养的问题再次出现，直接后果就是我们今天看到的种种现象。从深层来看，造成这一问题的根本原因来自现代社会的分化与分工。经过一个世纪以来的演变，国民教育体系与宗教教育体系渐行渐远，中间虽有多种弥合尝试，但始终无法治本。或许随着社会分工的进一步加深，职业高度分化后可能出现反向的融通，从而培养出既懂传统经学又懂现代知识的宗教人才，弥补国民教育与宗教教育之间的分化。

---

① 杨德元:《中国回教徒之教育问题》，摘自《晨熹》1936年第2卷第12号，王正儒、雷晓静主编：《回族历史报刊文选·教育卷》（上），银川：宁夏人民出版社，2012年，第77页。

② 马坚：《改良中国回教教育刍议（回教教育史序）》，摘自《清真铎报》1940年新1号，王正儒、雷晓静主编：《回族历史报刊文选·教育卷》（上），第156页。

五、汉文译著——思想文化的中国化

伊斯兰教在思想文化上的中国化涉及较广，在此仅以“汉文译著”为例。有人认为，汉文译著指明清时期中国穆斯林学人撰写的、以弘扬伊斯兰教为宗旨的翻译与著述，此说可谓“宗教内部说”，但又牵连出新的问题，即民国以及当代穆斯林学人的同类作品是否也可称为汉文译著？例如，马坚先生的部分译著属于宗教经典和宗教学术，那么他的这些作品是否也可被算作汉文译著，如果马坚的作品可以算在内，那么众多当代学者的同类作品是否也可以同样纳入汉文译著？但若果真如此，只恐会令汉文译著因涵盖过多而名实不副。如果说，“教内”不构成标准，时代也不构成绝对标准，那么判断一个作品是否属于“汉文译著”的标准究竟是什么？

笔者提出，可否将汉文译著的标志性特征概括为“伊儒会通”？此处之“儒”乃广义之儒，即以儒释道为代表的中国传统文化，而伊儒会通即中国伊斯兰教传统经学与中国传统文化之间的会通。凡以伊儒会通为方向的著述，方可称作“汉文译著”。如此一来，汉文译著便可与海量的一般性宗教文献（如民间留存颇为丰富的信仰问答、礼拜必读以及民间经师的阿拉伯文、波斯文著述）以及现代学术著作区分开。不妨比较一下冯从吾、王岱舆以及刘智这三位明清学者对伊斯兰教“五功”的解释，通过具体案例来说明为何界定汉文译著要强调“伊儒会通”。

明万历三十四年（1606），化觉巷清真寺扩建后，请当时的关中大儒冯从吾（1556—1627？）撰写碑记，冯从吾对伊斯兰教的“五功”做了阐发：

> 清教咸知景从经旨，浩繁未易殚述。撮其大要，念、礼、把、舍、聚五字而已。□□□念者，心心相印口口真经也；礼者，仰邀帝赐重酬国恩也；又曰把者，谨持修心炼性之谓也；舍者，施给急周乏之谓□；聚者，则收散合离百千，为群明经析典化诲诏诫今正□邪，惟善之兢兢耳。千头百绪，总归五字。五字

虽约要皆真诠，若清教□诚得先天之秘而真人还真性永永不磨乎。[①]

冯从吾对“五功”的解读可以称为“以儒诠经”，但此碑文显然不能被称为“汉文译著”。不是因为此碑记篇幅不足，而是因为其内容虽涉及伊儒，尚未达到伊儒会通的高度。这段碑记侧重以中国传统文化来解读“五功”，比如，礼拜被解读为“仰邀帝赐重酬国恩”、斋戒被解读为“修心炼性”、朝觐被理解为“经析典化诲诏诫”，但由于作者关于伊斯兰教的知识储备不足，一些与伊斯兰教有关的信息都没有解读出来，如礼拜对象、朝觐地方等。

王岱舆生活在明末清初，比冯从吾略晚一些。将王岱舆《正教真诠》等作品列为汉文译著，基本不会有异议。分析原因，显然不是因为王岱舆在宗教知识上更准确，而是因为他在伊儒会通方面有所发明：

> 正教之五常，乃真主之明命，即念、施、戒、拜、聚五事也……五常之首曰念，其念有二：曰意念、曰赞念。意念者，乃念念不忘于真主……赞念者，乃感赞真主之洪恩而兼之于至圣……五常之二曰施，施有二：曰己之施、曰物之施。己之施，乃身心智慧之施……物之施，乃财帛谷粟之施……五常之三曰拜，拜亦有二：礼拜真主、礼拜君亲，此自然之理也。中节之谓礼，礼其为人之本欤。……五常之四曰戒持。戒者，戒自性也；持者，持智慧也……五常之末曰聚，聚会之谓约，全约之谓信。其约有二：曰先天之约，曰后天之约。[②]

① 陕西西安化觉巷清真大寺“拓建敕赐清修寺记”碑，余振贵、雷晓静主编：《中国回族金石录》，银川：宁夏人民出版社，2001 年，第 187—188 页。

② （明）王岱舆：《正教真诠》下卷《五常》，《清真大典》第 16 卷，合肥：黄山书社，2005 年影印本（同治十二年锦城宝真堂藏版重刊本），第 110—115 页。

这段文字出自《正教真诠·五常》。王岱舆创造性地以“五功”来解释“五伦”，这样的思想和格局，无疑已达到了伊儒会通的高度。王岱舆出身伊斯兰教司天监世家，信仰方面以伊斯兰教为归宿，但这丝毫不影响他在伊儒会通方面的造诣和贡献。另一位汉文译著家刘智对“五功”的解释是：

> 念者，心乎主宰之谓也。有心念，有口念。……拜者，身乎主宰之谓也。曰礼五时，密于昭事之功也。有条例，有仪则……斋者，止食色以谨嗜欲也。每年一月……课者，隆施济以防聚敛也。凡人执有资财满贯，应于四什取一以给贫乏，踰年一算。……朝觐者，亲诣天阙以返其所自始也。[①]

显然，刘智的解释更符合“五功”本意，可以清楚地告诉大家五功是什么、怎么做。同时，刘智在解释的过程中已经不知不觉地使用了一些中国化的术语，如“主宰”“朝觐”“天阙”等。刘智的著述当然远不止对这段“五功”的解释，但总体而言，他的著作多以汉文译著为主，以伊儒会通为旨。刘智曾言：“圣人之教，东西同，今古一”[②]，“清真之礼”与“儒家之礼”大同而小异。[③]

再举一例，如果我们把明清时代中国穆斯林学者编撰的教法法典与通行于伊斯兰世界的教法法典加以比较，不难发现两者颇有不同。中国穆斯林学者撰写的礼法著作，对五伦关系有系统论述，而伊斯兰世界的教法法典虽论及夫妻和睦、子女当孝敬父母等，但未见按照五伦关系展开的系统论述。中国穆斯林深受儒家影响，礼法意识出于天然，具备系统完整的五伦意识，对五伦关系的理解与伊斯兰世界教法学者颇为不同。可以说，以“五

---

①（清）刘智：《天方典礼择要解》卷首《自序》，《清真大典》第 15 卷，第 84 页以下。

②（清）刘智：《天方典礼择要解》卷首《自序》，《清真大典》第 15 卷，第 54 页。

③（清）刘智：《天方典礼择要解》卷首《自序》，《清真大典》第 15 卷，第 173 页。

伦”为核心的儒家礼法融入伊斯兰教法，从制度层面实现伊儒会通，这是伊斯兰教在中国独有的创新与发展，故以“伊儒会通”概括似更恰当。

六、结语

历史上伊斯兰文明与中华文明两大文明的相互交融、伊儒会通，造就了独特的中国伊斯兰传统。在新时代，应大力弘扬这一传统，引导中国伊斯兰教走向深度中国化，实现五教同光、五教共辉为特点的五教和合格局。同时，向世界讲好中国伊斯兰教故事，以中国伊斯兰教的本土经验，倡导中和、中道、中庸，反对极端，为世界和平与发展作出贡献。

五、马克思主义宗教观研究应用

唯物史观与中国民间宗教研究

李志鸿[①]

毋庸置疑，马克思唯物史观是我们研究宗教的重要方法，这一方法也是研究中国民间宗教的利器。青年时代的马克思、恩格斯致力于消除宗教的迷雾，当他们形成历史唯物主义世界观时，他们认识到，宗教的消亡并不是消灭旧社会制度的条件，宗教作为颠倒的世界观，它的根源在于颠倒的世界。[②]马克思在1843年的《论犹太人问题》中指出："在我们看来，宗教已经不是世俗狭隘性的原因，而只是它的表现。因此，我们用自由公民的世俗桎梏来说明他们的宗教桎梏。"[③]

考茨基的《基督教之基础》是考茨基运用唯物史观的立场和方法来理解宗教问题的重要著作。该著作突出了阶级分析方法以及生产力与生产关系辩证作用的基本原理。[④]《基督教之基础》以历史唯物主义的观点分析

① 李志鸿，中国社会科学院世界宗教研究所研究员。

② 吕大吉：《长期性是唯物史观关于宗教未来的重要结论》，《中国宗教》，2003年第11期，第9页。

③ 转自吕大吉：《长期性是唯物史观关于宗教未来的重要结论》，《中国宗教》，2003年第11期，第9页。

④ 王宵前：《考茨基唯物史观思想评析》，《南京政治学院学报》，2013年第3期，第29页。

基督教的起源，用4篇14章考证了基督教的起源及其在由信仰成为宗教过程中的内在变化。该著作对作为基督教形成背景的罗马社会存在和作为理论准备的原始基督教的演变进行了说明，并通过论述犹太民族迁徙，进而对古代资本主义和古代共产主义的社会与阶级分析，在此基础上得出基督教必然背离原始基督教的论断，从而论证了基督教实是一种反罗马帝国主义和反犹太僧侣政治的革命运动。[①] 显而易见，马克思主义认为，宗教是人的异化形式，宗教的本质就是人的本质，是“人创造了宗教，而不是宗教创造了人”。恩格斯在《反杜林论》中指出：“一切宗教都不过是支配着人们日常生活的外部力量在人们头脑中的幻想的反映，在这种反映中，人间的力量采取了超人间的力量的形式。”

本文所说的民间宗教，与民间信仰迥异，是不同于正统佛教、道教等宗教形态的另一种宗教形式。在马西沙先生看来：“所谓民间宗教，是指流行于社会中下层、未经当局认可的多种宗教的统称。”民间宗教这一概念比秘密宗教、秘密社会或民间秘密结社“更具有包容性和普遍性”[②]。“民间宗教与正统宗教虽然存在质的不同，但差异更多地表现在政治领域，而不是宗教本身。……就宗教意义而言，民间宗教与正统宗教之间没有隔着不可逾越的壕沟。”[③] 细审明清时期的民间宗教教派，大都具备明确的教主、经典、仪式与修持方式，教阶与组织形态也相对清晰，相当多的教派还拥有数量可观的宫观庙宇，与弥散型的民间信仰完全不同。

毫无疑问，中国民间宗教是中国社会历史的产物，与底层民众的社会

① 王宵前：《考茨基唯物史观思想评析》，《南京政治学院学报》，2013年第3期，第29页。

② 马西沙：《民间宗教志》，上海：上海人民出版社，1998年，第1页。

③ 马西沙、韩秉方：《中国民间宗教史》，上海：上海人民出版社，1992年，第2页。

生活方式紧密相连。[①]世界上著名的宗教在初起时大多都在底层社会流传，属于民间教派。由于逐渐适应社会的普遍需求，并在不断地抗争中，以自己的实力走向正统地位甚至统治地位；而后起的一些民间教派又往往是正统宗教的流衍或异端，由于宗教或世俗的原因被排斥在外，遂自成体系，发展成独立教团，并被迫走向下层社会。显而易见，这两者在历史的长流中不停地演进、转化，不仅在教义、组织、仪式、教规、戒律、修持等方面有着千丝万缕的联系，而且存在着对抗、改革与创新。

一、中国民间宗教是中国社会历史的产物

首先，中国民间宗教的大量出现，正是下层民众寻求适合自身口味和心理要求、信仰依托的结果。它是中华民族漫长而纷繁复杂的文化体系的有机组成部分，是中国宗教信仰领域有机的组成部分。在我们看来，它的存在是合理的，而且是值得同情的。两千多年的封建社会，生产力十分低下，广大民众的物质生活和精神生活极度贫乏，而等级制度异常森严，贫富贵贱的差异非常明显。"统治阶层的意识形态对民众来说是伐命之斧、牧者之鞭，是思想的牢笼、心灵的桎梏，不但引不起兴趣，而且引起反感。民间宗教的大量出现而且历两千年不衰，正是下层民众寻求适合自身口味和心理要求、信仰依托的结果。是对大一统的封建思想专制的一种离异和无声的对抗。"虽然民间宗教也属于封建社会的意识形态和社会组织，但总体上讲属于封建时代被压迫者的意识和团体，虽然其间也有分化，形成两种不同的发展趋势，那恰恰是封建社会统治思想影响的结果，是宗法制度在民间宗教内部的一种反映。中国的民间宗教之所以多如牛毛、遍布底层，完全是黑暗、残酷的封建专制制度造成的。宗教信仰有层次，有文野之分、

---

① 马西沙、韩秉方：《中国民间宗教史》序言，上海：上海人民出版社，1992 年。

精粗之分，却没有高低贵贱之分。[①]

其次，从历史的角度分析，民间宗教运动的兴起，是对中国封建秩序的一种冲击、一种挑战。

有着近两千年历史的民间宗教，始终是一个动荡的、充满活力的、充满矛盾的世界。在这个世界里，形形色色的宗教预言家打起宗教的旗帜，不断地汲取来自民间的文化滋养及民间宗教和正统宗教提供的思想资料，在尽量迎合不同信仰者需要的前提下，大胆发挥，驰骋想象，构筑了一套又一套光怪陆离的教义体系，构筑了一个个地下宗教王国，形成了一种低层次宗教冲击高层次宗教、底层宗教冲击上层宗教的态势。[②]在这种演变中，一些教门衰落了，一些教门兴起了，信仰者不停顿地选择，以择优劣。这恰恰是底层世界不安于封建秩序的征兆。所以我们认为民间宗教运动的兴起，无疑是对封建秩序的一种冲击、一种挑战。虽然，其中许多教门的教义充斥着不少维护封建伦理的说教，许多教门内部出现了封建化趋势，甚至属于家长制统治，都不能掩盖在封建时代这些运动整体上的积极作用。不仅如此，民间宗教运动在特定的一些历史条件下，与农民革命运动相契合，遂从一种宗教力量转化成政治力量、军事力量，形成极大的反抗现行秩序的潮流。特别是近千年来，这种不断涌起的大潮，冲击着宋、元、明、清几个大帝国的根基。这是中国封建专制统治造就的特殊的反作用力。

其三，历史上的民间宗教是封建时代的意识形态和社会组织，它以世袭传教为主要特征，具有浓重的等级制色彩。虽说它的大量产生适应了那一时代底层社会的精神需求，带有某种合理性和进步意义，但从实质上

① 马西沙、韩秉方：《中国民间宗教史》序言，上海：上海人民出版社，1992 年，第 10—12 页。

② 马西沙、韩秉方：《中国民间宗教史》序言，上海：上海人民出版社，1992 年，第 10—12 页。

讲，民间宗教的等级制也是封建宗法制的一种产物，其神权和族权又往往结合在一起。因此，民间宗教无法也无力最终改变现实世界的不公正、不合理。它创造的一座座彼岸世界的乌托邦殿堂是虚幻的、非理性的。特别是那些沉闷、晦涩的经典，令人麻木不仁、愚昧无知的教义，不仅无力给下层民众带来新的思想，而且直接影响下层民众的觉醒，对中华民族的性格和心理形成起着不可忽视的消极作用。在历史上民间宗教掀起一次又一次的“造神运动”，把一个又一个凡夫俗子或家族推向“神”的宝座，并由此产生人身依附心理和血缘关系的家族、神权，对于近现代中华民族的思想解放运动构成了潜移默化的巨大障碍。民间宗教“是一个既想挣脱枷锁，又无法超越封建制度的悲剧性的产儿。这正是整个封建社会下层民众的写照”[①]。

二、中国民间宗教的传承与转化

民间宗教教派在流传过程中，由于诸多方面的原因，变异与转化在所难免。对这种变化的研究不仅是梳理民间宗教的“源”与“流”的关键，也是进一步认识民间宗教与政治、经济、地域性文化等因素间复杂关联的突破口，由此也才能更深入、更全面地认识民间宗教在社会变迁中的真实位置。

（一）罗教与青帮

青帮是中国近现代社会中最著名的帮会组织之一，但对青帮的渊源，学术界未有统一的意见。可以说，出现于明中叶的罗教与产生于清代的青帮之间的渊源关系一度是中国民间宗教史研究以及清史研究中的重要问题。然而，关于此问题学术界形成了意见相左的两派。马西沙从 20 世纪 80 年代初即开始关注了这一问题。通过多年对清代档案的研究，马西沙以

① 马西沙、韩秉方：《中国民间宗教史》序言，上海：上海人民出版社，1992 年，第 10—12 页。

为，青帮远源于罗祖教，其初是以罗祖教为信仰、以运河漕运水手为主干的水手的行帮会社。他认为青帮的形成是一部纷繁复杂的从宗教到水手行帮会社，再演变成秘密帮会的历史。马西沙在占有大量史料，并进行了细密考证的前提下，发表了一系列的文章对这一问题进行了开创性的研究。1984 年，《从罗教到青帮》一文，对罗教与青帮前身——水手行帮会社形成的关系做了明确阐述。[①] 在 1992 年出版《中国民间宗教史》第六章中他全面考证青帮与罗教的内在联系。[②]《罗教的演变与青帮的形成》则更加系统地考察了产生于明中叶的罗教与产生于清代的青帮之间的渊源关系。[③] 李世瑜先生则与马西沙的论点相对立。李先生在《青帮・天地会・白莲教》一文中，“辨析青帮非罗教支派”[④]。在《青帮早期组织考略》再次坚持了青帮与罗教无涉的观点。[⑤]

（二）罗教与其他教派

1948 年，李世瑜在其著作《现代华北秘密宗教》中披露了一贯道的“道统”传承。1985 年我国台湾省学者林万传著《先天教研究》，更系统全面地对这种口头传承进行了介绍。马西沙在《中国民间宗教史》论述“一贯道源流的变迁”一章时，用清代档案与《先天教研究》相对照考证，互相发明，即用教外史料与教内传说、纪录、经典，构成了一部较真实的从罗祖教到大乘教、青莲教、灯花教、金丹道、一贯道的 200 余年的一贯道前史及历史。我国台湾斋教的源流，也是广大学者在研究民间宗教传承与变化时争

① 参见马西沙、程歗：《从罗教到青帮》，《南开史学》，1984 年第 1 期。

② 马西沙、韩秉方：《中国民间宗教史》第六章，上海：上海人民出版社，1992 年。

③ 马西沙：《罗教的演变与青帮的形成》，载王见川、蒋竹山编：《明清以来民间宗教的探索——纪念戴玄之教授文集》，台北：商鼎文化出版社，1996 年。

④ 李世瑜：《青帮早期组织考略》，载《近代中国帮会内幕》，北京：群众出版社，1992 年。

⑤ 李世瑜：《青帮早期组织考略》，载《近代中国帮会内幕》，北京：群众出版社，1992 年。

论的重要问题。王见川曾经对《中国民间宗教史》“闻香教”一章《附录一：福建、台湾金幢教》写了《金幢教三论》给予批评。马西沙则在金幢教创教人、传教经书、教派传承诸根本问题响应了王见川，发表了《台湾斋教：金幢教史实辩证》，韩秉芳发表《罗教的教派发展及其演变——兼答王见川先生的质疑》。以上两文皆见江灿腾、王见川主编的《台湾斋教的历史观察与展望——首届台湾斋教学术研讨会论文集》。[①]

三、中国民间宗教与社会运动

在中国民间宗教史上，存在着民间宗教与农民运动相结合的现象。在一定历史条件下的民间宗教运动，在一定程度上冲击了历代王朝的统治秩序。对民间宗教与社会运动的探讨也成为中国民间宗教研究的重要命题，中外学界对民间宗教与社会运动研究的方法与角度皆不同。

（一）千年王国运动与民间宗教运动

从格鲁特开始，西方的学者即认识到中国民间宗教与政治反抗运动的密切关系。杨庆堃指出整个清王朝的军事行动包括两类，一为清朝初年远征边疆同非汉族作战，一为在王朝中晚期镇压宗教起义。这显示出宗教力量和社会运动间的密切关系。[②] 韩书瑞将清朝民间宗教运动与西方基督教的异端信仰相比较，指出八卦教起义不是一场简单的农民起义，而是一场千年王国运动。在其著作《千年王国运动：1813 年八卦教起义》（*Millenarian Rebellion in China ,the Eight Trigrams Uprising of 1813*）中，韩书瑞以为，民间宗教运动不是清代本身的社会危机引发的。刘广京（Kwang-Ching

① 江灿腾、王见川主编：《台湾斋教的历史观察与展望：首届台湾斋教学术研讨会论文集》，台北：新文丰出版社，1994 年。

②Y.C.K，*Religion in Chinese Society:A Study of Contemporary Social Functions of Religion of Some of Their Historical Factors.* Berkeley，1961，又见［美］杨庆堃著，范丽珠等译：《中国社会中的宗教：宗教的现代社会功能与其历史因素之研究》，上海：上海世纪出版集团、上海人民出版社，2007 年，第 204、208、209 页。

Liu）和石汉椿（Richard Shek）也着力研究民间宗教信仰、宗教异端对王朝现行秩序的离心力，以及对反抗王朝运动所提供的动力。[①] 与此不同的是欧大年的研究，欧大年曾经指出，对于学者而言，应该对中国民间各种结社进行更为准确的分类，不仅要注意其政治功能，而且应该重视其内部的历史和宗旨，应该把各种不同的宗教运动形式区分开来。[②]

新中国成立后，中国学界对民间宗教的关注实际上即源于对农民战争的研究。改革开放后，对于民间宗教与社会运动的研究仍然是学界热烈讨论的一个话题。马西沙在《中国民间宗教史》序言中指出，民间宗教运动在特定的一些历史条件下，与农民革命运动相契合，遂从一种宗教力量转化成政治力量、军事力量，形成极大的反抗现行秩序的潮流。特别是近千年来，这种不断涌起的大潮，冲击着宋、元、明、清几个大帝国的根基。这是中国封建专制统治造就的特殊反作用力。刘平《文化与叛乱》一书，[③] 则从文化的角度入手，试图探讨农民叛乱的文化因素和宗教因素，认为叛乱与文化关系很大，但仅是其中一个因素，且绝不是根本因素，也与造反有理还是无理没有必然联系，具体的造反具体分析，陈胜吴广的篝火孤鸣与王伦造反的劫变不可同日而语。

（二）民间宗教的救世思想：摩尼教与弥勒教的融合

在中国民间宗教史上，弥勒教与摩尼教的融合是一个十分重要，而又有着重大争议的问题。在我国学术界，唐长孺、柳存仁诸位先生较早地重

① 刘广京：《从档案材料看 1776 年白莲教起义的宗教因素》，《明清档案与历史研究》，北京：中华书局，1988 年；Heterodoxy in the Late Imperial China, Edited by Kwang-Ching Liu and Richard Shek, Honolulu: University of Hawaii press, 2004, 172—208。

② 欧大年:《中国民间宗教教派研究》,刘心勇、严耀中等译,上海: 上海古籍出版社,1993 年。

③ 刘平：《文化与叛乱》，北京：商务印书馆，2002 年。

视了中国历史上弥勒信仰与摩尼教的关系。唐长孺先生尝发表《北朝弥勒信仰及其衰落》一文对这一关系进行了研究。[①] 随后，柳存仁发表的一系列成果引起了学术界的重视。1981 年，柳先生的文章《唐前火祆教和摩尼教在中国的遗痕》由林悟殊先生译出，在《世界宗教研究》发表。[②] 该文中，柳先生举证了从471年至614年间13件带有“宗教成分”的乱事，并指出“有些叛事和摩尼教的联系”还不能定论，但如果找到更有力的理由佐证，“其中有些内容即可以说明问题”。柳先生以《道藏》及摩尼教残片为证据，指出：弥勒教和摩尼教有联系，表面似乎是在中国的创新，其实在原始摩尼教教义中，已有其宗教根源。在此基础上，马西沙则在《民间宗教志》《历史上的弥勒教与摩尼教的融合》[③] 中，从摩尼教原始教义融入弥勒观念开始考证，继之隋、唐、五代两教融合之史实，再继之钩沉北宋、元代之香会，而至元末之“香军”“烧香之党”，指出从宗教史的角度来看，弥勒教、摩尼教实为南北朝、隋唐及北宋时期两大民间教派，且相互交汇融合，形成民间救世思想的主流。学术界在弥勒教与摩尼教融合问题上，有着一些不同的观点。2006 年，芮传明发表《弥勒信仰与摩尼教关系考辨》一文，[④] 在文章中，他分析了弥勒信仰与摩尼教貌似雷同的因素，指出：弥勒信仰与摩尼教无论是其实质，还是其渊源，都有区别。[⑤] 同时，杨讷以为，白莲教本身“明王出世”中的“明王”与明教的明尊、明使均不相干，“明王”

---

① 唐长孺：《北朝的弥勒信仰及其衰落》，文载氏著《魏晋南北朝史论拾遗》，北京：中华书局，1983 年。

② 柳存仁：《唐前火祆教和摩尼教在中国之遗痕》，载《世界宗教研究》，1981 年第 3 期，第 36—61 页。

③ 马西沙：《历史上的弥勒教与摩尼教的融合》，《宗教研究》2003 年号，北京：中国人民大学出版社，2004 年。

④ 芮传明：《弥勒信仰与摩尼教关系考辨》，《传统中国研究集刊》第一辑，上海：上海人民出版社，2006 年，第 1—30 页。

⑤ 杨讷：《元代白莲教研究》，上海：上海古籍出版社，2004 年，第 168—169 页。

就是阿弥陀佛。其典出于《大阿弥陀经》。《大阿弥陀经》称阿弥陀佛为“诸佛光明之王”，“弥陀出世”自然就是“明王出世”。[1]

考茨基曾说过：“没有宗教是没有矛盾的。没有一种宗教只由一种单纯的概念而产生，是一种纯粹逻辑的历程之结果。”[2]

总体而言，马克思唯物史观告诉我们，对宗教的认识与分析不能仅仅从宗教本身出发，要到宗教赖以生存的社会经济基础中去寻找宗教的根源和本质，要从社会生活的现实基础来认识和理解宗教。历史上中国民间宗教的大量出现而且历两千年不衰，正是下层民众寻求适合自身口味和心理要求、信仰依托的结果。民间宗教运动的兴起，是对中国封建秩序的一种冲击、一种挑战。同时，我们也发现，历史上的民间宗教是封建时代的意识形态和社会组织。运用马克思唯物史观对中国民间宗教进行研究，是系统考察民间宗教产生、发展、演变的社会历史因素的有效方式。

---

① 杨讷：《元代白莲教研究》，上海：上海古籍出版社，2004 年，第 176—183 页。

② 考茨基著，叶启芳等译：《基督教之基础》，北京：生活·读书·新知三联书店，1955 年，第 369 页。

坚持马克思主义宗教心理观

梁恒豪[①]

目前，一些国内宗教心理学研究基本上还是沿袭西方19世纪下半叶逐步建立起的学科体系，译介并借鉴西方已有的理论和方法。这导致了国内一些研究缺乏主体性和原创性，远离中国的宗教实际。因此，立足我国宗教具体实际，提出具有主体性、原创性的理论观点，构建具有中国特色的学科体系、学术体系、话语体系，乃是这一学科未来发展的必由之路。要做好上述工作，需要坚持以马克思主义为指导，认真研究马克思主义宗教心理观，努力探索出适合中国国情的宗教心理学学科发展进路。

宗教是一种心理现象

马克思在《〈黑格尔法哲学批判〉导言》中指出："一个人，如果想在天国这一幻想的现实性中寻找超人，而找到的只是他自身的反映，他就再也不想在他正在寻找和应当寻找自己的真正现实性的地方，只去寻找他自身的映象，只去寻找非人了。"从马克思的论述中可知，"幻想的现实性"强调宗教是个体自身及其现实处境在大脑中的反映，是一种幻想，而这一幻想作为心理事实，具有"现实性"。马克思进一步指出："人创造了宗教，

① 梁恒豪，中国社会科学院世界宗教研究所副研究员。本文原载于《中国社会科学报》，系中国社会科学院中国特色社会主义理论体系研究中心成果。

而不是宗教创造了人，就是说，宗教是那些还没有获得自己或是再度丧失了自己的人的自我意识和自我感觉。”这里，马克思更清楚地表达了，宗教是“自我意识”“自我感觉”，包含认知观念和情感体验两个维度。因此，作为一种对客观现实的主观反映，宗教的心理属性显露无遗。

恩格斯在《反杜林论》中指出：“一切宗教都不过是支配着人们日常生活的外部力量在人们头脑中的幻想的反映，在这种反映中，人间的力量采取了超人间的力量的形式。”恩格斯这一经典论述更清晰地指出，宗教是社会现实的虚幻的、歪曲的、“幻想的”反映，是心理现象，而这种心理是人脑的机能。此外，所谓“超人间的力量的形式”表明，宗教意识与其他意识不同，它作为一种相对独立的社会意识形态，是与对超人间、超自然力量（神）的敬畏和崇拜相联系的。

宗教心理具有个体内在属性

恩格斯指出：“宗教是心灵的事情，谁有心灵，谁就会虔诚；但是谁以知性或甚至以理性作为自己虔诚的基础，谁就根本不会是虔诚的。宗教之树生长于心灵，它荫蔽着整个人，并从理性的空气中吸取养料。而它的果实，包含着最珍贵的心血的果实，是教义。除此以外的东西都是有害的。”众所周知，恩格斯的宗教立场经历了从宗教虔诚者到宗教怀疑者，再到历史唯物主义者的转变。上述恩格斯的思想显然是其个人早期的思想，强调宗教的个体内在属性，肯定教义在吸收理性养分基础上具有提升个人宗教经验的价值。

正如马克思所指出的：“宗教是那些还没有获得自己或是再度丧失了自己的人的自我意识和自我感觉。”在当时的社会处境下，多数人的认识水平还没有达到“获得自我”的程度，宗教信仰只能是个体内在的选择。基于对宗教个体内在属性的认知，列宁也曾指出：“应当宣布宗教是私人的事情。这句话通常是用来表示社会主义者对待宗教的态度……任何人都有充分自由信仰任何宗教，或者不承认任何宗教，就是说，像通常任何一个社会主义者那样做一个无神论者。在公民中间，完全不允许因为宗教信仰而产生权利不一样的现象。”

宗教心理源于社会存在

辩证唯物主义和历史唯物主义认为，社会存在决定社会意识。宗教作为一种社会意识，是由社会存在决定的。对此，马克思曾有过这样的论述：“宗教里的苦难既是现实的苦难的表现，又是对这种现实的苦难的抗议。宗教是被压迫生灵的叹息，是无情世界的心境，正像它是无精神活力的制度的精神一样。宗教是人民的鸦片。”这一论述从社会层面出发，基于阶级压迫产生苦难的社会现实，指出宗教是对自然的认知局限和社会压迫的产物。宗教反映了被压迫人民的心理事实和诉求，是对社会压迫的抗议；同时，鉴于鸦片本身具有缓解痛苦的功能，宗教“幻觉”“幻想”也能够起到暂时抚慰人心、减轻心理伤痛的作用。然而，宗教心理慰藉的特殊性在于，它把人们现实生活的矛盾、冲突转移到现实生活之外，期望得到神灵的救助，从而摆脱困扰。因此，从长远来看，宗教的心理慰藉不是解决人们心理问题的应由之路。

马克思指出：“废除作为人民的虚幻幸福的宗教，就是要求人民的现实幸福。要求抛弃关于人民处境的幻觉，就是要求抛弃那需要幻觉的处境。”马克思分析了宗教产生和发展的根源，指出宗教的根源“不是在天上，而是在人间”，只有到现实社会中的阶级矛盾、阶级压迫、阶级斗争中才能找到宗教最深刻的社会根源。马克思、恩格斯还指出：“意识的一切形式和产物不是可以用精神的批判来消灭的，也不是可以通过把他们消融在‘自我意识’中或化为‘幽灵’‘怪影’‘怪想’等来消灭的，而只有实际地推翻这一唯心主义谬论所由产生的现实的社会关系，才能把它们消灭。”因此，“人民的现实幸福”是物质的富足和精神的丰富，为人民谋幸福是消除宗教心理产生的社会基础之根本途径。

关于宗教心理的社会存在根源，列宁明确地指出："被剥削阶级由于没有力量同剥削者进行斗争，必然会产生对死后的幸福生活的憧憬，正如野蛮人由于没有力量同大自然搏斗而产生对上帝、魔鬼、奇迹等的信仰一样。对于辛劳一生贫困一生的人，宗教教导他们在人间要顺从和忍耐，劝他们把希望寄托在天国的恩赐上。对于依靠他人劳动而过活的人，宗教教导他们要在人间行善，廉价地为他们的整个剥削生活辩护，向他们廉价地出售进入天国享福的门票。"可见，人民对于宗教的信仰具有一定的社会心理基础。由于社会现实不能满足其物质和精神需要，人民不得不借助宗教，而一旦这一基础发生变化，人民的宗教信仰也会随之改变。

列宁还进一步指出："现代的觉悟工人，受到了大工厂工业的教育和城市生活的启发，轻蔑地抛弃了宗教偏见，把天堂生活让给僧侣和资产阶级伪善者去享受，为自己去争取人间的美好生活。现代无产阶级正在站到社会主义方面来。社会主义吸引科学来驱散宗教的迷雾，把工人团结起来为美好的人间生活作真正的斗争，从而使他们摆脱对死后生活的迷信。"列宁的论述表明，一旦宗教信徒重新认识到"人的主体性"，这种认知的转变就会促使他们充分发挥主观能动性，抛弃对"天堂"的"幻想"，开始改造社会现实。

总之，马克思主义经典作家从辩证唯物主义和历史唯物主义立场出发，基于物质决定意识、经济基础决定上层建筑的理论，从个体心理和社会层面科学地揭示了宗教作为意识形态的内在规定性，确立了科学认识宗教的理论基点。这是我们认识和理解马克思主义宗教心理观的基础。

任继愈唯物史观儒教宗教论的时代解读

肖雁[①]

针对“中国是个没有宗教的国家，中国人是个不迷信宗教的民族”[②]等“中国无宗教”论断，新文化运动以来，中国思想界出现了“以科学代宗教”“以美育代宗教”“以道德代宗教”“以哲学代宗教”等“代宗教”说。究竟如何认识和界定宗教？如何在西方宗教文化框架下体认中国的宗教，必然涉及对中国传统文化的历史性省思。早年自觉接受了马克思主义理论的任继愈先生指出：“迄今还没有发现过有哪一个民族、国家有过对宗教的免疫能力。不过在不同国家和不同地区，宗教具有不同的表现形式罢了。”[③]中国是有宗教的，那就是“从朱熹开始的儒教”[④]，儒教是“中国封建社会长期形成的特殊形式的宗教”[⑤]，是“中华民族特有的传统宗教”[⑥]。任继愈在回答中国有没有宗教问题时，坚持用历史说明宗教，批

①肖雁，中国社会科学院世界宗教研究所儒教研究中心副研究员。本文原载于《世界宗教文化》，2020年第4期。

②《胡适文存》第3集，北京：首都经济贸易大学出版社，2013年3月，第42页。

③《任继愈文集》第8卷，北京：国家图书馆出版社，2014年，第20页。

④《任继愈文集》第9卷，北京：国家图书馆出版社，2014年，第56页。

⑤《任继愈文集》第8卷，北京：国家图书馆出版社，2014年，第78页。

⑥《任继愈文集》第8卷，北京：国家图书馆出版社，2014年，第114页。

判性审视了儒教的发生、发展和演变过程，提示了宗教是文明进化过程中的一个重要阶段，不同文明在大致相近的历史时期都进入宗教认识的文化时期。宗教认识在不同的文化中都以文明的重要组成要素存在和发展，宗教在不同文化中的不同主要是形式、侧重、表现的不同。在多维度、多视角、多学科、多方法的当代思想研究的学术生态环境中，从不同维度、不同视角、不同学科、不同方法出发对宗教的本体进行观察、研究，都会产生正面的效果。这些研究的成果对宗教本身的健康传承和处理宗教与社会的关系等方面都具有积极意义。

一、唯物史观中儒教的产生和历史定位

唯物史观是马克思、恩格斯对社会历史发展规律的深刻总结，体现他们认识世界和改造世界的历史观。马克思指出："人们在自己生活的社会生产中发生一定的、必然的、不以他们的意志为转移的关系，即同他们的物质生产力的一定发展阶段相适合的生产关系，这些生产关系的总和构成社会的经济结构，既有法律的和政治的上层建筑竖立其上并有一定的社会意识形式与之相适应的现实基础。"[①] 并认为："物质生活的生产方式制约着整个社会生活、政治生活和精神生活的过程。不是人们的意识决定人们的存在，相反，是人们的社会存在决定人们的意识。"[②] 所谓社会存在，是指社会生活的物质方面，它揭示了社会生活的物质方面是社会意识的基础和决定性因素。在社会历史中，物质生活资料的生产方式是最基本的社会存在，人们的现实生活过程，从根本上依赖于各种物质生活条件。"唯物史观是以一定历史时期的物质经济生活条件来说明一切历史事件和观念，一切政治、哲学的和宗教的。"[③] 任继愈将儒教宗教问题植根于中国

①《马克思恩格斯选集》第 2 卷，北京：人民出版社，2012 年，第 2 页。

②《马克思恩格斯选集》第 2 卷，北京：人民出版社，2012 年，第 2 页。

③《马克思恩格斯选集》第 3 卷，北京：人民出版社，2012 年，第 259 页。

封建社会的政治、经济和物质状况中进行考察和分析，做到了既注重具体的“历史时期”，又注重还原其“历史事件”，得出了新的结论，获得了新的理论认识。

分散割据的封建诸侯统治时期	春秋战国到秦统一前	分散割据
中央集权的封建专制制度建立时期	秦汉	中央集权
门阀士族封建专制时期	魏晋南北朝	专制时期
统一的封建国家重建、兴盛与地方割据时期	隋唐五代	统一到分裂
封建国家中央集权制完备与社会停滞时期	宋元明	集权制度
封建社会僵化没落时期	清	僵化没落

通过对中国封建社会进行整体性“回溯”后，任继愈认为，中国封建社会的历史特点表现为：持续时间长久而稳定，封建宗法制度发展得比较完备，中央集权下的多民族的大一统国家结构形成得早，分裂不能持久，农民起义次数多、规模大，在中国的封建制度下资本主义没有得到很好的发展等。作为一个有机结构，封建社会必然有它生长、发展、衰落和死亡的过程，就其历史发展阶段来看，可以划分为六个时期。①

可以看出，中国封建社会的历史进程呈现出从分散割据到统一、从统一走向专制、从专制到停滞，以至僵化没落的过程。秦汉开创了支配中国两千年大一统的政治格局，此后，统一成为主流。政治上的高度统一，是客观需要，而经济上的极端分散，又是客观现实。自然经济具有封闭性、分散经营、不希望政府干预的特点。秦汉以后是统一国家，从政治上要求集中权力。多民族、地区广大，如果政令不一，就难以达到统一的目的。统一的国家需要统一的思想文化作为联系的纽带，国家权力的变动，更需

①《任继愈文集》第 8 卷，北京：国家图书馆出版社，2014 年，第 4 页。

要能够凝聚思想的意识形态。为了寻求合适的思想体系，西汉王朝探索了六七十年之久，终于选中儒家，出现了儒家的代表人物董仲舒。董仲舒为了巩固政治的统一，主张思想统一，提出“罢黜百家，独尊儒术”。从董仲舒起，孔子被抬上了宗教教主的地位，被塑造成了神。汉代封建统治者希望人民去做许多事，都假借孔子名义来推广，封建宗法制度进一步得到巩固、加强。西汉和东汉统治者为了巩固中央集权，使王权和神权进一步合流，为王权神授制造理论根据。①

马克思、恩格斯曾指出：“每一个企图取代旧统治阶级的新阶级，为了达到自己的目的不得不把自己的利益说成是社会全体成员的共同利益……赋予自己的思想以普遍性的形式，把它们描绘成唯一合乎理性的、有普遍意义的思想。”②“历代封建统治者及其思想家正是通过不断地对儒家思想加工改造，以期不断满足封建统治者需要，逐渐使它完备细密，并在一个很长时间内，进行了儒学的造神活动，通过把孔子偶像化，把儒家经典神圣化，又吸收佛教、道教的思想，将儒家变成了神学。这种神学化了的儒家，把政治、哲学和伦理三者融合为一体，形成了一个庞大的儒教体系，一直在意识形态领域占据着正统地位，对于巩固封建制度和延长其寿命，起了十分巨大的作用。”③

与此同时，“为封建制度服务的各种思想体系，也与这个制度密切配合，形成了具有中国特点的封建社会的意识形态”④。即“与封建宗法制度和君主专制的统一政权相适应的封建意识形态”⑤造成了“以儒教为中

①《任继愈文集》第 8 卷，北京：国家图书馆出版社，2014 年，第 6 页。

②《马克思恩格斯选集》第 1 卷，北京：人民出版社，2012 年，第 180 页。

③《任继愈文集》第 8 卷，北京：国家图书馆出版社，2014 年，第 4 页。

④《任继愈文集》第 9 卷，北京：国家图书馆出版社，2014 年，第 3 页。

⑤《任继愈文集》第 8 卷，北京：国家图书馆出版社，2014 年，第 4 页。

心的封建意识形态”[①]，这种同封建宗法制度和君主专制的统一政权相适应的意识形态，对劳动人民起着极大的麻醉作用，因而它有效地稳定着封建社会秩序。

封建统治阶级之所以选中了儒学，任继愈分析认为，孔子所创立的儒家学说直接继承了殷周奴隶制时期的天命神学和祖宗崇拜的宗教思想，这种学说的核心就是强调尊尊、亲亲、维护君父的绝对统治地位，巩固专制宗法的等级制度。这种学说“稍加改造好可以适应封建统治者的需要，本身就具有再进一步发展成为宗教的可能”[②]。由儒学发展为儒教是伴随着封建统一大帝国的建立和巩固逐渐进行的，曾经历了千余年的过程。其间，孔子学说经历了两次大改造。第一次改造在汉代，是因为汉代大一统的中央集权封建宗法专制国家需要一套在意识形态上和它配合的宗教、哲学体系；第二次改造在宋代，鉴于前朝覆亡的教训，宋朝对内强化中央集权的封建宗法专制制度，在思想文化领域里也要有与它相适应的意识形态相配合。而中央集权越是集中，思想文化方面的统治方法也越是周密。为了适应宋朝统治者的需要，产生了宋明理学，即儒教。儒教的教主是孔子，其教义和崇奉的对象为“天地君亲师”，其经典为儒家六经，教派及传法世系即儒家的道统论，有所谓十六字真传。儒教虽然缺乏一般宗教的外在特征，却具有宗教的一切本质属性。[③]至此，先秦儒家的面貌已经发生了根本性改变。

马克思曾指出：“统治阶级的思想在每一个时代都是占统治地位的思想。一个阶级是社会上占统治地位的物质力量，同时也是社会上占统治地位的精神力量。支配着物质生产资料的阶级，同时也支配着精神生产资

①《任继愈文集》第8卷，北京：国家图书馆出版社，2014年，第4页。

②《任继愈文集》第8卷，北京：国家图书馆出版社，2014年，第5页。

③《任继愈文集》第8卷，北京：国家图书馆出版社，2014年，第18页。

料……占统治地位的思想不过是占统治地位的物质关系在观念上的表现，不过是以思想形式表现出来的占统治地位的物质关系。”[①]“以儒教为中心的封建意识形态”是封建社会存在的总体反映，是封建社会物质关系在思想观念上的表现。所谓意识形态，是与一定的社会经济和政治直接相联系的观念、观点、概念的总和，包括政治法律思想、道德、文学艺术、宗教、哲学和其他社会科学等意识形式。每个社会统治阶级的意识形态，都是占社会统治地位的意识形态，它集中反映该社会的经济基础，表现出该社会的思想特征。“封建社会占主要统治地位的思想、意识形态即宗教。”[②]宗教属于上层建筑，它必须为它的经济基础服务。儒教就是出现在中国古代这块土地上的特殊宗教，是只有中国才能有的宗教。从汉朝统一、独尊儒术，到宋代儒教的形成，中间经历了千余年的探索、补充、完善，终于构建了具有中国特色的古代政治、哲学、宗教、学术一系列完整的体系，它对人世吉凶、历史朝代兴亡、自然界水旱灾害，都有一套神学的解释。[③]对封建统治者来说，是由于和农民起义打交道的经验多，日益感到利用“宗教化儒学”[④]来麻痹人民的反抗意志十分必要。

从历史唯物主义的视角出发，任继愈说明了儒教的产生，阐述了儒教在中国历史发展中的地位。通过导入历史唯物主义的哲学方法，在中国社会的历史文化生态环境中，审视儒教的产生和儒教在中国历史发展过程中的作用，无疑为儒教研究开辟了一条全新的道路。由此，儒教和儒教研究在经历了中国近代百年的社会文化巨变后，开始同中国社会文化发展的现实结合起来，同中国社会文化的发展一起进行探索。

---

①《马克思恩格斯选集》第 1 卷，北京：人民出版社，2012 年，第 178 页。

②《任继愈文集》第 1 卷，北京：国家图书馆出版社，2014 年，第 50 页。

③《任继愈文集》第 1 卷，北京：国家图书馆出版社，2014 年，第 50 页。

④《任继愈文集》第 8 卷，北京：国家图书馆出版社，2014 年，第 6 页。

二、唯物史观中儒教的宗教哲学属性和文化特性

从欧洲的中世纪来看，哲学起源于宗教，哲学的发展过程，就是一步步地摆脱宗教束缚的过程。中世纪的神学就是以哲学的形式去完成宗教的任务。西方人把安身立命的境界寄托于宗教，把认识世界的任务交给哲学。西方经历了产业革命，科学和生产力得到现代化，使哲学、科学有条件从宗教中分离出来，中国没有经历像西方那样的产业革命，长期停留在封建社会，哲学没有条件从宗教中分离出来，宗教仍然统治着哲学，两者划不清界限就造成了中国封建时代的哲学与宗教浑然一体的状况。[①]在中国封建社会，哲学只是宗教的附庸，没有能力从宗教神学的绝对权威下解放出来，具有三千年历史的中国哲学，其主要发展过程是在封建社会进行的。由于中国封建社会的历史特别长，哲学从属于宗教的这一事实就更为突出。[②]我国封建社会宗教与哲学关系的模糊性和隐蔽性，给研究分析带来了一定的困惑，给清理历史真相带来了困难。

恩格斯曾指出："更高的即更远离物质经济基础的意识形态，采取了哲学和宗教的形式。在这里，观念同自己的物质存在条件的联系，越来越错综复杂，越来越被一些中间环节弄模糊了。但是这一联系是存在着的。"[③]这一理论说明，社会经济基础并不直接对上层建筑发生作用，在经济基础和上层建筑之间还存在着"中间环节"。哲学、宗教、文艺等属于更高的悬浮于空中的意识形态的领域，在这些思想领域与经济基础之间，由于离得比较远，就存在一个辽阔的空间，因此必然存在作为沟通两者桥梁的"中间环节"。恩格斯的"中间环节"理论是对唯物史观基本原理的重要补充，也是看清中国封建社会宗教与哲学关系的一面镜子。

---

①《任继愈文集》第 3 卷，北京：国家图书馆出版社，2014 年，第 8 页。

②《任继愈文集》第 1 卷，北京：国家图书馆出版社，2014 年，第 49 页。

③《马克思恩格斯选集》第 4 卷，北京：人民出版社，2012 年，第 260 页。

运用这一原理分析中国封建社会经济基础与宗教与哲学上层建筑复杂关系时，任继愈指出，哲学和宗教是人类认识世界的两种方式，都是上层建筑的意识形式，处于上层建筑的“最高层”，“维护奴隶制的哲学上层建筑是宗教神学”[①]，也就是说，宗教神学是奴隶制的哲学上层建筑，具体表现为宣扬天是有人格的神、天命不可违。商周以来，统治阶级是以宗教形式麻醉人心、加强统治的。而春秋末期，已经开始对天命鬼神提出质疑，要用科学说明世界的存在和变化的根源，也就出现了唯物主义和唯心主义的两大学派斗争，也同时产生出对天命和鬼神的唯物主义与唯心主义认识分歧。宗教神学的上层建筑就被哲学上层建筑所取代。而我国封建时期的哲学还没有能力摆脱宗教而独立出来，哲学还带着宗教神学的痕迹，或者说宗教有时是以哲学的形式存在，“唯心主义和形而上学不过是宗教神学的哲学表现。”[②]对此，任继愈指出，马克思主义以前，对社会、历史的观察，还缺乏科学的理论武器，没有唯物史观。宗教世界观与唯心主义世界观经常结合在一起，互相补充，互相支持。[③]

具体就孔子思想来看，任继愈认为，分析孔子思想必须联系孔子生活的社会背景。孔子生活的春秋战国时期，是社会大变动时期，腐朽的奴隶制生产关系已经成为严重阻碍生产发展的桎梏，必须摧毁奴隶制，建立新的封建制生产关系，才能适合于生产力的发展。没落的奴隶主阶级和新兴的封建地主阶级之间的激烈斗争反映在哲学思想上，表现为唯物主义和唯心主义两条路线的斗争；从政治立场上看，作为政治活动家的孔子，代表没落奴隶主阶级对抗新兴封建势力，他是保守派；从思想上看，当时面临的哲学思想战线上的主要问题是围绕“天道观”、天是否有意志的问题开

①《任继愈文集》第2卷，北京：国家图书馆出版社，2014年，第164页。

②《任继愈文集》第1卷，北京：国家图书馆出版社，2014年，第16页。

③《任继愈文集》第1卷，北京：国家图书馆出版社，2014年，第135页。

展的，天道观是当时社会面临的主要矛盾。孔子处在新旧制度改革的矛盾中，政治上是守旧的，在天道观问题上，孔子是有神论者。就孔子思想来说，说他的思想是哲学的，却又夹杂着宗教的成分；而说他的思想是宗教，却又具备哲学的形式。在孔子思想的最顶端，哲学与宗教思想并存。由此可见，孔子在历史中被作为神化人物的出现并非偶然。

那么，如何看待汉以后对孔子的推崇？任继愈指出，任何上层建筑，总归要为它的经济基础服务。历史地看，从孔子生活的年代，到汉武帝独尊儒术，中间隔了 450 年。这期间是封建国家由形成到壮大、由分散割据到巩固的中央专制集权的过程。孔子思想也进行了时代的改造，汉以后的孔子和春秋时期的孔子已经不是一个人了。汉代董仲舒把孔子装扮成神学家、教主。宋明理学把孔子改装成一个存天理、去人欲的僧侣主义的理学家。至于孔子学说中的唯心主义、宗教思想、宣扬天命鬼神，都是一切剥削阶级取得统治地位后共同需要的。①

在澄清孔子儒学和儒教的关系时，任继愈认为，孔子儒学不等于儒教，以孔子为代表的儒家与宋代形成的儒教不是一回事，对后世以至当前的社会生活仍在起作用的，并不是先秦的儒家，而是宋明以来的儒教。孔子是儒家创始人。宋代兴起了儒教，儒教奉孔子为教主，孔子对此不负责任，儒家和儒教不是一回事。②

任继愈指出，一种思想所起的作用和产生的社会影响，不能只从思想本身去找寻它的原因，要到它为之服务的经济基础中去寻找。每一个宗教在不同时代、不同社会中的真正意义和具体作用，必须要回到其所存在的社会政治、经济制度中去寻找，回到其所在的特殊国情和具体语境中去寻找，不是从观念出发来解释实践，而是从物质实践出发来解释各种观念形

①《任继愈文集》第 3 卷，北京：国家图书馆出版社，2014 年，第 74 页。

②《任继愈文集》第 8 卷，北京：国家图书馆出版社，2014 年，第 96 页。

态。[①]历史唯物主义要求我们把研究的问题提到一定的具体历史范围之内，努力还其本来的历史面貌。[②]

任继愈从历史唯物主义视角出发，将儒教放到世界宗教、哲学、科学自然进化的文明生态环境中，说明了儒教的宗教、哲学文明共性；同时，又将儒教放回到中国社会的文化生态环境中，说明了儒教的宗教、哲学文化特性。将审视儒教的视野在宏观文明和微观文化两个方向上进行拓展，从而扩大了观察儒教的思想谱系。由此，儒教和儒教研究在研究的哲学方法、宏观文明生态和微观文化视野三个领域突破了原有的传统研究领域。

三、唯物史观中儒教的文化宗教格局和文明宗教关系

坚持唯物史观的观点，就是要坚持以历史说明宗教。宗教是人类社会发展到一定阶段必然出现的一种社会现象，它是历史的产物。用历史说明宗教才可以揭示出宗教的真相。“我们是以历史说明宗教，而不是以宗教说明历史。”[③]任继愈通过审视中国文化环境中，儒、释、道共同存在的合理性、必然性，说明宗教本体的社会性、人文性和自然性，预示着中国社会文化环境中儒、释、道的宗教存在模型是世界文明环境中宗教本体面对自然、人和社会三个本体领域的宗教存在模型的一种自然反映。

就哲学逻辑发展进程来看，中国哲学与佛、道教在关注“心性论”问题上具有一致性。南北朝到隋唐，继魏晋玄学之后，中国哲学已经逐步由本体论进入心性论，心性论是中国哲学本体论逻辑发展的必然归趣。本体论所涉及的本末、有无、体用关系，基本上是从宏观着眼。它超越汉代的宇宙论而探究天地万物之“所以然”；“心性论”则从天人关系中，透过

① 马克思、恩格斯:《德意志意识形态》，《马克思恩格斯选集》第1卷，第172页。

②《任继愈文集》第3卷，北京：国家图书馆出版社，2014年，第18页。

③《任继愈文集》第2卷，北京：国家图书馆出版社，2014年，第269页。

人的心理、生理现象，进而探究人性本质的“所以然”。[①]

佛教经学以佛教的语言“佛性”来说明这一现实现象。“佛性”说到底，还是“人性”的折光反射。而佛性问题无处不反映着南北朝的社会问题、政治问题。南北朝流行的四部经、三部论的主要议题为佛性问题，主要关注成佛在未来还是在现世。隋唐时期的佛教经学，从心性论探究物质世界的起源，着实是社会精神需求的产物。人人有佛性、人人可以成佛，是南北朝时期许多宗教流派共同关心的大问题，是社会思潮在宗教理论方面的反映。就道教来看，“道教的理论也适应了这一时代思潮”[②]。任继愈指出，道教的“内丹说”，实际上是心性之学在道教理论上的表现，它适应时代思潮而生。这一时期，道教和佛教都是相互呼应，各自从自己的立场阐发心性之学。

就儒教与佛、道教在服务封建宗法制度上的一致性来看，佛教是一种外来宗教，它必须接受封建宗法传统思想，即纲常名教思想，才能在中国这块土地上生根。道教是土生土长的宗教，除了它的宗教修养以外，它也是以维护纲常名教为基本内容的，不得不与儒教合流。佛道二教有一套追求彼岸世界的系统的宗教理论和修养方法，为儒教所不及。儒教也必须从佛道二教那里吸收营养来弥补自己的不足。任继愈分析指出，隋唐时期，中国佛教、道教都得到封建政府的提倡，与儒教并列，形成三教鼎立的局面。儒教同时也认识到，佛教和道教的一些宗教思想可以辅助儒教世俗说教的不足。[③]

宗教世俗化是宗教适应现实生活的一种表现，也是宗教发展的一般趋势。那么，一种哲学也可为适应现实生活而做出一番改造，呈现出其世俗

①《任继愈文集》第 7 卷，北京：国家图书馆出版社，2014 年，第 413 页。

②《任继愈文集》第 8 卷，北京：国家图书馆出版社，2014 年，第 161 页。

③《任继愈文集》第 7 卷，北京：国家图书馆出版社，2014 年，第 258 页。

化过程。产生于封建社会后期的宋明理学从佛道二教中吸取了修养方法，实现了唯心主义哲学的世俗化，儒教得以完成。作为宗教的儒教，与佛教有着直接的内在继承关系：在心性论上，儒教是接着佛教讲的。宋以后儒教形成自己的庞大体系，从内部吸取佛道二教的修养方法，补充了新内容，儒教的内容变得丰富完备，其力量更加强大；在操作层面，宋儒将《尚书·大禹谟》的十六字真言"人心惟危，道心惟微。惟精惟一，允执厥中"，按照佛教的宗教修养的标准进行注解，完全变成了儒教修身养性的咒语。[①]最终，宋代理学兴起的心性论与治国平天下的封建政治学说相结合，形成理论完备的儒教体系。[②]

哲学用理性、思辨的方式，去探索、分析世界和人生的根本问题，而宗教以信仰和直观来探索、解决世界和人生的根本问题。"有的宗教哲学用理性主义的形式把人引向信仰主义"[③]，这里所说的"有的宗教哲学"意指宋代以后吸收禅宗修养功夫的儒教，是"中国封建社会后期产生的适应当时情况的宗教"[④]，"理学，我叫它作儒教的，就是这样的一种以理性主义为手段，最终把人引向信仰主义的。"[⑤]社会上叫理学、元朝人称为道学，西方学术界称为新儒学，以区别于孔孟儒学。也就是说，儒教与理学、道学、新儒学一样，只是叫法不同，是一种区别于孔孟儒学的儒学新形态，是一种新的宗教哲学，宋明儒学"既是宗教又是哲学，既是政治准则又是道德规范"[⑥]。对于儒教这种特殊宗教而言，它既有丰富的哲学思辨内容，又具有宗教思想核心；既可以表现为一种意识形态，又体现为

①《任继愈文集》第7卷，北京：国家图书馆出版社，2014年，第410页。

②《任继愈文集》第8卷，北京：国家图书馆出版社，2014年，第161—162页。

③《任继愈文集》第8卷，北京：国家图书馆出版社，2014年，第99页。

④《任继愈文集》第8卷，北京：国家图书馆出版社，2014年，第68页。

⑤《任继愈文集》第8卷，北京：国家图书馆出版社，2014年，第99页。

⑥《任继愈文集》第8卷，北京：国家图书馆出版社，2014年，第46页。

一种社会力量。作为一种复杂的历史现象，又对中国社会和文化形成多方面的影响力。对此，任继愈认为，儒教研究应该结合具体的历史进程作深入细致的研究，对它的历史作用作出全面估计。[①]我们要从实际出发，先不用一种固定的模式来判断活生生的历史。[②]

“三教”之中的“儒”是否为宗教的问题，学界一直不甚明朗。任继愈明确提出，三教都是宗教，儒教是与佛、道一样的宗教。三者相互吸收共融，构成近千年来中国宗教史的格局。唐宋以后，直到鸦片战争，这种儒、释、道三教融合的总格局没有改变。南北朝以来，儒、释、道三教都具有辅助王化、整齐民心的社会功能，三教都是封建社会上层建筑的重要组成部分，都受到历代封建统治阶级的重视。这又反过来促进了三教合一的思潮的发展，成为中国封建社会后期占主导地位的思潮。宋以后，三教之间相互影响、相互渗透，最后形成一个“以儒教为中心、佛道为辅翼的三教合一体制”[③]。儒教以自身为主，吸收了佛教和道教。佛教和道教也走上了三教合一的道路，向儒教的纲常名教靠拢，共同为封建宗法制度服务。吸收了佛道修炼功夫的儒教，已经不再是儒学理论了。也正是因为吸收了佛教思想的精髓，中国哲学才更快实现了从本体论到心体论的探索。三教合一思潮反映了中国封建社会后期的政治、经济结构，也适应了维护这种政治经济结构的需要。思想是现实生活的反映，有什么样的生活，就有什么样的思想。理学产生于封建社会后期，这一时期封建国家遭遇了变法还是不变法的困境，哲学上也遇到了来自佛教和道教的威胁，儒家哲学面临的思想危机和变法的形势一样迫切。政治上的变法与思想上应对危机的调整，体现了哲学与宗教对当时社会现实问题的回应。

---

①《任继愈文集》第8卷，北京：国家图书馆出版社，2014年，第50页。

②《任继愈文集》第8卷，北京：国家图书馆出版社，2014年，第82页。

③《任继愈文集》第1卷，北京：国家图书馆出版社，2014年，第255页。

任继愈通过对儒、释、道的宗教文化分析，找到了儒教和一般宗教本体的接口，从而也就找到了儒教和世界上主要宗教关系的方向。通过对儒、释、道在中国文化中历史存在的讨论，任继愈将儒教放到了一般宗教本体的社会、人、自然的三个属性中观察，说明儒教既有中国宗教的文化特性，又有世界宗教的文明共性。

结语

唯物史观具有实践意义上的高瞻远瞩。任继愈先生从未远离中国社会具体实际而独自构建一个学院派的解释框架，他的儒教观绝不是从概念到概念的抽象前进运动，更不是任由思辨的信马由缰。正如他所说的，宋明理学、儒教所宣扬的好像是学术问题，可是它直接影响到我们当代的政治生活、文化生活和思想状况。从儒教的影响来看，它不仅是学术问题，而是与现实生活有着十分密切的关系。① 儒教是不是宗教、中国有没有宗教，在我国古代本来不成为问题。学术问题引起的争论，总是由于发现了新材料，引起了大家的兴趣，唯独儒教引发的这场争论，并没有发现新材料，双方的根据都引用“四书”，同样的根据引出不同的结论，实际上是缺乏对现实社会的更深入的考察。因此，任继愈指出，关于儒教的争论，既然不能从儒教本身的解释去争是非，那就不妨暂时离开“四书”，试从更广泛的范围，如社会学、经济学、宗教学、人类学多方考察，把它放在更广阔的视野来观察。② 这些思想为嗣后儒教研究指明了理论的方向性和实践可能性。

21 世纪的今天，沿着任继愈为儒教研究开辟的唯物史观的哲学路径，遵循习近平总书记在曲阜考察时提出的研究孔子和儒家思想要坚持历史唯物主义立场，坚持古为今用，去粗取精，去伪存真，因势利导，深化研究，

①《任继愈文集》第 8 卷，北京：国家图书馆出版社，2014 年，第 76—77 页。

②《任继愈文集》第 8 卷，北京：国家图书馆出版社，2014 年，第 124 页。

使其在新的时代条件下发挥积极作用的指导原则，应结合中国政治、经济、社会发展的现实，在唯物史观的时代思想框架中，探明儒教的社会原生属性，梳理儒教的纵向历史发展，发现儒教横向在世界文明进化语境中和世界主要宗教关系的合理模型，使儒教这一中国传统文化思想的发展与时俱进，在当代中国人的生活中找到合适的位置，在当代中国社会的发展中起到应有的作用。

莫尔特曼的政治神学与马克思主义

杨华明[①]

一、莫尔特曼政治神学要义

20世纪60年代，随着工业化、城市化、科学技术、市场经济的发展以及各种自由主义和社会主义等现代意识形态的涌现，“进步观”开始成为世界的主旋律。在宗教领域，世俗化趋势让基督教信仰和实践被迫从公共世界转向私人生活。而马克思主义对宗教的批判让神学家们开始着手护教工作。学生运动、和平主义运动、女性主义运动、第三世界的解放运动等各种社会运动层出不穷。面对现代各种思潮与运动对教会和神学提出的挑战，论证基督教存在的合理性的政治神学应运而生，天主教神学家默茨和新教神学家莫尔特曼为其代表人物。“政治神学”（political theology）不是要实现神学的政治化的“神学政治”（theological politics），也不旨在发展出一种政治的神学（theology of politics），“而是要分析实际的基督教神学、实践和机构以及基督教福音中包含的政治意涵。……其旨归在

①杨华明，中国社会科学院世界宗教研究所副研究员。本文原载于《基督宗教研究》，2019年第2期。

于阐述作为一种公共实践的基督教的政治意义与实践”[①]。

莫尔特曼基于“认同性”（identity）与“相关性”（relevance）的辩证关系构建出自己的政治神学：上帝三一位格的内在身份认同以道成肉身的方式进入世界，与现实中的历史、社会、政治与伦理诸维度发生关联，从而以终末的上帝国与现实政治形成对照并对之进行批判与革新。

莫尔特曼的政治神学是三一神学。莫尔特曼的三一论在传统“内在三一”与“经世三一”的基础上提出了“社会三一论”：上帝三位格之间是“互渗相寓”的关系，与上帝相关的所有关系都有类似关系，包括上帝及其造物间的关系以及世界万物间的关系。神圣三位一体通过圣灵向世界开放，将上帝内在的三一社会图景彰显出来，并成为现实社会、政治与伦理应予以效法的原型。通过圣灵发生改变的社会依照互渗相寓的原型构建成互动、合作、和谐的共同体模式，以团契、参与、接受等范畴取代了主权、征服和生产等范畴，上帝就不再是巴特所言的全然他者，而是全然的改变者（wholly transforming one）。[②]那么，三一神学就成为一种彰显社会与现实维度、包含革命与解放酵素的政治神学。

莫尔特曼的政治神学是十字架神学。十字架事件本身是一个政治事件，耶稣被钉十字架是因其与犹太人律法中的上帝以及罗马的政治神明之间发生冲突导致的，他是以渎神者和叛乱者的名义被钉上十字架的，因此耶稣绝非与政治绝缘。但是耶稣并非如奋锐党人那样以暴力方式期盼最后审判的到来，而是以在十字架上主动受苦的和平方式向世人揭示出与强权统治

①Arne Rasmusson, *The Church as Polis: From Political Theology to Theological Politics as Exemplified by Jürgen Moltmann and Stanley Hauerwas*, University of Notre Dame Press 1994, p. 12.

② See Nigel Goring Wright, *Disavowing Constantine: Mission, Church, and the Social Order in the Theologies of John Howard Yoder and Jürgen Moltmann*, Wipf and Stock Publishers 2000, p. 130.

的政治不同的另一种政治，非暴力成为十字架的政治内涵。耶稣通过十字架与世界达成和解，不是向罪与不义的屈服，而是以子在灵里顺服父的三位格和谐共契的方式向世界中的暴力、冲突、压迫与苦难彰显出作为现实政治对照物的和平主义“政治”，从而让教会内形成效法上帝“互渗相寓”位格关系的团契。莫尔特曼用了当代再洗礼派神学家尤达（John Howard Yoder）的术语，以“耶稣政治”一词来指称“对基督使命共同体的参与”，而“耶稣政治的指导方针是对托拉、对登山宝训的弥赛亚式解释”。[①]围绕十字架形成的团契与世界中的穷苦人、受压迫者、被统治者站在了一起，教会的价值观发生了改变，不再认同于君士坦丁主义那种把持权杖、高高在上“胜利者基督”的形象，而是对现实中的暴力与不义形成批判。象征苦难与死亡的十字架便打破了传统关于上帝全知、全能、全在、永恒、无情的偶像式图像：“唯有被钉十字架的基督才彰显出活生生上帝的形象。”[②]因为在十字架上的死迎来的是复活，是上帝从终末向当下的来临，从而给人带来革新现实的盼望。

莫尔特曼的政治神学是盼望神学。现代西方基督教思想发生的一个重要转向是从追根溯源以求可靠保障的本体论诉求向从未来寻求超越意义的终末论的转向，它发端自康德“我可以希望什么”的提问，到莫尔特曼那里形成了植根于终末与未来的“盼望神学”。莫尔特曼神学强调对未来的期盼并以此为视野对现实展开批判，这就形成了终末论的政治神学体系。莫尔特曼看到，脱离终末视域的基督教失去了批判与更新的力量。在莫尔特曼那里，正是终末论“恢复了革命的利刃”，“它让信仰者采取各种各

① See Jürgen Moltmann, *The Way of Jesus Christ: Christology in Messianic Dimensions* , Harpercollins 1990, p.42.

② Nigel Goring Wright, *Disavowing Constantine: Mission, Church, and the Social Order in the Theologies of John Howard Yoder and Jürgen Moltmann*, p. 114.

样期许未来的活动，主要是政治上的活动。未来与当下发生冲突，揭露其弊端，促成其危机。”[①]在莫尔特曼那里，世界历史的方向因着耶稣的复活已经不再是过去—现在—未来的自然进展，因为上帝从终末向现实的来临而发生了质变，成为“过去的未来—当下的未来—未来的未来”。耶稣的复活相对于建立在死亡威胁之上的权力结构而言，是激进、更新与救赎，它“已然”将“尚未”到来的上帝国中的批判与革命酵素带到了世界历史当中，从而用上帝应许的“未来”与“自由”更新了整个历史，给人带来了从奴役中解放出来、获得救赎与自由的盼望。

综上所述，莫尔特曼的政治神学是一个基于“认同性”与“相关性”辩证法之上，由三一神学、十字架神学与盼望神学共同构建的神学体系，而这一神学体系的缘起与发展，离不开莫尔特曼与马克思主义展开的对话实践。

二、马克思主义对莫尔特曼政治神学积极影响之种种

与马克思主义对话是莫尔特曼思想发展的一个重要生长点。莫尔特曼以盼望神学、十字架批判理论为代表的基督教思想，是在与新老马克思主义展开真诚而深入的对话基础上产生并发展起来的。其“盼望神学”受到西方马克思主义者布洛赫希望哲学的启发而问世，其“十字架神学”受西方法兰克福学派阿多诺的否定辩证法与霍克海默的批判理论的影响而产生，而他本人更是20世纪六七十年代投入基督教—马克思主义对话的为数不多的基督教神学家之一，此经历成为其政治神学思想建构的实践基础。与马克思主义对话让莫尔特曼神学具有了理论与实践并重的特点，消除人类苦难、建构公义社会、追求世界进步也成为莫尔特曼神学的基本诉求。故而莫尔特曼常以“马克思主义者”自居。

① Nigel Goring Wright, *Disavowing Constantine: Mission, Church, and the Social Order in the Theologies of John Howard Yoder and Jürgen Moltmann*, p. 109.

马克思主义理论对莫尔特曼政治神学生成与发展的影响是多方位、多层面的，具体而言，包括马克思主义进步历史观、革命实践论、宗教批判论、共产主义理论与唯物—历史辩证法等方面的影响，下文将逐一展开论述。

（一）进步历史观

马克思主义历史观继承了近代以来人本主义的线性进步历史理论，认为人类社会是一个由原始社会—奴隶社会—封建社会—资本主义社会—共产主义社会的线性进步历程。“历史”范式受到进化论的影响，主张人类社会是一个不断由低级向高级阶段发展的轨迹，最终将实现消灭私有制、无阶级差异、全人类自由的共产主义。在这一进步历史观的观照下，“共产主义”成为反思历史与审视当下的一个基本尺度，以未来美好社会的样式与现实社会中存在的人的等级划分、阶级矛盾与异化处境等不义状态形成对照，从而形成更新现实、改造社会的革命动力。与此同时，马克思并未将共产主义视为僵化的历史终点，而是将之视为新历史的开端，他在《1844年经济学—哲学手稿》中说，共产主义“并不是人类发展的目标，并不是人类社会的形式”，而只能是人类“下一段历史发展的必然环节”。[①] 换言之，共产主义的意义不在于它为人类历史画上了一个完满的记号，而是昭示了一个新纪元的开端。

在自20世纪60年代起就已积极参与到与马克思主义对话的莫尔特曼那里，这种进步的历史观对莫尔特曼的政治神学产生了重要影响，令其神学带有明显的乐观主义倾向，认为社会历史朝向上帝国的方向发展是一种必然。莫尔特曼在《来临中的上帝》一书中用“未来”重新界定了人类线性发展史，认为“过去—现在—未来”的历史进程，应以“上帝国”向世界临近、给世界带来的“新”为视域重新认识，这个过程实际上是上帝国

① 参阅《马克思恩格斯全集》第42卷，北京：人民出版社，1979年，第131页。

昭示的新天新地所经历的过程，是“未来的过去”“未来的现在”与“未来的未来”。“新天新地”并非在将来的某个历史时刻突然降临的末世场景，而是已经伴随上帝向世界的临近将“新”的革命性带到了充满不义与罪的世界当中。这样的基督教“终末论”突破了传统千禧年式末世论的恐怖模式，而是将对未来新历史的盼望直接实践于当下。这不是唯恐末日降临的悲观末世观，而是充满盼望与喜悦的乐观终末论，因为它看到的不是《圣经·启示录》中历史在恐怖中终结的场景，而是新历史的开端。可见，受马克思主义进步史观影响的莫尔特曼的盼望神学，是以对未来新世界盼望为旨归的政治神学，这是一种线性史观，但并不以末日时刻的到来为历史的终点，而是将之视为新的起点，对未来之“新”的盼望不仅是仅仅处于思想层面的乐观精神，更是在实践层面促使人迎向“新”的实际动力，这显然契合了马克思主义进步史观以共产主义为导向、给革新现实带来积极要素的立场相一致。

莫尔特曼受马克思主义进步史观影响的政治神学，对中国坚持的马克思主义意识形态颇为赞扬。莫尔特曼看到，中国最先接受的不是当时工业高度发达国家的思想体系，而是发展中初期工业国家的意识形态——社会主义，这是符合中国国情的。他在《创建公义的未来》[①]一书中有一章以“和谐与进步：处于毛泽东思想与道家思想之间的中国”为题，谈到了他对中国社会主义道路的积极看法：“苏联的社会主义，即马列主义，在俄国诞生的情况和中国类似，所以对中国人民有解放的作用，给他们带来盼望。马克思、列宁和毛泽东的名字，指出了这种意识形态进行的方向和改变。起初，它把德国的唯心历史哲学和欧洲工业的无产阶级受到疏离的痛苦结合起来。它的内容在于‘历史’观中的‘进步’概念，认为‘时间’是直

① Jürgen Moltmann, *Creating a Just Future*, SCM Press, 1989.

线的，以目标为指向的。它的支持者是大城市受疏离的无产阶级。这种意识形态深信历史发展的必然性，就是无产阶级要解放自己，同时也深信领导无产阶级的党要完成历史的任务。目标是：人类要团结起来，在集中领导之下，要成为自己历史的主人。”①

莫尔特曼认为，支撑中国文化的两大思想基础是“和谐”与“进步”，前者指涉中国传统文化，后者指涉中国当前马克思主义意识形态，“进步观”是对中国传统思想中阴阳互动、周而复始循环历史观的扬弃，从而使历史发展有了明确的路径与方向。不过，莫尔特曼同时指出，单纯地追求文明发展与科技进步也会带来失衡状态，生态危机就是一例，因此，现代的进步观不应忽视传统的和谐观。从这里可以看出，中国特色社会主义道路势必是一个以进步为取向、以和谐为定位的进路。

由上述可见，莫尔特曼受到马克思主义进步历史观影响的政治神学，正确地认识到中国社会主义道路的合理性与和谐社会建构的必然性，成为基督教神学与马克思主义对话的代表性成果。

（二）革命实践论

莫尔特曼的政治神学得益于与马克思主义的对话，受到了马克思主义实践与理论辩证关系的影响。莫尔特曼仿照马克思的说法提出：神学的任务不仅在于解释世界，更重要的乃在于改变世界，这无疑映射出马克思主义实践论影响下现代精神从重“知”（orthodoxy）向重“行”（orthopraxy）方向的转变。当实践成为检验真理的标准，教义的真伪问题暂被悬置，关键问题在于它与现实的相关性：它会给人带来解放还是带来压迫？它是符合人的本质还是异化了人？政治神学运用了马克思对宗教的批判，但其批判的不是教义的真伪和信仰的内容，而是看教义的功用与影响：是具有解

① ［德］莫特曼著，曾庆豹策划，邓肇明、曾念粤译：《莫特曼论中国文化》，香港：基道出版社，2008 年，第 25—26 页。

放性还是压迫性。政治神学扭转了自路德宗教改革以来将信仰归为个人与上帝关系的道路，而凸显出救赎的公共属性：只有政治地参与到历史的解放进程中才能理解《圣经》、澄明教义、实践信仰，这要求与世上的穷人、被压迫者与罪人相认同，并给他们带来盼望与更新。这就是莫尔特曼倡导的以“改变世界”为宗旨、以革命实践为进路的政治神学。

莫尔特曼神学来源于实践，并应用于实践。他的盼望神学，将基督教神学中对历史终结、上帝之国到来的末世期盼引向当下的历史与实践；而其十字架神学，则通过上帝在十字架上的受难反映出世界中人们所遭受的种种苦难。在苦难中持有盼望，在对苦难的抗争中力图获得解放。十字架与盼望的辩证法使莫尔特曼神学有充分的实践张力。这使得莫尔特曼神学与马克思主义实践观有了对话的基础。面对黑人神学、解放神学、民众神学以及女性主义神学对传统神学提出的挑战，莫尔特曼也通过各种途径跳出自己身为欧美白人、男权主义主导的主流神学圈子，积极参与到和这些具体的境遇神学的对话当中。而面对核武器带来的世界范围内的威胁以及日益严峻的生态危机，他将自己思辨的神学理论转化为改变现状的有力武器，和平主义思想、万有在神论的神学伦理等等，都是莫尔特曼神学对现实世界的杰出贡献。

在马克思主义实践革命论的影响下，莫尔特曼与基督教激进改革派神学展开了对话。历史上以再洗礼派为代表的激进改革派的革命运动及其准共产主义实验都曾受到以恩格斯为代表的马克思主义者的褒扬。受再洗礼派影响的闵采尔掀起的农民战争、再洗礼派在明斯特进行的财产共有的“新耶路撒冷实验”，都是恩格斯将再洗礼派视为“共产主义先驱”的直接原因，他认为闵采尔的政治纲领“接近于共产主义”，其宗教思想则“接近于无神论”。莫尔特曼强调进步性与革命性的政治神学使其与激进改革派有了对话的根基，他对激进派的评价非常积极，认为以闵采尔为代表的激进派不是向后看，而是向前看，以终末上帝国的来临为基本视域来变革当下社会，认为自己是由新先知带领的上帝国保卫者。他称闵采尔是“16世纪的解放神学家”[①]，为追求神圣的公义、解放被压迫的人民而采取革命的手段。莫尔特曼进而指出，宗教改革的未来乃在所谓“左派”（代指以再洗礼派为代表的激进改革派）：“他们在‘激进改革’中寻求真理……基督教会的未来从原则上讲存在于宗教改革的左翼，这是因为……‘会众’存在于他们当中。”[②]

在“革命”理念的语境中，莫尔特曼看到以尤达和哈沃瓦斯为代表的激进改革传统的当代继承人坚持的“分离主义”实际上是对早期激进派实践革命立场的偏离，这种分离主义倡导作为现实政治之“另一种选择”的“神学政治”，这一神学政治只是凸显了与现实中的不义与罪恶的对立，但并没有以批判视域与革命手段来更新不义与罪恶的现实社会，这就是“神学政治”与“政治神学”的根本分歧。对莫尔特曼来说，关键问题在于基督教之于现实社会的适切性与相关性，他关注的核心不是教会与世界的分立，而是教会对世界的参与，对现实社会中的不义进行改造与更新。故而莫尔特曼批判了这种“将自身拉出世界之外，成为寂静主义从而不做出任何批判的危险”，认为它并非负责任的基督徒存在方式，对世界政治与经济的和平、公义毫无裨益：“如果基督共同体与其存在其中的社会相分离，那么它是不是就仅仅表现出自己的‘强烈拒绝’，而不是在最后审判与上

① See Arne Rasmusson, *The Church as Polis: From Political Theology to Theological Politics as Exemplified by Jürgen Moltmann and Stanley Hauerwas*, 1994, p. 79.

② Jürgen Moltmann, *The Open Church: Invitation to a Messianic Lifestyle*, SCM Press 1978, p.117.

帝国的光照下对暴力世界展开批判？”①

在莫尔特曼的盼望神学中，来临中的上帝将人对终末上帝国盼望带到了历史中，上帝国不再是某个静止抽象的末日国度，而是处于向世界的动态临近中。参与上帝历史的方式不是在地上建立上帝国，在此世中建立彼国只能沦为乌托邦式空想，而是在盼望中做好准备与向世界临近的上帝相遇，迎接上帝国的到来。上帝国的降临是以上帝为行动主体的上帝向世界的来临，但人并不仅仅是作为被动消极的客体与上帝相遇的，毋宁说这是一个主体间的互动关系。因此，人对上帝国的盼望不是静候，而是在福音的使命中采取积极的革命行动，这就是莫尔特曼所言“弥赛亚式的行为”，包括：（1）反对人对人的压迫，为经济上的公义而斗争；（2）反对人对人的压迫，为人权和自由而斗争；（3）反对文化对人的异化，为实现人类团结而斗争；（4）反对人类工业发展对自然的迫害，为环境和平而斗争；（5）反对个体生命中的冷漠，为生命的意义而斗争。②此类在具体的历史境遇中参与的政治、经济、文化、生态等各个领域的实践革命，明显是受到马克思主义革命实践论影响的基督教政治神学。

因此，对莫尔特曼而言，教会不能只是一种对照性的存在，其批判性与革命性都必须“相关于”现实世界才能实现。教会的任务不是在地上建立“上帝国”，而是在社会与政治的行为中对作为弥赛亚的耶稣作出回应，期盼上帝国向世界的临近。世界不是静候上帝国到来的“接待室”，而是与上帝的来临有积极的互动：尽管世界还不是上帝国，它乃是上帝国从终

① See Jürgen Moltmann, Edited by Willard M. Swartley, *The Politics of Discipleship and Discipleship in Politics: Jürgen Moltmann Lectures in Dialogue with Mennonite Scholars*, Cascade Books 2006, pp.51—55.

② See Jürgen Moltmann, Edited by Willard M. Swartley, *The Politics of Discipleship and Discipleship in Politics: Jürgen Moltmann Lectures in Dialogue with Mennonite Scholars*, p.47.

末降临的战场和工地。[①] 教会若要担当起其批判与更新现实中不义与苦难的责任，就必须经历一场“出埃及”的运动，成为以解放与自由为己任的弥赛亚式的终末共同体，以上帝应许的“新天新地”成为新社会的范本与目标，释放出基督教信仰的异质性革命潜力。莫尔特曼的政治神学关注的是基督教的处境化、亦即现实相关性问题。教会应意识到自己的政治存在与社会功能，担当起在现实中的批判职责。故而这一政治神学成为一个包含实践、批判、革命、解放、斗争等维度的现实世界运动，该现实运动成为神学理解与批判的基本语境。正如马克思主义不应沦为某种僵化的意识形态，而应成为一种批判的哲学、从而真正成为无产阶级手中的有力武器，基督教政治神学也应从一种教义神学转化成为一种批判神学，从而将其中的实践性与革命性实现出来。

（三）宗教批判论

马克思主义宗教观的立足点在于对宗教的批判，他认为：“在宗教中，人的头脑和人的心灵的自主活动对个人发生作用是不取决于他个人的，也就是说，是作为某种异己的活动，神灵的或魔鬼的活动的……这种活动是他自身的丧失。”[②] 马克思继承了费尔巴哈对宗教的批判方式，并进一步指出宗教植根于人与人以及人与自然的冲突之中，是异化之人对自己异化处境的一种异化了的思维方式。他在《黑格尔法哲学批判导言》中说：宗教“是一种颠倒的世界意识”“是还没有获得自身或已经再度丧失自身的人的自我意识和自我感觉”“是人的本质在幻想中的实现，因为人的本质不具有真正的现实性”[③]。因此，宗教是人类本质的现实化，只不过它采

① See Jürgen Moltmann, Edited by Willard M. Swartley, *The Politics of Discipleship and Discipleship in Politics: Jürgen Moltmann Lectures in Dialogue with Mennonite Scholars*, Cascade Books 2006, pp.45—46.

② 《马克思恩格斯全集》第 42 卷，北京：人民出版社，1979 年，第 94 页。

③ 《马克思恩格斯选集》第 1 卷，北京：人民出版社，1995 年，第 1—2 页。

取了一种虚幻的形式。一旦人的异化状况发生改变，宗教也就随之消亡。

莫尔特曼认识到，马克思的宗教观基于费尔巴哈人本主义宗教批判论之上对人的异化现实进行了反思：正是这样的现实迫使人将自己的幸福与本质投射于虚假的宗教观念上，造成了自欺欺人的结果。莫尔特曼看到马克思宗教批判思想的积极意义：马克思在新的现实历史条件中为走出宗教神话而寻求道路，他指出："如果对宗教的批判始于费尔巴哈将所有宗教都归于神秘主义，那么将神秘主义扭转为革命就成为马克思宗教批判的矛头所向。"① 在他看来，马克思是站在宗教的历史（意即社会的与政治的）现实问题之上分析、批判宗教的，而批判只是第一步，改造这一历史现实的革命实践则是接下来的首要任务。

马克思对宗教的批判不仅停留在为宗教现象的存在找到了根源，即现实的异化状态，更进一步找到改变异化状态、消除宗教现象的现实道路；他采用的不是费尔巴哈式的感性唯物主义人学道路，宗教问题不是通过人向人的抽象回归就能解决的，他乃是站在辩证的、历史的唯物主义立场上：只有通过现实的社会革命将人与自然、与自身的冲突解决时，宗教问题才能解决。所以，关键问题不是在理论上解释宗教、批判宗教，而是改造现实。基于此，马克思提出："宗教里的苦难既是现实的苦难的表现，又是对这种现实的苦难的抗议。……宗教是人民的鸦片。"② 莫尔特曼看到，马克思在这里提出了宗教观念的三要素：苦难的表现、对苦难的抗议以及受苦人民的鸦片。这里的一个核心概念是"苦难"。在马克思那里，苦难的现实是异化世界对人的束缚所造成的现实后果，而人的苦难表现在他的政治依附、经济奴役和与自然、命运的捆绑中。人在苦难的处境中不得自由。自由在他看来"是取消人对人的奴役，结束人对人的剥削，最终提升全人类，

① Jürgen Moltmann, *Religion, Revolution and the Future*, Scribner, 1969. p.94.

②《马克思恩格斯选集》第 1 卷，北京：人民出版社，1995 年，第 2 页。

使人成为他自己历史的创造者”[①]。人通过劳动、通过实践行为可以改变自己受苦的命运，将自我从各种苦难与异己关系中提升出来，从而获得自由。马克思认为，宗教宣称所要达到的自由只是虚妄的自由，因为宗教只关注彼岸“超越”的问题，从而放弃了对此世的实践与参与。在这个意义上，“宗教不是在世界中引入新的自由而是新的锁链……从宗教中解放出来将会获得比从宗教中获得的自由更大的自由。”[②]因此，宗教对苦难提出的抗议最终只能是一种消极的抗议，它并不采取任何积极有效的实践去改造人的受苦境遇、实现人的自由，最终就只能沦为“人民的鸦片”。

莫尔特曼看到，不仅仅对马克思而言，还包括如恩格斯、巴枯宁、萨特这样的无神论者，自由与上帝的存在是对立的。[③]因为在无神论者看来，要么上帝存在，而这种情况下人不得自由；要么人是自由的，那么就根本不会有上帝的存在。上帝的存在与人的自由是一个二选一的难题：要么上帝，要么自由。在无神论者那里，上帝不过是没有异化的自由人，而人则因其异化状态而处于不自由当中。身为基督教神学家的莫尔特曼在这里提出了自己的辩护：人的苦难不仅在于人的不自由状态，更根本的乃在于“人的不可能性，或者说是他失去了的可能性。他被罪所奴役……因此自由对他们而言是通过恩典从罪行的咒诅中得以解放，通过对上帝来临的盼望从死亡和畏惧中获得自由，通过信从律法和劳作中获得自由”[④]。因此，不是“上帝或者自由”，而是“上帝和自由”或者“上帝，所以自由”。基督教诞生之初就被罗马人斥为“无神论”，因为这个以独一上帝为信仰对象的新宗教否定了传统多神信仰中的诸神。传统有神论中的神是人想象中

① Jürgen Moltmann, *Religion, Revolution and the Future*, p.78.

② Jürgen Moltmann, *Religion, Revolution and the Future*, p.69.

③ See Jürgen Moltmann, *Religion, Revolution and the Future*, p.67.

④ Jürgen Moltmann, *Religion, Revolution and the Future*, p.78.

的救星，是偶像式的神灵，从这个意义上说，基督教的确是一种“无神论”，是摒弃了一切偶像崇拜的宗教。诚如现代神学家朋霍费尔所言，基督教是“非宗教”的基督教，从基督教否定全知全能的偶像式“机械之神”的角度看，基督教与抗议宗教的“无神论”如同并肩作战的战友。

因此，莫尔特曼对马克思宗教观中的“抗议”论表示赞赏。“对苦难的抗议”是关于宗教理解的核心，基于这种理解，人类福祉的革命性实现便成为宗教的一个内在质素。在莫尔特曼看来，相比于其他宗教，基督教的弥赛亚信仰所具备的“抗议”精神最为强烈。如果基督徒的信仰不能为将人从肉体的、社会的以及政治的锁链中解放出来而抗议，如果仅仅看到信仰对自由的应许而忽略解放世界的真实需求，那么，基督教的福音就只能“沦为不义社会的宗教基础、亦是苦难现实的神话化”[①]。在莫尔特曼看来，基督的十字架象征着对人类现实苦难的表达与抗争，那么，“复活者十字架的福音宣称就不再是麻醉人民的鸦片，而是引发新自由的酵素”[②]。

莫尔特曼正确把握到马克思主义宗教批判的精神。他看到马克思对宗教的批判不是局限于费尔巴哈那种狭隘的人本主义范围之内，而是将之与人类苦难的现实、异化的状态联系起来，从而避开了费尔巴哈那种“神学—人本学”“人本学—神学”的循环式抽象思维。他善于汲取里面积极的、革命的成分，并将之运用于自己的神学建构中，以积极行动的政治神学迎接宗教因重超越、轻实践倾向而遭批判的挑战。因马克思主义宗教批判论对莫尔特曼反思基督教信仰、构建自己的神学都产生了积极影响。从上帝应许而来的盼望，并非导向一个祝福之天堂或是一个纯灵魂的国度，而是直指新天新地，“人不应将其独特的生命视为避世的、彼岸的陌生人或是过客。基督教信仰并不让人以陌生人的态度面临世界，而是为了未来而保

① Jürgen Moltmann, *Religion, Revolution and the Future*, p.95.

② Jürgen Moltmann, *Religion, Revolution and the Future*, p.96.

持警醒与敏锐。”[①]

（四）共产主义理论

马克思的共产主义理论与基督教的上帝国思想，涉及的都是对人类未来社会构想的理论。在马克思那里，共产主义社会即是扬弃了必然王国各种有限性的“自由王国”，马克思在《德意志意识形态》中有生动的描述：“在共产主义社会里，任何人都没有特定的活动范围，每个人都可以在任何部门内发展，社会调整着整个生产，因而使我有可能随我自己的心愿今天干这事，明天干那事，上午打猎，下午捕鱼，傍晚从事畜牧，晚饭后从事批判。”[②]《共产党宣言》中明确指出：共产主义社会是“自由人的联合体”，“在那里，每个人的自由发展是一切人的自由发展的条件。”从这里的表述中，共产主义概念至少应包含三个含义：物质生产高度发展的公有制，全人类自由，和谐共契的“联合体”。

“共产主义”的汉语译文直接援引自日文，“共产”的字面意义凸显了马克思设想的这一最高社会形态的公有制内涵。无疑，“各尽所能、各取所需”的公有制是“共产主义”含义的首要方面，也诚然是马克思本人强调的重点。但共产主义当中的“自由”与“联合体”两个含义同样不应忽视。

在马克思那里，人因政治依附、经济奴役和与自然、命运的捆绑而处于异化状态、处于不自由当中，马克思所呼吁的共产主义社会乃是要消除人对人的奴役，结束人对人的剥削，最终提升全人类，使人成为他自己历史的创造者。因而这种自由乃是人作为主体存在所内在固有的，它强调扬弃异己之物对人的束缚，因而它有“否定性”与“批判性”的特质。因此，作为“自由”王国的共产主义，不是某种静止的社会理想与抽象的发展目

① Jürgen Moltmann, *Religion, Revolution and the Future*, p.119.

② 《马克思恩格斯选集》第1卷，北京：人民出版社，1972年，第38页。

标，而是在必然王国中并且是扬弃必然王国的历史活动中正在实践并实现着的“自由王国”，是历史之“已然”与“尚未”的辩证互动进程。正是在这个意义上，马克思说：“共产主义对于我们说来不是应当确立的状况，不是现实应当与之相适应的理想。我们所称为共产主义的是那种消灭现存状况的现实的运动。”由此可见，共产主义的革命性并不在于它为人们预设了一个理想的社会，而在于它能不断地打破自己的预设，在现实的革命活动中重新界定自己，故而共产主义的概念本身就包含着现实的实践活动，它“并不是人类发展的目标，并不是人类社会的形式”，它只能是人类“下一段历史发展的必然环节”。[①] 所以共产主义所具有的现实性否定了某种理想的抽象性，从而使之具有了历史性、开放性与革命性。

莫尔特曼的盼望神学及其“来临上帝的终末论”和马克思对共产主义自由王国的理解有异曲同工之妙。对处于上帝从终末向世界来临的人而言，上帝国便不再是某种末世理想，而是在与上帝迎面相遇的具体历史中将“终末”活于当下。基督徒对未来上帝国的盼望是改变人类受奴役、不自由境况的革命酵素。莫尔特曼的这种基督教终末论思想很容易认同于马克思的共产主义理论及其自由观。他认为，马克思强调的那种将人从经济奴役中解放出来，即凸显经济自由与社会自由的立场，恰恰反映出人类自由革命发展史的完美状态，这可称为“自由的社会主义”阶段。自由的社会主义观念指出，自由的实现乃是从资本主义及其个人向社会主义及其“社会中的人”的转变。正如马克思所言，在这种社会形态中，“每个人的自由发展是一切人的自由发展的条件”，这表明通向自由的社会经历了一个从“有”到“在”的变化：从“持有（having）之社会”到“真正的人的存在（being）之社会”。莫尔特曼对马克思的这一观点表示认可：将人从经济的苦难中解放出来是将全体造物从苦难中解放出来的一个重要、崭新的步骤。他进

① 参见《马克思恩格斯全集》第42卷，北京：人民出版社，1979年，第131页。

而指出，自由不仅是摆脱外在的束缚，更是到达一种“由自”的状态，不仅是内在的，更是超越的。莫尔特曼认识到自由朝向未来的超越向度，才看到无论是基督教，还是马克思主义，其旨趣都不在于形成某种“立场”或“视角”，而毋宁是形成一种朝向人类未知之未来的开放之境。因此，双方的关系不应止于对话，更应以合作为宗旨：为消除人类的苦难、达到人类自由而共同努力。正是在这个意义上，莫尔特曼认识到：“一旦天主教徒、新教徒、自由派以及马克思主义者能超出自身的体系，向前看到自由王国的未来，他们之间的联合就获得了可能。”[①]

自由王国不是单个人自由孤立的抽象存在，而是自由人的“联合体”，亦即“共同体”。从词源学来看，“共产主义”（communism）概念的拉丁语词源“communis”意为共同体、团体、团契。在共产主义理念中，人的全面解放和自由是以建构团结共同体为基本旨归的。所有人的“自由”不是单个人“自由”的机械相加，而是在共同体中的有机互动关系，每个人的自由是全人类自由的前提，而全人类自由也是每个人获得真正自由的前提。因为只有在团结共契、和谐交融的人类联合体中，个人才能实践出现实的自由，如此，自由便不再是浅层次的随心所欲或抽象概念意义上的无拘无束，而是在他人之中并且为了他人，从而真正实现自身、成全自身的具体关系。

“共同体”一词是莫尔特曼神学中反复出现的概念，这一概念和他的“社会三一”思想密切相关。在他那里，上帝三位格间“互渗相寓”的关系是人类社会关系的原型：男人与女人、父母和孩子之间形成的“社会的开放的伙伴关系正是和上帝一致的生命……三位一体相互寓居的概念，亦即群体的概念，可以更好地作为上帝在地上的两性形象的模型”[②]。源于

① Jürgen Moltmann, *Religion, Revolution and the Future*, p.77.

② ［德］莫尔特曼：《创造中的上帝》，北京：生活·读书·新知三联书店，2002年，第305页。

上帝三位格互渗相寓的关系体现在教会中就是建构起基督徒共同体，这一共同体的成员是在共同的“主”里面自愿来到一起，结成平等、自由、和谐的“朋友”关系，并让这一共同体成为个体生命和生活的新动力与源泉。因此，在莫尔特曼那里，在摆脱外在异化力量奴役的“出埃及”的外在自由后，就是“安息日”的内在自由，相对于前者的实践性，这个内在自由强调的是休息与安闲，是上帝在万物中、万物在上帝中的那种“万有在神”式的和谐关系。人进入上帝国才具有的“团契”关系，这是人与上帝、人与自然以及人与人之间和谐共在的“共同体”。

基督教的共同体理念与共产主义理论中的“联合体”思想形成了平行对读的关系。对“共产主义”概念的诠释不应仅停留在所有制及自由和革命因素的层面，其中的和谐观同样应受到关注。实现全人类乃至人类与自然之和谐共在的关系应是共产主义题中应有之义，我国构建“和谐社会”的呼声无疑是对“共产主义”概念中共同体思想的一种积极回应。

（五）唯物—历史辩证法

“辩证法”在西方的源起应追溯至古希腊哲学于世界多元现象中趋同求一的逻辑进路，最初指以悖论的方法进行论证的辩驳技巧或定义方式，进而发展成为一种逻辑论证的结构体系与方法论原则，被广泛运用于自然、历史和思维领域中。发端于黑格尔辩证法的马克思主义辩证法，是站在费尔巴哈唯物论立场上对黑格尔精致唯心主义辩证法的扬弃，发展出科学的唯物辩证法与历史辩证法。马克思主义唯物—历史辩证法，是同样受德国传统辩证精神滋养的莫尔特曼神学重要的对话与借鉴对象。

马克思主义的唯物—历史辩证法包含多重内涵：存在论意义上的矛盾对立统一辩证法、历史观意义上的三一辩证法、认识论意义上的主体—客体互动辩证法、方法论意义上的理论—实践相结合的辩证法以及整体论意义上的结构—内容—方法相统一的辩证法。若从形式上讲，这各个层面的辩证法大致可分为两类：二元辩证法与三一辩证法。所谓二元辩证法，是从对立中求统一的辩证法，矛盾体两极的对立统一是辩证法的基本内涵，从现象中求本质的古代本体论哲学，强调物质与意识二元分立、相互作用的马克思唯物主义存在论，都属于二元辩证法范畴，矛盾的对立统一、主客体的辩证互动、理论与实践相结合的观点都属此类。所谓三一辩证法，是指突破矛盾的是与否的二元观点，进而引入第三维的辩证法，这最明显地体现在黑格尔的辩证法体系当中：矛盾的两极不仅要通过自己的对立面、通过否定自身实现自己，而且是通过对立面、通过否定重新回到自身，当然这是更高一级的自身，是螺旋式的发展与上升。在马克思主义辩证法中，将人类历史划分为“原始共产主义”—阶级社会—共产主义三阶段的三段式历史观明显具有三一辩证法的特质，而结构—内容—方法的关系也呈现出三位一体的辩证关系。

二元辩证法与三一辩证法各有其价值与意义。二元辩证法在实践生活中更容易为人们所理解与运用，也会更直接地带来实际效果。比如说“社会发展史就是阶级斗争史”：社会中的两个对抗阶级之间由于物质利益的冲突而产生出社会发展的动力。这样的理论很容易为无产阶级所理解，并很快在社会实践革命中得到运用，有很积极的，或者说激进的实践意义。如果说二元辩证法更简单明了，有更直接的实践意义，那么，三一辩证法则更深刻、更真实地反映了主体与世界本身。三一辩证法是否定辩证法，它不是如二元辩证法那样，矛盾的一方必须通过消灭对方才能实现自己，而恰恰是通过在对方中否定自身，从而实现自身。二元辩证法反映出历史现实中存在的种种矛盾，它更多地体现了共时性的东西；三一辩证法则更多反映出历史发展的阶段性，它主要包含了历时性的东西。无论何种形式的辩证法，都是历史的逻辑表达式，是历史与逻辑的统一。

莫尔特曼神学富含辩证法精髓，笔者曾在《十字架上的盼望——莫尔特曼神学的辩证解读》[1] 一书中对莫尔特曼的辩证思想进行了深入剖析。莫尔特曼的神学叙事结构、神学论说内容以及神学研究方法莫不彰显辩证法之光。这一神学围绕“认同性”与“相关性”的辩证互动呈现出一个由结构、内容与方法共同构建的有机体系，在二元辩证法与三一辩证法方面都可以找到和马克思主义的唯物—历史辩证法相契合的内容。

莫尔特曼神学有两个关键词，即认同性与相关性，这是一对包含矛盾对立统一二元辩证法的概念。他善于从上帝内在的身份认同性（identity）出发来把握上帝之于世界的相关性（relevance），从而关切现实问题。这其中包含着一个“主体视角”的转换：超出神学家作为认识主体来言说上帝的传统思维方式，探讨作为神学“主体”的上帝自身的内在关系与内在行为。如，要探讨上帝与世界的关系以及世界万物间的关系，即“经世三一”和“社会三一”，必定要追溯至三一上帝之内在的关系，从“父”与“子”在“灵”里的“内在三一”中展开论述；要探讨世界走向终末的历史进程，必定要从上帝从未来的终末走向人类历史的方向展开论述；即便在论述上帝作为主体的“创造”问题上，莫尔特曼也没有限于上帝向外发出创造行动的传统“创造论”思想，而是指出上帝的创造首先是一个三一上帝向内的“自限”的行动。在莫尔特曼那里，一切上帝之于世界的相关性问题，都首先是一个三一上帝内在的身份认同问题。

与认同性—相关性形成对照关系的马克思主义辩证范畴是“理论—实践”。在马克思主义者那里，脱离实践的理论无异于空中楼阁，而检验真理的标准唯有实践。认同性关乎神学理论的内在运行，相关性关乎神学理论之于现实的实践与革命，理论与实践相结合的辩证法让莫尔特曼神学获得了跳出抽象神学理论、重视革命实践与现实意义的特点，信仰必然与实

① 杨华明：《十字架上的盼望——莫尔特曼神学的辩证解读》，北京：社会科学文献出版社，2010 年。

践相关。以莫尔特曼的盼望神学为例，基于其神学“主体”转换的特质，对历史的认识不应局限于一般人类主体的观点，而是上帝作为终末史的主体，从未来迎向人，将上帝在未来应许的“新天新地”带入历史，从而有了改变历史当前境遇的革命酵素。这其中明显包含纯粹神学理论与现实革命实践之间的辩证互动。正是从马克思主义理论—实践的辩证法角度，莫尔特曼指出，盼望神学“将人从对现实的接受中解放出来，从而提供了改变世界的动力，所以它至少通过了马克思主义关于真理必须是可以实施的检验”[①]。如此，神学理论的实践意义就彰显出来：未来的无限可能性有待人的积极参与，未来不是当下的延伸与发展，而是人们在上帝之国与当下现实的冲突中经验到的历史质变，而人的职责在于参与到这个冲突之中，通过革命改变世界现状。

莫尔特曼对马克思主义的二元辩证法是积极赞扬的，这从他对中国语境内实践出的马克思主义历史辩证法的看法就可窥一斑。他清楚地看到，现代马克思主义历史观基于阶级斗争的矛盾开拓出一条社会主义道路，“其实际理论就是藉无产阶级的自我解放以解放全人类”。他进而指出，阶级斗争的结束并非二元矛盾的终结，结合中国传统阴阳互动的辩证法思想，原先斗争的辩证法“转变为阴阳的和平辩证法”，这时的二元辩证法体现在“生命的变动均衡中互相补充的运动”。由此可见，马克思主义辩证法与中国传统辩证思想的交融汇通乃是有中国特色辩证法体系之建构，莫尔特曼指出：“要创造一个后工业的社会的新典范，中国古代思想那种充满张力和动力的和谐追求，又再度为我们带来无可估量的重要意义。没有均衡的矛盾可能会带来致命的危机，而没有矛盾的和谐只是一种幻象。”[②]

① Richard Bauckham, *The Theology of Jürgen Moltmann*, T & T Clark, Ltd, Edinburgh, 1995, p. 43.

② ［德］莫特曼著，曾庆豹策划，邓肇明、曾念粤译：《莫特曼论中国文化》，第 35—36 页。

至于三一辩证法在莫尔特曼思想中的体现就更为丰富了。莫尔特曼思想体系本身就是一个由结构、内容与方法三元素相统一的三一辩证体系，他从基督教一神启示论、神人两性基督论到三位一体的三一论的辩证论说逻辑，是一个从一到二、从二到三的三一推演进程。这让莫尔特曼的神学很容易与深受黑格尔三一辩证逻辑影响的马克思主义理论产生共鸣。笔者在《十字架上的盼望》一书中对莫尔特曼的三一辩证法已有详尽阐释与解读，兹不赘述。

小结：

从以上论述可见，莫尔特曼政治神学的形成与发展与马克思主义的影响密不可分。马克思主义的进步历史观、革命实践论、宗教批判论、共产主义理论、唯物—历史辩证法等思想都成为莫尔特曼政治神学演进过程中的重要参照系。从莫尔特曼的政治神学出发可以看到，基督教与马克思主义在面对共同的未来与盼望中，消除对立的时代已经到来，二者必然要从对抗走向对话，从分歧走向合作，在面对世界的罪恶、苦难与战争的危机中，结成与社会中的不义因素相对抗的伙伴，共同担当起社会批判的重任。如此看来，莫尔特曼的政治神学俨然成为“一种马克思主义的基督思想版本”，很明显，“在基督教和马克思主义中都有一种思想相互靠近的要求。如果不是这样，想相互理解和进行有益的相互批判的要求至少是存在的。”① 无疑，以莫尔特曼政治神学为代表的基督教—马克思主义对比性研究，为我们深入探究马克思主义的历史观、实践论、辩证法、共产主义理论以及宗教观等多方位理论体系提供了一条新路径，应该成为我国马克思主义理论研究的一个重要组成部分。

① 刘小枫：《走向十字架上的真》，上海：三联书店，1995年，第427页。

葛兰西“文化领导权”思想及其对我国新时代宗教工作的意义

王静[①]

安东尼奥·葛兰西（Antonio Gramsci，1891—1937）是意大利共产主义运动的第一批作家和理论家之一，以及意大利共产党的重要奠基者，也被认为是20世纪“最具有独创性的马克思主义思想家”[②]。他于1926年被捕，成为墨索里尼的政治犯，在条件恶劣的监狱中度过了11年，最终因病去世。葛兰西在狱中依然保持着积极的思想活动，写了32本笔记、长达2848页，[③]后来以《狱中札记》出版并产生了深远的影响。葛兰西在该书中探讨的文化领导权理论被公认为是其对20世纪马克思主义思想的“最重要的贡献”[④]。该书中的一些核心概念，包括知识分子、实践哲学等，

① 王静，中国社会科学院世界宗教研究所助理研究员。本文原载于《世界宗教文化》，2018年第5期。

② 戴维·麦克莱伦：《马克思以后的马克思主义（第3版）》，北京：中国人民大学出版社，2017年，第259页。

③ 韩淑梅、刘同舫：《〈狱中札记〉中文版简评》，安东尼奥·葛兰西著，曹雷雨等译：《狱中札记》，郑州：河南大学出版社，2016年，第3页。

④ 王晓升等：《西方马克思主义意识形态理论》，北京：社会科学文献出版社，2009年，第50页。

都是对文化领导权理论的支撑。这些理论不仅来自于他对意大利和欧洲的历史和现状的分析，也源于他在哲学方面的思考，同时也包含了他对宗教的理解和反思。这些思想对我国新时代宗教工作具有重要的现实意义。

一、意识形态的统一

葛兰西在分析了资本主义国家宗教和政治现状后，认识到“一个社会集团的霸权地位表现在以下两个方面，即‘统治’和‘智识与道德的领导权’”[①]。他强调一个社会集团在赢得政权之前和之后，“智识与道德的领导权”在其中都充当了一个重要且必要的条件：“一个社会集团能够也必须在赢得政权之前开始行使‘领导权’（这就是赢得政权的首要条件之一）；当它行使政权的时候就最终成了统治者，但它即使是牢牢地掌握住了政权，也必须继续以往的‘领导’。”[②] 葛兰西认为这一领导权的实质就是文化领导权，即意识形态的领导权。[③] 这一论断使我们认识到，文化和意识形态领导权对于维护一个国家的安全、统一和稳定具有重大的意义。针对意识形态，葛兰西指出它“必须是在世界观——它含蓄地表现于艺术、法律、经济活动和个人与集体生活的一切表现之中——的最高意义上使用此词”[④]。在这些社会活动当中，多种世界观、文化、宗教和信仰同时存在。国家就会面临一个基本问题，即“保持整个社会集团——意识形态使之凝

① 安东尼奥·葛兰西著，曹雷雨等译：《狱中札记》，郑州：河南大学出版社，2016 年，第 38 页。

② 安东尼奥·葛兰西著，曹雷雨等译：《狱中札记》，郑州：河南大学出版社，2016 年，第 38 页。

③ 王晓升等：《西方马克思主义意识形态理论》，北京：社会科学文献出版社，2009 年，第 57 页。

④ 安东尼奥·葛兰西著，曹雷雨等译：《狱中札记》，郑州：河南大学出版社，2016 年，第 237 页。

聚并使之统一——的意识形态上的统一的问题”[①]。

要维护和保证国家的安全、统一和稳定，防止国家陷入危机状态，就要加强国家的文化领导权。葛兰西认为：“每个国家都是伦理国家，因为它们最重要的职能就是把广大国民的道德文化提高到一定的水平，与生产力的发展要求相适应，从而也与统治阶级的利益相适应。”[②]在葛兰西看来，伦理国家就是要积极地努力将个人的终极目标与国家的终极目标保持一致，只有这样才能实现经济上和政治上的协调统一。在意识形态统一的途径上，葛兰西认为：“学校具有正面的教育功能，法院具有镇压和反面的教育功能，因此是最重要的国家活动。但是在事实上，大批其他所谓的个人主动权和活动也具有同样的目的，它们构成统治阶级政治文化霸权的手段。”[③]这就是说，国家在意识形态统一的问题上，有正面和反面两种方式，即教育和暴力。根据葛兰西的论述，要创造伦理国家，应主要以积极的方式获得人民群众的认可，只有在万不得已的情况下才使用强制性手段。

鉴于此，文化领导权的加强不能通过暴力强加给人民群众，而要靠说服教育使人民群众同意并接受国家倡导的世界观。正如葛兰西所指出的：“意见一致不可能是消极的和间接达成的，而必须是积极的和直接达成的。因此，意见一致必须要有每一个体参与进来，哪怕这会给人以分裂和混乱的外观。只有集中每个人的意见，使多样性统一起来，才能形成集体的意识，

① 安东尼奥·葛兰西著，曹雷雨等译：《狱中札记》，郑州：河南大学出版社，2016年，第237页。

② 安东尼奥·葛兰西著，曹雷雨等译：《狱中札记》，郑州：河南大学出版社，2016年，第213页。

③ 安东尼奥·葛兰西著，曹雷雨等译：《狱中札记》，郑州：河南大学出版社，2016年，第213页。

才能形成生动活泼的有机整体。”①我们的宗教工作就要围绕着实现中华民族伟大复兴这一目标来开展，使宗教界人士和信教群众与不信教群众一起为了实现这个共同的目标而努力，坚持我国宗教中国化方向，积极引导宗教与社会主义社会相适应。在这一方面，习近平总书记强调：“做好党的宗教工作，把党的宗教工作基本方针坚持好，关键是要在‘导’上想得深、看得透、把得准，做到‘导’之有方、‘导’之有力、‘导’之有效，牢牢掌握宗教工作主动权。”②

二、知识分子的作用

对统治阶级来说，要掌握和巩固文化领导权，离不开知识分子在社会中发挥的至关重要的作用。正因为如此，知识分子的作用在葛兰西的文化领导权思想中占据了“中心地位”③。知识分子这一概念在葛兰西这里被宽泛地提出，他认为“所有的人都是知识分子”，因为在任何劳动中都会有智力活动的存在。尽管如此，葛兰西又指出“但并非所有的人在社会中都具有知识分子的职能”④。葛兰西将知识分子划分为“传统知识分子”和“有机知识分子”两种不同的类型。传统的知识分子维护旧的、不符合时代发展需求的常识和社会制度，脱离人民群众的思想发展和现实需求，“错误地认为自己独立于社会各阶级之外，他们看似体现了某种超越社会

①A. Gramsci, Note sul Machiavelli (Turin, 1949) p.158, 引自 J.M. Piotte, *La pensée politique de Gramsci* (Paris, 1970), p.244。

②《发展中国特色社会主义宗教理论，全面提高新形势下宗教工作水平》，《人民日报》，2016 年 4 月 24 日，第 001 版。

③戴维·麦克莱伦：《马克思以后的马克思主义（第 3 版）》，北京：中国人民大学出版社，2017 年，第 242 页。

④安东尼奥·葛兰西著，曹雷雨等译：《狱中札记》，郑州：河南大学出版社，2016 年，第 4 页。

政治变革的历史延续性”[①]。而有机知识分子不同于传统知识分子，他们是“新阶级随自身一道创造出来并在自身发展过程中进一步加以完善的”[②]知识分子。正如葛兰西所指出的：“成为新知识分子的方式不再取决于侃侃而谈，那只是情感和激情外在和暂时的动力，要积极地参与实际生活不仅仅是做一个雄辩者，而是要作为建设者、组织者和‘坚持不懈的劝说者’（同时超越抽象的数理精神）；我们的观念从作为工作的技术提高到作为科学的技术，又上升到人道主义的历史观，没有这种历史观，我们就只是停留在‘专家’的水平上，而不会成为‘领导者’（专家和政治家）。”[③]因而，有机知识分子被葛兰西称作上层建筑体系中的“公务员”[④]。他们致力于创造新的常识、密切联系群众并积极投身于社会建设。

在知识分子的培育方面，葛兰西认为政党扮演了重要的角色，他提出：“人们应当强调政党在制定和传播世界观中所具有的重要性和意义，因为它们所做的事情，主要是制定出与之相符的伦理和政治，并把它当作它们的历史‘实验室’那样地去行动。……政党是完整的、全面的知识分子的新的培育人，可以被理解为现实的历史过程的理论和实践的统一在其中得以发生的坩埚。”[⑤]正因为如此，我国在新时代宗教工作中，尤其重视对进行宗教工作的知识分子的培养，要求他们认识宗教、理解宗教，才能更

① 戴维·麦克莱伦：《马克思以后的马克思主义（第3版）》，北京：中国人民大学出版社，2017年，第242—243页。

② 安东尼奥·葛兰西著，曹雷雨等译：《狱中札记》，郑州：河南大学出版社，2016年，第2页。

③ 安东尼奥·葛兰西著，曹雷雨等译：《狱中札记》，郑州：河南大学出版社，2016年，第5页。

④ 安东尼奥·葛兰西著，曹雷雨等译：《狱中札记》，郑州：河南大学出版社，2016年，第7页。

⑤ 安东尼奥·葛兰西著，曹雷雨等译：《狱中札记》，郑州：河南大学出版社，2016年，第245页。

好地开展宗教工作。正如习近平总书记强调的："要加强对党关于宗教问题的理论和方针政策的学习，加强对宗教基本知识的学习，把党关于宗教问题的理论和方针政策纳入干部教育培训计划，使各级干部尽可能多地掌握。"①

葛兰西十分注重知识分子和群众之间的关系，他认为："只有在知识分子和普通人之间存在着与应当存在于理论和实践之间的统一同样的统一的时候，人们才能获得文化上的稳定性和思想上的有机性质。也就是说，只有在知识分子有机地成为那些群众的有机知识分子，只有在知识分子把群众在其实践活动中提出的问题研究和整理成融贯一致的原则的时候，他们才和群众组成为一个文化的和社会的集团。……只有经过这种接触，哲学才变成'历史的'，才清洗掉自己身上个人性质的知识分子要素而变成'生命'。"②在这一方面，习近平总书记就明确指出"宗教工作本质上是群众工作"③，而且要求"党的基层组织特别是宗教工作任务重的地方基层组织，要切实做好宗教工作，加强对信教群众的工作"④。

葛兰西在分析了天主教内部知识分子和信教群众的关系后指出："教会之所以必须面对'普通人'，是因为在信徒团体中存在着裂痕。这种裂痕，是不能通过把普通人提高到知识分子水平（教会甚至没有想象过这样一项任务，因为无论在意识形态上还是在经济上教会超越出它现在的能力的）

①《发展中国特色社会主义宗教理论，全面提高新形势下宗教工作水平》，《人民日报》，2016年4月24日，第001版。

②安东尼奥·葛兰西著，曹雷雨等译：《狱中札记》，郑州：河南大学出版社，2016年，第239页。

③《巩固发展最广泛的爱国统一战线，为实现中国梦提供广泛力量支持》，《人民日报》，2015年5月21日，第001版。

④《发展中国特色社会主义宗教理论，全面提高新形势下宗教工作水平》，《人民日报》，2016年4月24日，第001版。

这样一种办法来加以弥合的。”[①] 因为天主教倾向于“保持一种纯机械的联系，一种特别是建立在礼拜仪式的基础上，建立一种显然是强加于群众崇拜的基础上的表面统一”[②]。然而，葛兰西所倡导的实践哲学在知识分子和普通人的关系的立场上与天主教截然相反：“实践哲学不但没有把‘普通人’滞留在常识的原始哲学的水平上的倾向，相反地，倒是把他们引导向更高的生活概念。如果说它肯定知识分子和普通人之间接触的必要性的话，那么，这不是简单地为了限制科学活动并在群众的低水平上保持统一，而恰恰是为了建造一个能够在政治上使广大群众而不只是知识分子小集团获得进步成为可能的智识—道德集团。”[③] 葛兰西的分析使我们认识到，在宗教工作中，要与信教群众始终保持着一种持续动态的联系，进而不断提升信教群众的价值观念和生活水平，使信教群众了解、同意并接受我国所倡导的社会主义核心价值观，最终自觉自愿地成为国家发展的积极力量，这样才能维护社会的团结和国家的稳定。

三、宗教界知识分子的教育

葛兰西指出：“‘领导权’的每一种关系必然是一种教育，而且不仅是发生在一个民族内，发生在组成这个民族的各种不同力量之间，也发生在国际的和世界的范围内，发生在各种民族的以及各种大陆的文明复合体之间。”[④] 正因为如此，可以看出，教育活动不管是对教外的知识分子还是教内的知识分子都具有极大的重要性。针对教外知识分子的教育，是为

① 安东尼奥·葛兰西著，曹雷雨等译：《狱中札记》，郑州：河南大学出版社，2016 年，第 240 页。

② 安东尼奥·葛兰西著，曹雷雨等译：《狱中札记》，郑州：河南大学出版社，2016 年，第 307 页。

③ 安东尼奥·葛兰西著，曹雷雨等译：《狱中札记》，郑州：河南大学出版社，2016 年，第 242 页。

④ 安东尼奥·葛兰西著，曹雷雨等译：《狱中札记》，郑州：河南大学出版社，2016 年，第 260—261 页。

了帮助他们更好地发挥自己的职能，积极引导宗教界人士和广大信教群众与社会主义社会相适应。对于教内知识分子，葛兰西描述了其在宗教和教会中的重要性："宗教，特别是一个特定的教会，永远都在培养它的信仰，以有组织的方式孜孜不倦地重复它的护教学，任何时候都使用同样的论据，维持一支教职高低有别的、给予这种信仰以思想的尊严（至少是外表上的）的知识分子队伍，在这种意义上，它保持着忠诚和信仰的一致性。"① 不仅如此，葛兰西还发现宗教极其重视它内部思想的统一，他指出："各种宗教，特别是天主教教会的力量，过去和现在都主要源于这样一种事实，他们非常强烈地感觉到，全部信教的群众都要求统一学说并竭力防止智力较高的阶层同较低的阶层分割开来。"②

习近平总书记强调，宗教团体是党和政府团结、联系宗教界人士和广大信教群众的桥梁和纽带，要为他们开展工作提供必要的支持和帮助，尊重和发挥他们在宗教内部事务中的作用，努力建设政治上可信、作风上民主、工作上高效的高素质领导班子。要坚持政治上靠得住、宗教上有造诣、品德上能服众、关键时起作用的标准，支持宗教界搞好人才队伍建设。③

在宗教知识分子的培养方面，学校不是培养他们的唯一工具。正如葛兰西所说的："不应当把教育关系严格限定于'学校教育'关系的领域：新一代通过这种关系同老一代相互接触，吸收其经验和必要的历史价值，'成熟起来'并形成自己在历史上和文化上更高水平的个性。"④ 由此可见，

---

① 安东尼奥·葛兰西著，曹雷雨等译：《狱中札记》，郑州：河南大学出版社，2016年，第250页。

② 安东尼奥·葛兰西著，曹雷雨等译：《狱中札记》，郑州：河南大学出版社，2016年，第237页。

③《发展中国特色社会主义宗教理论，全面提高新形势下宗教工作水平》，《人民日报》，2016年4月24日，第001版。

④ 安东尼奥·葛兰西著，曹雷雨等译：《狱中札记》，郑州：河南大学出版社，2016年，第260页。

对宗教界代表人士的培养是重中之重，因为他们在宗教团体中起着重要的领导作用，他们的一言一行都会影响着其他宗教界知识分子和信教群众。正如葛兰西所说：“因为在精英那里，暗含于人的活动中的世界观，已经在一定程度上变成了一种一致的、系统的并且经常存在的认识，变成了一种明确而坚定的意志。”[①]正因为如此，我们更要坚持并加强宗教界知识分子的教育，确保他们对信教群众产生积极的影响。

综上所述，葛兰西的文化领导权理论对我国新时代宗教工作具有重要的理论意义和实践价值。它指出了意识形态问题在维护和保证国家安全、稳定和统一中的重要性，强调了党在宗教工作中重要的领导地位，使我们认识到积极引导宗教与社会主义社会相适应的必要性。另外，葛兰西的文化领导权理论也突出了知识分子，包括教外知识分子和宗教知识分子，在宗教工作中发挥的作用。结合葛兰西的文化领导权理论，我们要积极引导宗教与社会主义社会相适应，使宗教界人士和信教群众成为我们国家发展的积极力量。

① 安东尼奥·葛兰西著，曹雷雨等译：《狱中札记》，郑州：河南大学出版社，2016年，第245页。

善用中国神话叙事资源，繁荣社会主义先进文化

张小燕[①]

习近平总书记在党的十九大报告中深刻指出：“文化是一个国家、一个民族的灵魂。文化兴国运兴，文化强民族强。没有高度的文化自信，没有文化的繁荣兴盛，就没有中华民族伟大复兴。”对于一个民族、一个国家而言，文化静静地流淌在人们的血脉里，寄托着人们丰富的情感生活，滋养着美好的心灵。在诸多文化艺术形态中，神话艺术有着独特的魅力与影响力。可以说，神话艺术的影响要大于许多成熟的文化艺术形式。而要探寻一个民族文化的起源，神话艺术是一扇必须打开的大门。

神话艺术源于中华民族五千多年悠久的文明发展历史，植根于中华大地各式各样的文化艺术形式，滋养着无数中华儿女美好的心灵。毫无疑问，在世界上只要有中国人的地方，就能听到引人入胜的中国神话故事，浸润着博大精深的中华文明特质的中华神话艺术，以独有的艺术感染力影响着世界各地的中国人，凝聚着中华儿女爱国、爱家的文化向心力，守护着每一位中华儿女的精神文化家园。

在《政治经济学批判》导言中，马克思指出：“任何神话都是用想象

---

① 张小燕，中国社会科学院世界宗教研究所副研究员。本文原载于《中国社会科学报》2017 年 12 月 28 日第 1362 期。

和借助想象以征服自然力，支配自然力，把自然力加以形象化”，是“已经通过人民的幻想用一种不自觉的艺术方式加工过的自然和社会形式本身”。“希腊神话不只是希腊艺术的武库，而且是它的土壤。”“希腊艺术的前提是希腊神话。”在《路德维希·费尔巴哈和德国古典哲学的终结》一文中，恩格斯也指出：“通过自然力的人格化，产生了最初的神。”他在《反杜林论》中又强调：“在原始人看来，自然力是某种异己的、神秘的、压倒一切的东西。在所有文明民族所经历的一定阶段上，他们用人格化的方法来同化自然力。正是这种人格化的欲望，到处创造了许多神。”在马克思和恩格斯的论述中，我们可知，神是自然力的人格化，神话是人们幻想中的、以不自觉的方式创造和加工出来的独特艺术形式，这种艺术形式事实上反映的是人们生活的自然和社会形式本身。创造神话艺术，不仅仅需要幻想般的灵感，而且需要有对人格化的自然和现实社会生活的心灵感悟，也就是我们常说的，“艺术源于生活”“艺术家的创作源于生活的灵感”“艺术源于生活并高于生活”，神话艺术创作亦然如此。作为独特的艺术形式，神话艺术始终以人们不自觉的、对人化自然的幻想反映着人们的生活与社会本身，这种不自觉的、幻想的艺术特性生成了独到的、神秘的艺术魔力，极容易吸引人、感染人，由此幻化而成的神话艺术作品，启迪着人们认知自然与世界的心智，还传承着人们独特的思维认知方式，凝结出回味无穷的精神产品滋养人们的内心。

从人类宗教发展的历史进程来看，神话艺术就如同宗教艺术一样，特别是远古神话，既具有宗教性又具有艺术性，而且在一定条件下两种属性还可以相互转化。宗教性和艺术性是宗教艺术的基本属性，在一定条件下会产生时而向宗教性的偏向、时而向艺术性的偏向。这种不稳定性，形成了宗教艺术的两大基本形态，即宗教性强的宗教艺术形态和艺术性强的宗教艺术形态。宗教性强的宗教艺术具有宗教性、功能性、神圣性、超越性，从这一形态衍生出来的宗教艺术都从严格的宗教功能出发，以服务于宗教为目的，主要用来满足信教人群、宗教仪式和宗教活动的宗教信仰需求。艺术性强的宗教艺术具有艺术性、欣赏性、世俗性、超越性，从这一形态衍生出来的宗教艺术则是以艺术本身为创作目的，充分依靠或借用宗教素材或宗教含义，以满足社会大众的艺术鉴赏需求。

从宗教学的角度看，远古神话与宗教仪式一样，原本是宗教的必要组成部分，但是神话带有更强的艺术性（尤其是极强的想象力）。随着社会的发展，某些原始氏族、部落的宗教随着国家的形成而不复存在，而神话却如同美丽的孔雀翎羽，被插入花瓶供人们欣赏。

神话由宗教性转换为艺术性的凸显有一个漫长的历史、社会和文化相互交织影响与作用的过程。只不过，神话与一般的宗教意象不同，一般宗教意象自身虽然内在仍有神话艺术与宗教艺术两种属性的分别凸显，但仍然隶属于宗教文化范畴，在宗教内部突出文化的品性。神话艺术则不同，由于剔除了大量的宗教性要素，从宗教文化内部脱胎而出，进而转入文学艺术领域，发挥了鲜明的艺术功能。

神话艺术在我国传统文化中具有重要的价值和地位，在中华文化庞大的知识体量中，神话艺术的内容和形式多种多样，经过五千多年的历史筛选，取其精华去其糟粕传承下来并持续至今的经典中华神话故事，作为中华优秀传统文化的重要组成部分，以积极的人文意向表达着人与命运的抗争和自我突破及超越，在思想性、艺术性方面魔术般地浸染人的内心，为当今世界上诸多仰慕中华文化的人所瞩目。

现实中，弘扬中华优秀传统文化，我们要关注神话艺术作品创作中的宗教性向艺术性转化的问题。在创作文艺作品时，艺术家们首先应当始终坚持马克思主义的指导，坚持以人民为中心的创作导向，在深入生活、扎根人民中进行无愧于时代的文艺创造，坚守中华文化立场，立足当代中国现实，结合当今时代条件，努力创造出面向现代化、面向世界、面向未来的，民族的科学的大众的艺术作品，要利用积极健康向上的文化艺术作品推进社会公德、职业道德、家庭美德、个人品德建设，激励人们向上向善、孝老爱亲，忠于祖国、忠于人民。广大艺术创作者和传播者应当在创作观念和传播理念中，厘清神话艺术与宗教艺术的区别与联系，仔细研究神话艺术与宗教艺术之间的内在转化机理和机制，还要善于发挥神话独有的艺术感染力，推动社会主义精神文明建设，进一步为弘扬和繁荣社会主义先进文化作出积极、有益的贡献。

否定抑或扬弃

——对科学无神论的理论与实践探寻

冯梓琏[①]

在宗教问题上，完整、准确、全面贯彻党的宗教信仰自由政策是宗教工作基本方针之一。在宗教工作中，马克思主义无神论又是一个包括宗教工作在内的，覆盖经济、政治、社会、文化、生态“五位一体”总体布局的大原则。列宁曾说过：“同宗教偏见做斗争，必须特别慎重；在这场斗争中伤害宗教感情，会带来许多害处。应当通过宣传、通过教育来进行斗争。”[②]因此，如何科学宣传无神论，既不伤害信教群众的感情、不妨碍宗教信仰自由，又能充分尊重和保障不信教群众的自由，始终坚持无神论的大前提，依然是一个值得深入思考和讨论的问题。

一、“宗教批判”的不彻底性

如果说否定或者废除宗教在经典中有什么理论根据，那么应该是马克思在《〈黑格尔法哲学批判〉导言》中说的：“德国理论的彻底性的明证，

---

① 冯梓琏，哲学博士，中国社会科学院世界宗教研究所助理研究员。本文原载于《世界宗教研究》，2019 年第 5 期。本文为国家社会科学基金青年项目《理查德 · 道金斯和西方新无神论运动研究》（项目编号：19CZJ002）的阶段性研究成果。

② 《列宁全集》第 35 卷，北京：人民出版社，1985 年，第 180 页。

亦即它的实践能力的明证，就在于德国理论是从坚决积极废除宗教出发的。”马克思认为，只要理论彻底，就能说服人；只要说服人，就能掌握群众；只要掌握了群众，就能转变成物质力量，从而摧毁旧的物质力量，所以“对宗教的批判是其他一切批判的前提”①，这在许多人看来就是要否定或者废除宗教。但值得注意的是，马克思讲这句话也有前提，那就是只“就德国来说”，而马克思讲德国理论彻底性的明证是要得出“对宗教的批判最后归结为人是人的最高本质这样一个学说，从而也归结为这样的绝对命令：必须推翻使人成为被侮辱、被奴役、被遗弃和被蔑视的东西的一切关系”②，所以“对宗教批判是其他一切批判的前提”未必就是马克思的理论。事实上，马克思在这里只是针对德国青年黑格尔派的学说，如果马克思果真认为宗教批判是其他一切批判的前提，对宗教的批判就可以代替对其他一切的批判的话，那么马克思只要继续安静地做一个青年黑格尔派就好了，他就不会点明对宗教的批判是要归结为人是人的最高本质这样的学说和推翻一切奴役人的关系这样的绝对命令，更不会说出“批判的武器当然不能代替武器的批判”这样的话。

事实上，马克思也不是从“宗教批判”开始的。他写的第一部著作是《黑格尔法哲学批判》。如果说此时的马克思还是受青年黑格尔派的影响，试图在德国完成宗教批判之后，像他在《1844年经济学哲学手稿》的序中所说的，“用不同的独立的小册子来相继批判法、道德、政治等等，最后再以一本专门的著作来说明整体的联系”③，那么至少在他于巴黎和布鲁塞尔完成对经济的研究之后，马克思与恩格斯就决定以清算青年黑格尔学派也就是以清算自己过去的观点的方式撰写《神圣家族》和《德意志意识形

① 《马克思恩格斯文集》第1卷，北京：人民出版社，2009年，第3、11页。

② 《马克思恩格斯文集》第1卷，北京：人民出版社，2009年，第11页。

③ 《马克思恩格斯文集》第1卷，北京：人民出版社，2009年，第111页。

态》。其中《德意志意识形态》的开篇就说："从施特劳斯到施蒂纳的整个德国哲学批判都局限于对宗教观念的批判。他们的出发点是现实的宗教和真正的神学。……宗教的统治被当成了前提，一切占统治地位的关系逐渐地被宣布为宗教的关系，继而被转化为迷信——对法的迷信，对国家的迷信等等""青年黑格尔派只要同意识的这些幻想进行斗争就行了……他们只是用词句来反对这些词句，既然他们仅仅反对这个世界的词句，那么他们就绝对不是反对现实的现存世界。这种哲学批判所能达到的唯一结果，是从宗教史上对基督教做一些说明，而且还是片面的说明"。① 由此可见，马克思的思想在此时已经发生了彻底的转变，他认为青年黑格尔派虽然口号很响亮，但实际却是最大的保守派，因为他们不会涉及任何现实的世界。因此，他不再是从青年黑格尔派的"宗教批判"入手，而是在阐述了唯物史观之后宣告"只有通过实际地推翻这一切唯心主义谬论所由产生的现实的社会关系，才能把它们消灭；历史的动力以及宗教、哲学和任何其他理论的动力是革命，而不是批判"②。这样一来，"宗教批判"本身也就在马克思的思想里被扬弃了。

当然，唯物史观对"宗教批判"的扬弃并不意味着对"宗教批判"的否定。从马克思论述宗教问题时采用的"宗教异化论""宗教鸦片论""歪曲反映论"等术语和理论中，都可以看到作为青年黑格尔派主将布鲁诺·鲍威尔的影子。鲍威尔在施特劳斯《耶稣传》的基础上，从他对黑格尔哲学的理解出发，指出基督教中"救世主"的观念并非是像施氏认为的，是在古代信徒中流传的无意识的表现，而是福音书作者"自我意识"的有意识的编造，因而没有任何历史真实性可言。不仅如此，鲍威尔不同意黑格尔认为基督教和普鲁士国家就是绝对观念或者绝对精神的最终体现，而是认

①《马克思恩格斯文集》第 1 卷，北京：人民出版社，2009 年，第 514—516 页。

②《马克思恩格斯文集》第 1 卷，北京：人民出版社，2009 年，第 544 页。

为这种宗教、国家作为绝对精神的异化还要进一步被摧毁和克服，因此鲍威尔又从宗教批判发展到对神权法的批判和对维护神权法的政治批判，认为国家和个人只要摆脱基督教的统治就能获得自由。但值得注意的是，鲍威尔的一切批判都是以宗教批判为前提的，或者说仅仅局限在宗教及其相关领域，似乎只要进行彻底的宗教批判就能实现人的政治解放和社会解放。因此，在政治问题上，他所谓反对现存的国家制度，也只限于实现资产阶级的民主共和国，而这种“资产阶级的‘信仰自由’不过是容忍各种各样的宗教信仰自由而已”①。打破了宗教的统治却没有消除宗教，这就体现出青年黑格尔派宗教批判的不彻底性和资产阶级的保守性，而这某种程度上都是因为青年黑格尔派仍然是将宗教视为绝对精神的一种自我异化，因而认为只要打破这种异化就可以，还没有跳出唯心主义的窠臼。

在马克思看来，青年黑格尔派中唯一一位有所成就的就是费尔巴哈，因为是费尔巴哈提出“创造宗教”的“人”既不是施特劳斯那种客观存在的关于“救世主”的流传的观念，也不是鲍威尔所谓福音书作者主观的“自我意识”，而是作为自然存在物的物质的、感性的人，从而在宗教批判的哲学基础上实现了一次从唯心主义向唯物主义的“哥白尼革命”式的转变。但是，自然人为什么会创造宗教？正是在这个问题上，马克思指出“当费尔巴哈是一个唯物主义者的时候，历史在他的视野之外，当他去探讨历史的时候，他不是一个唯物主义者”②。因为费尔巴哈是将宗教视为“人对自己的本质的意识”，而人的本质就是思维着的、愿望着的、爱着的存在者，所以上帝也就是一个智慧的、福乐的、仁慈的存在者。同时由于这种人的本质是出自人的“类意识”，而“类意识”是超出个体的界限而具有无限性，所以宗教的上帝也就是具有无限性的存在。费尔巴哈将宗教的本质还

① 《马克思恩格斯文集》第 3 卷，北京：人民出版社，2009 年，第 448 页。

② 《马克思恩格斯文集》第 1 卷，北京：人民出版社，2009 年，第 530 页。

原为人的本质，充其量只是一种人本主义的宗教观，这使得他并不主张消灭所有宗教，而是在消灭传统宗教的基础上建立“爱”的宗教，因而仍然具有不彻底性。费尔巴哈没有意识到的是，“人的本质不是单个人所固有的抽象物，在其现实性上，它是一切社会关系的总和”“‘宗教感情’本身是社会的产物，而他所分析的抽象的个人，是属于一定的社会形式的”。[①]因此，所谓“人创造了宗教”，从根本上讲应该是国家和社会产生了宗教。宗教本质上是一种“颠倒的世界意识”，而这又是因为它所反映的国家和社会本身就是“颠倒的世界”。这样马克思、恩格斯就从“对天国的批判变成对尘世的批判，对宗教的批判变成对法的批判，对神学的批判变成对政治的批判”[②]，真正走向历史唯物主义的宗教观。

二、宗教存在的长期性

费尔巴哈认为宗教是人将自己的本质自我异化的产物，只要消灭宗教就能过上符合人的本质的生活，但是马克思认为宗教异化还只是发生在人的意识和内心领域的异化，而这种意识领域的异化实际反映的是人现实生活的异化，现实生活的异化就是经济的异化。马克思不止一次地提到异化的这两个方面之间镜像般的联系，“工人在劳动中耗费的力量越多，他亲手创造出来反对自身的、异己的对象世界的力量就越强大，他自身、他的内部世界就越贫乏，归他所有的东西就越少。宗教方面的情况也是如此。人奉献给上帝的越多，他留给自身的就越少。”[③]“把私有财产关系当作合乎人性的和合理的关系的国民经济学，不断地同自己的基本前提——私有财产——发生矛盾，这种矛盾正像神学家所碰到的矛盾一样：神学家经常从合乎人性的观点来解释宗教观念，而正因为如此，他们就不断地违背

① 《马克思恩格斯文集》第 1 卷，北京：人民出版社，2009 年，第 501 页。

② 《马克思恩格斯文集》第 1 卷，北京：人民出版社，2009 年，第 4 页。

③ 《马克思恩格斯文集》第 1 卷，北京：人民出版社，2009 年，第 157 页。

自己的基本前提——宗教的超人性。”[①]“正像人在宗教中受他自己头脑的产物的支配一样，人在资本主义生产中受他自己双手的产物的支配。”[②]对于这样两种异化的扬弃应当是从哪个领域开始，马克思认为要看一个民族真正的生活主要是在意识领域还是现实生活，但最终还是在现实生活中对私有财产的积极扬弃才是对一切异化的积极扬弃。相较之下，意识领域中的从宗教批判开始的无神论还只是一个抽象的理念，“共产主义是径直从无神论开始的，而无神论最初还根本不是共产主义；那种无神论主要还是一个抽象。——因此，无神论的博爱最初还只是哲学的、抽象的博爱，而共产主义的博爱则径直是现实的和直接追求实效的。”[③]这一方面在于，无论是宗教还是家庭、国家等，都不过是私有财产运动的一些特殊方式，另一方面则正如马克思对费尔巴哈的分析时所讲的，费尔巴哈是将宗教世界归结于它的世俗基础，但是世俗基础的异化只能从它本身的自我分裂和自我矛盾来理解和说明，而不能再视为绝对精神的异化。那么这个世俗基础又是什么呢?

事实上，这个世俗基础正是上文已经提到的私有财产和以私有制为基础的资本主义社会和国家。在马克思看来，正是由于私有制的统治，劳动者的劳动产品不但不为劳动者自身所占有，反而变成资本家的资本，也就变成了独立于劳动者之外的异己的对象。劳动者不能通过自己的劳动产品重新发现自身、确立自身，而只能通过商品交换这种物化的方式来进行，因此人的生活本身也就变成了一种异化的生活。所以，为了克服人性的异化，劳动者必须通过社会革命消灭以私有制为基础的剥削制度，才能使劳动产品不再作为与人相对立的独立力量，从而重新实现对人的生命的完全

① 《马克思恩格斯文集》第1卷，北京：人民出版社，2009年，第256页。

② 《马克思恩格斯文集》第5卷，北京：人民出版社，2009年，第717页。

③ 《马克思恩格斯文集》第1卷，北京：人民出版社，2009年，第187页。

占有。而劳动异化的消失，又必将导致包括宗教异化在内的一切异化的最终消失。所以马克思说："对私有财产的积极扬弃，作为对人的生命的占有，是对一切异化的积极的扬弃，从而是人从宗教、家庭、国家等等向自己的合乎人性的存在即社会的存在的复归。"① 就这样，马克思将克服宗教异化的无神论与克服劳动异化的共产主义革命紧紧联系了起来。但也正是在这里，马克思指出要想实现对劳动异化的克服本身又将是一个长期的、痛苦的过程，"只有当实际日常生活的关系，在人们面前表现为人与人之间和人与自然之间极明白而合理的关系的时候，现实世界的宗教反映才会消失。只有当社会生活过程即物质生产过程的形态，作为自由联合的人的产物，处于人的有意识有计划的控制之下的时候，它才会把自己的神秘的纱幕揭掉。但是，这需要有一定的社会物质基础或一系列物质生存条件，而这些条件本身又是长期的、痛苦的发展史的自然产物。"②

马克思的这个论断是建立在历史唯物主义基础之上的。根据历史唯物主义的基本逻辑，随着生产力和生产关系这一基本矛盾的不断演化推进，以私有制为基础的资本主义的生产关系也必将在历史中消亡，但这一过程是不以人的意志为转移的，这根本上是由于人们不能自由地选择自己的生产力。当生产关系适应生产力的时候，生产关系将极大地促进生产力的发展，而只有当生产力发展到一定阶段时，原来先进的生产关系才会变成落后的生产关系，从而变成生产力继续发展的桎梏，这时社会革命的时代就到来了。就是在此时，马克思提到需要注意两种变革："一种是生产的经济条件方面所发生的物质的、可以用自然科学的精确性指明的变革，一种是人们借以意识到这个冲突并力求把它克服的那些法律的、政治的、宗教的、艺术的或哲学的，简言之，意识形态的形式。我们判断一个人不能以

① 《马克思恩格斯文集》第1卷，北京：人民出版社，2009年，第186页。

② 《马克思恩格斯文集》第5卷，北京：人民出版社，2009年，第97页。

他对自己的看法为根据，同样，我们判断这样一个变革时代也不能以它的意识为根据……无论哪一个社会形态，在它所能容纳的全部生产力发挥出来以前，是决不会灭亡的；而新的更高的生产关系，在它的物质存在条件在旧社会的胎胞里成熟以前，是决不会出现的。……任务本身，只有在解决它的物质条件已经存在或者至少是在生成过程中的时候，才会产生。”①可以看出，宗教等意识形态的变革需要具备两方面的条件。首先是生产力必须发展到一定阶段，因为只有这样才会引起生产关系的彻底改变，而这一点是不以人的意志为转移的。其次，生产关系的改变首先改变的也是一个社会的经济基础，宗教等属于意识形态领域的东西则是随着经济基础的变更而发生或快或慢的变革，正所谓不是人们的意识决定人们的存在，而是人们的社会存在决定人们的意识。因此，宗教的消亡虽然是必然的，但却是不以人的意志为转移的一个长期的历史进程。

另一方面，是否随着私有制的消失，宗教也就一定会消亡呢？值得注意的是，马克思的这个论断还有几个必要的前提，那就是人与人之间和人与自然之间要形成极明白而合理的关系，物质生产过程也要处于人的有意识和有计划的控制之下，对此，恩格斯或许表述得更为清楚：“当社会通过占有和有计划地使用全部生产资料而使自己和一切社会成员摆脱奴役状态的时候（现在，人们正被这些由他们自己所生产的、但作为不可抗拒的力量而同自己相对立的生产资料所奴役），当谋事在人，成事也在人的时候，现在还在宗教中反映出来的最后的异己力量才会消失，因而宗教反映本身也就随着消失。理由很简单，因为那时再没有什么东西可以反映了。”②这也就是说，私有制的消失是一回事，社会实现对全部生产资料有计划地使用从而使人摆脱奴役状态是另一回事。社会对全部生产资料有计划地使

① 《马克思恩格斯全集》第 31 卷，北京：人民出版社，1998 年，第 412—413 页。

② 《马克思恩格斯文集》第 9 卷，北京：人民出版社，2009 年，第 334 页。

用实际就是共产主义社会，而共产主义社会并不是在消灭了生产资料的私人占有、消灭了资本主义制度之后就能自动实现的。这也就能解释为什么在我国当前已经以公有制经济占主导地位之后，宗教仍然会继续存在的原因。归根究底，就在于我们还未形成“一定的社会物质基础或一系列物质生存条件”，也就是我们还没有完全掌握自然力，成为自然的主人，因而社会也还不能完全有计划地占有和使用生产资料。这样人与自然、人与人之间就还未能达到“极明白而合理的关系”，人的命运就还会在很大程度上受各种异己力量的支配。宗教作为对现实生活异化的反映，就仍然有其存在的根基。事实上，由于我们现在仍然处于社会主义社会的初级阶段，所以在实现高度完美的理想的共产主义社会之前，宗教的存在、发展乃至最后的消亡，都将是一个长期的过程，这是我们能够从马克思主义唯物史观中得出的一个重要结论。

三、关于宗教工作的建议

首先，应当继续加强对党员群众的马克思主义宗教观和科学无神论的教育。我们党现在提出要积极引导宗教与社会主义社会相适应，坚持“导”的基本态度，做到“导”之有方、“导”之有力、“导”之有效，而“教导”也应当成为“引导”的一部分。正确认识我们党宗教工作的基本方针政策，既是符合马克思主义宗教观的，又是符合我国当前的基本国情和宗教具体实际的。如果简单地否定或者试图消灭宗教，就不仅违反了马克思主义宗教观和科学无神论的基本内涵，而且也是曲解了党的宗教工作基本方针与政策。这里的问题在于，宗教工作的出发点和落脚点不是推动、发展宗教，但也不是否定、消灭宗教，而是团结、引导宗教界和信教群众。对此，马克思和恩格斯其实早在19世纪时就说过：“至于无神论只是表示一种否定，这一点早在四十年前驳斥哲学家们的时候我们自己就说过，但我们补充说：无神论单只是作为对宗教的否定，它始终要谈到宗教，没有宗教，它本身也不存在了，因此它本身还是一种宗教。”[①] 而科学无神论实际早已超越这种肤浅的无神论内涵，它将宗教的根源从天上拉回到人间，从对天国的批判进展成对尘世的批判，“因为宗教本身是没有内容的……随着以宗教为理论的被歪曲了的现实的消失，宗教也将自行消灭。”[②] 因此，无神论应当是径直指向现实的社会和现实的人，力图使人通过实践获得全面的解放和真正的精神自由，从而实现对于宗教及有神论的超越。而这就要求我们在实际的宗教工作中将重心更多地从意识领域的说教转向现实精神需求的解决、从被动地反对和消灭种种有神论转向积极主动地推动以社会主义核心价值观为引领的精神文明建设上来。

其次，应当大力传播科学、发展科学，在人民群众中树立科学世界观。在实际的宗教工作中，宣传和发展科学始终是我们比较忽视的一方面。但事实上，科学不仅是作为一般的社会生产力而与生产关系和上层建筑发生联系，而且还可以作为一种社会意识形式和文化形态，成为解放思想的强大的精神武器。邓小平同志提出“科学技术是第一生产力”，这既是符合马克思主义基本原理，也是对科学技术发展趋势与现状的一个基本判断。时至今日，我们可以看到，在国家政策的支持下，拥有完全自主知识产权的高新科技企业正在迅猛发展，科学技术在生产过程中与劳动者及劳动诸要素高度有效结合，不断满足着人民日益增长的美好生活需要。而社会生产力的极大发展与人民精神生活的不断满足必将进一步动摇宗教存在的社会基础，从而加速宗教的自行消亡。另一方面，恩格斯认为，自然科学的发展正是不断验证了历史唯物主义的基本判断，“在科学的推进下，一支又一支部队放下武器，一座又一座堡垒投降，直到最后，自然界无穷无尽

① 《马克思恩格斯文集》第 10 卷，北京：人民出版社，2009 年，第 522 页。

② 《马克思恩格斯文集》第 10 卷，北京：人民出版社，2009 年，第 3 页。

的领域全都被科学征服，不再给造物主留下一点立足之地。”[①] 但值得注意的是，在恩格斯所处的时代，处于发轫之际的自然科学的无神论仍然是一种浅薄的无神论，当自然科学家面对一些神秘主义的现象时，也不免会再次滑向唯灵论的弊端，“这里已经看得一清二楚，究竟什么是从自然科学走向神秘主义的最可靠的道路。这并不是过度滋蔓的自然哲学理论，而是蔑视一切理论、怀疑一切思维的最肤浅的经验。证明神灵存在的并不是那种先验的必然性，而是华莱士先生、克鲁克斯先生之流的经验的观察。……连某些最清醒的经验主义者也陷入最荒唐的迷信中，陷入现代唯灵论中去了。”[②] 因此，我们在传播科学、发展科学的同时，也要注意运用辩证唯物主义武装自己的头脑，不仅要学习自然科学的知识，更要在此基础上树立科学的世界观和发展观，认识到世界本原的物质性和世界是不断运动、变化和发展着的。只有这样，才能使科学从经验观察上升为科学意识，以科学的眼光去认识和解读宗教现象。

最后，还是要深入挖掘宗教中有利于社会和谐、时代进步、健康文明的因素，积极引导宗教与社会主义社会相适应。从宗教自身的本质来说，虽然宗教是人将自己的本质当作一种异己的本质来加以朝拜和神化，但是毕竟在这种异化中仍然包含着人类本质的永恒规定性，因此并不是因为人性打上了神性的烙印而值得尊敬，而是由于神性中仍然包含人性的本质才值得尊敬。恩格斯说：“只有意识到，即使是最疯狂的迷信，其实也包含有人类本质的永恒规定性，尽管具有的形式已经是歪曲了的和走了样的；只有意识到这一点，才能使宗教的历史，特别是中世纪宗教的历史，不致被全盘否定，被永远忘记。”[③] 所以，虽然在当代我们对人性价值的肯定

---

①《马克思恩格斯文集》第 9 卷，北京：人民出版社，2009 年，第 462 页。

②《马克思恩格斯文集》第 9 卷，北京：人民出版社，2009 年，第 451 页。

③《马克思恩格斯文集》第 3 卷，北京：人民出版社，2009 年，第 520 页。

已经不需要再借助神性以及神与人的关系，但是依然可以在历史的宗教传统中深入挖掘积极的人性价值。特别是像我国这种拥有悠久历史的文明古国，传统文化中尽管存在封建思想的糟粕，但不能忽视的是其中属于整个人类命运共同体的精华。因此，深入挖掘我国宗教传统中包含的积极的人性价值，使其作为优秀传统文化的一部分得以弘扬，也是尊重传统和坚持我国宗教中国化方向的应有之义。

另外，从宗教的社会功能和作用来说，虽然在马克思看来，宗教作为一种意识形态而会成为统治阶级的统治工具，这种统治主要是为一种“颠倒了的世界”提供理论上的辩护、精神上的抚慰和道德上的核准作用。但是，也要区分这种统治的权力是掌握在谁的手里、安慰的对象又是谁。如果这个权力是掌握在压迫阶级手里，安慰的对象是被压迫阶级，那么正如列宁所说：“所有一切压迫阶级，为了维持自己的统治，都需要两种社会职能：一种是刽子手的职能，一种是牧师的职能。刽子手的任务是镇压被压迫者的反抗和暴乱。牧师的使命是安慰被压迫者，给他们描绘一幅在保存阶级统治的条件下减少苦难和牺牲的前景……从而使他们顺从这种统治，使他们放弃革命行动，打消他们的革命热情，破坏他们的革命决心。”[①] 此时宗教统治的作用就是为了防止被压迫阶级的暴力革命。可是，如果这个权力是掌握在已经通过革命消灭了压迫阶级的党和人民政府手里，安慰的对象是同样属于人民的广大信教群众，那么此时信教与不信教群众的矛盾就是属于人民内部矛盾，在现阶段生产力的发展尚未实现人的全面自由解放的前提下，可以允许宗教继续为信教群众提供精神上的安慰和道德上的支持，此时宗教事务治理的作用是为了能够更好地团结引导信教群众，使他们能够积极与社会主义社会相适应。而对于那些宗教极端分子，或者打着

① 《列宁全集》第 26 卷，北京：人民出版社，1988 年，第 248 页。

宗教旗号，实则行渗透颠覆、暴力恐怖、民族分裂活动的分子，则要将他们作为敌对分子和敌对势力与之进行坚决的斗争。只不过在这样的斗争过程中，要清楚区分信教群众和敌对分子，否则可能将人民内部矛盾转换成敌我矛盾，形成适得其反的效果。

总而言之，正如马克思所说："无神论是以扬弃宗教作为自己的中介的人道主义，共产主义则是以扬弃私有财产作为自己的中介的人道主义。只有通过对这种中介的扬弃——但这种中介是一个必要的前提——积极地从自身开始的即积极的人道主义才能产生。"[①] 只有正确地理解无神论与宗教这种辩证关系，才能够避免将无神论与宗教相对立。

① 《马克思恩格斯文集》第 1 卷，北京：人民出版社，2009 年，第 216 页。